21世纪应用型本科会计系列规划教材

省级重点学科教材

省级优秀教材

会计学基础

（第六版）

柳延峥　王秋红　主

东北财经大学出版社
Dongbei University of Finance & Economics Press

大　连

图书在版编目（CIP）数据

会计学基础 / 柳延峥，王秋红主编. —6版. —大连：东北财经大学出版社，2018.8
（21世纪应用型本科会计系列规划教材）
ISBN 978-7-5654-3281-1

Ⅰ. 会… Ⅱ. ①柳… ②王… Ⅲ. 会计学-高等学校-教材 Ⅳ. F230

中国版本图书馆CIP数据核字（2018）第179034号

东北财经大学出版社出版
（大连市黑石礁尖山街217号 邮政编码 116025）
网 址：http：//www.dufep.cn
读者信箱：dufep@dufe.edu.cn
大连永盛印业有限公司印刷 东北财经大学出版社发行

幅面尺寸：148mm×210mm 字数：314千字 印张：10.5
2018年8月第6版 2018年8月第14次印刷

责任编辑：孙晓梅 吴 奂 责任校对：贺 众
封面设计：冀贵收 版式设计：钟福建

定价：32.00元

教学支持 售后服务 联系电话：（0411）84710309

如有印装质量问题，请联系营销部：（0411）84710711

编写委员会

柳延峥　　乐长征

冯　艳　　刘广瑞

欧阳小明　罗贤慧

胡淑娟　　胡　洁

第六版前言

数字化、信息化和智能化的快速发展，使得计算机通过原始凭证的扫描，部分代替了会计专业人员完成记账凭证、账簿登录、编制会计报表乃至标准财务报告的工作。我国自取消会计人员从业资格证以来，虽然有的观点认为，会计的职业地位从此将不再必要和重要，会计专业人员将不可避免地大规模失业，会计专业学生就业将面临巨大风险，但随着我国经济改革的不断深入，互联网+、企业大数据共享成为必然发展趋势，财务“过程越是按照社会的规模进行，越失去纯粹个人的性质，作为对过程的控制和观念总结的簿记就越重要”以及“经济越发展，会计越重要”仍然是基本的经济规律。

在财务会计领域，对资金运动的反映、控制和管理是沿着企业的经济活动或经济业务—会计交易或事项—会计要素—会计科目—会计分录—会计账簿—财务报告的理论和逻辑路径展开的。因此，财务会计课程的教学内容可以概括为与会计要素或会计科目密切相关的“借”“贷”“证”“账”“表”“确认”“计量”“记录”“报告”等13个字。“借”“贷”“证”“账”“表”的含义、关系和工作原理一直是“会计学基础”课程教学的核心内容；会计要素或会计科目的“确认”“计量”“记录”“报告”是“中级财务会计”和“高级财务会计”课程的知识要点。

基于上述认识，结合我国当前“大众创业、万众创新”的时代背景，本次修订在坚持原有框架的基础上，根据2017

年11月5日正式实施的新修正后的《中华人民共和国会计法》、2018年修订的新会计准则和财会〔2018〕15号文件《关于修订印发2018年度一般企业财务报表格式的通知》，同时借鉴了会计理论和实践的最新成果，一方面对书中的相关文字表述进行精炼概括，另一方面对书中案例进行认真修改，详细讲解了在“互联网+会计”操作下“证”“账”“表”之间的逻辑关系。此外，还对课后习题参考答案进行了修订。

本次修订由主编柳延峥、王秋红负责，由柳延峥负责总纂。在本教材的编写和修订过程中，我们参考了大量教材和著作，并听取了本教材使用者的宝贵意见和建议，更得到东北财经大学出版社的大力帮助和支持。在此，我们向参考文献的作者、提供反馈信息的使用者以及东北财经大学出版社的编辑表示衷心感谢!

本教材的电子课件和章后习题的参考答案请登录东北财经大学出版社网站（www.dufep.cn）获取并使用。

由于我们的知识水平有限，书中难免存在不足之处，恳请读者批评和指正，谢谢!

编　者

2018年7月

目　录

第一章

总　论

第一节　会计的含义

一、会计的产生和发展

物质资料的生产是人类社会生存和发展的基础，同样，物质资料的生产也是会计思想和会计行为产生和发展的根本前提。如果没有生产活动的出现，便不会有会计思想和会计行为的产生。

但是，这并不意味着生产活动一发生，就产生了人类的会计思想和会计行为。据会计史学家的考证，维持人类的基本生活水平是人类原始会计行为产生的基本前提条件。只有当社会发展到能够保障人类生存和种族繁衍，即生产剩余物时，人们才会关心生活资料的管理，关心生产活动及交换活动的管理，才会将劳动成果和劳动耗费进行比较，刻画（符）记事和结绳记事等原始计量、记录行为才会发生。会计史学家将原始计量记录行为产生的旧石器时代中晚期至原始社会末期这一历史时期称为会计萌芽阶段，也称之为原始的计量、记录时代。

会计在产生初期还只是生产职能的附带部分，尚未形成一项专职工作。进入奴隶社会，社会生产力的发展，使得简单的会计计算和管理工作有了进一步发展，并在一定阶段产生了奴隶制国家的官厅会计。《周礼》记载，我国在西周时期就设置了总管王朝财政的官职——天官（天官之长为大宰）和协助大宰分管王朝财计的官员——司会。司会的主要职责是：组织对官厅财政收入的全面核算，定期提供会计报告；按期考核、监督各种税收的实现及财物在各管理部门的收支动态。在西方，如古埃及、古巴比伦、古希腊和古罗马，会计的职权也都掌握在宫廷、教堂的奴隶主和农奴主手中。

进入封建社会，生产力得到进一步发展，为适应地主阶级对经济控制和管理的需要，会计也有了相应的发展。据史料《孟子·万章下》记载，“孔子尝为委吏矣，曰‘会计当而已矣’”。秦始皇统一中国后，制定了全国统一的上计制度，统一了会计账簿名称，称为“籍书”或“簿书”，并以“入”“出”为记账符号。西汉制定《上计律》，赋予会计以法律权威，并设立了比部作为审查机构。唐代有每年一造“计册”的制度，流水账和誊清账已初步形成。宋代创立并应用了“四柱结算法”。“四柱”即旧管、新收、开除和实在。它们之间的结算关系是：旧管+新收-开除=实在。明朝洪武元年制定了加强专库管理的“实物盘点制度”，并使用了“盘点清单”。明末清初创造并使用了“龙门账”。清代学者焦循将我国从西周到清末的会计含义总结为：“会，大计也。然则零星算之为计，总合算之为会。”

到了资本主义社会，随着商业、农业、工业和对外贸易的发展，加强经济管理的需求日益迫切，也使会计得到了快速发展。1494年意大利数学家卢卡·帕乔利（Luca Pacioli）出版了《算术、几何、比及比例概要》（潘序伦先生意译为《数学大全》）一书，其中第三部分为簿记，涉及复式簿记，其编目为第三卷第九部第十一篇，论题为《计算与记录要论》（葛家澍先生译为《簿记论》），系统论述了借贷复式记账的原理及其应用。《簿记论》是会计发展史上的里程碑，是簿记理论专门而系统研究的历史起点。自从产生了《簿记论》，簿记方被世界学术界所肯定，簿记学乃至会计学才真正成为一门科学，得以屹立于世界科学的丛林之中。

1894年苏格兰成立了会计协会，这意味着会计作为一种专门职业而独立存在。随着资本主义进入垄断阶段，垄断组织成为社会经济生活的基础，股份制公司的发展，产生了所谓的“管理革命”，要求会计进一步与管理结合。20世纪20年代，特别是第二次世界大战后，会计也全面着眼于核算和管理，逐步形成了财务会计和管理会计两大分支。

进入社会主义社会，会计变得更重要。马克思说：“过程越是按照社会的规模进行，越失去纯粹个人的性质，作为对过程的控制和观念总结的簿记就越重要。因此，簿记对资本主义生产比对手工业和农民的分散生产更为必要，对公有生产比资本主义生产更为必要。”这里的簿记就是会计。中华人民共和国成立后，建立了我国社会主义会计。在有关部门的领导下，我国先后制定了会计核算和会计管理方面的制度。目前，我国已形成了具有中国特色的会计行政监管体制、会计执业资格准入制度、会计专业技术等级评价系统、会计法规体系以及会计的国际协调和国际趋同等全国统一、完备的会计管理体系。2010年，为响应二十国集团关于建立全球统一高质量会计准则的倡议，财政部发表了《中国企业会计准则与国际财务报告准则持续趋同路线图》，2014年起陆续对已发布准则进行修订并发布新的准则。为了更好地加强经济管理及财务管理，2017年11月4日第十二届全国人民代表大会常务委员会第三十次会议对《中华人民共和国会计法》（以下简称《会计法》）进行了再次修订，该法律自2017年11月5日正式施行。截至2018年1月31日，新会计准则体系由1个基本准则、42个具体准则和相应准则应用指南及12个准则解释、3个层次构成。

综上所述，社会生产是会计产生和发展的基础；经济管理的客观需要是会计产生的内在历史动因；经济越发展，会计越重要。

二、会计的定义

会计的定义是对会计本质内容的揭示。中华人民共和国成立以来，关于会计的定义，影响力最大的3个观点是“管理工具论”、“管理活动论”和“信息系统论”。本书认为，“管理工具论”、“管理活动论”和“信息系统论”是分别从职业服务、企业管理、资本市场等3个角度认识会计的必然结果，都是对会计本质的揭示。

本书将现代会计定义为：会计是以货币为主要计量单位，采用一定的程序和方法，对企业、行政事业单位及其他经济组织的经济活动进行核算和管理的一种经济管理活动。

（一）会计的职能

会计的职能是会计本质的具体化，是对会计系统在运行过程中所具有的性能和功能的抽象。会计的职能随着会计实践的发展而发展。一般说来，现代会计主要有反映、监督和参与经营决策的基本职能。

1.反映职能

会计的反映职能，又称会计的核算职能，是指会计以货币为主要计量单位，客观地反映一个特定主体的经济活动情况，为有关各方提供所需的会计信息。会计通过信息系统连续、系统、全面、综合地反映一个会计主体的财务状况、经营成果和现金流量。会计反映分为事前反映和事后反映。会计的事前反映是对未来进行预测和计划；会计的事后反映是会计信息的加工处理过程，简称“会计程序”。会计程序是会计对已发生或已完成的经济业务（交易或事项）进行的确认、计量、记录和报告。

2.监督职能

会计的监督职能是指会计通过预测、计划、记录、分析、控制、检查等对一个特定单位的经济活动和预算执行过程实行控制。会计监督包括事前监督、事中监督和事后监督。

3.参与经营决策职能

会计的参与经营决策职能是指通过会计的反映职能提供的会计信息，对企业生产经营的各种方案进行比较、分析和判断，帮助企业决策者筛选最优方案的过程。

上述3个会计的职能的关系是十分密切的，且是相互依存和相互制约的。一般地说，反映是监督的基础，而没有一个有力的监督，所反映的信息就不能为企业经营者提供可靠的决策依据。

由于社会经济的发展，会计活动的领域和内容不断地拓展、变化，人们对会计的认识和表述客观上也会存在一定的差异。基于过去、现在和未来的思考，人们对会计职能的认识也不可能完全一致。就企业会计工作而言，企业可利用会计提供的信息预测经济前景，进行经济决策，编制财务计划，控制经济活动和评价经营业绩。

因此，现代企业会计的基本职能可概括为：反映经济活动；预测经济前景；进行会计决策；编制财务计划；控制业务活动过程；评价经营业绩。

（二）会计的特点

会计的特点，是指会计作为一种管理活动所具有的个性和与其他管理活动相区别的特殊性。随着会计的发展，会计的内容也日益丰富。现代会计的特点可以概括为：（1）会计以货币为主要计量尺度；（2）会计对经济活动进行完整、连续、系统的计算和记录；（3）会计以价值管理为基本内容；（4）会计以提高经济效益为终极目标。

（三）会计的目标

会计的目标，又称会计的目的，是会计活动所应达到的标准或境地。会计的目标分为直接目标和最终目标。

1.会计的直接目标

会计的直接目标，又称财务会计报告目标。一般认为，会计的直接目标是向财务会计报告的使用者提供与企业财务状况、经营成果和现金流量等有关的会计信息，反映企业管理层受托责任的履行情况，有助于财务会计报告的使用者作出经济决策。财务会计报告的使用者包括投资者、债权人、政府及其有关部门和社会公众等利益关系集团。其中，投资者和债权人是财务会计信息的主要使用者。

2.会计的最终目标

如前所述，会计是一项经济管理活动，是经济管理的重要组成部分，会计的最终目标应服从企业的经营管理目标。在市场经济条件下，企业是以营利为目的的经济组织，一切管理都是为了提高企业的经济效益。因此，会计的最终目标是提高经济效益。

第二节　会计对象与会计要素

一、会计对象

会计对象是指会计工作的客体，即会计所核算和管理的内容。马克思关于会计是对“过程的控制和观念的总结”的思想告诉我们，会计对象存在于社会再生产过程之中。社会再生产过程是由生产、分配、交换和消费四个相互关联的环节所构成的，它包括多种多样的经济活动。会计并不能反映和管理再生产过程中经济活动的所有方面，而只能反映和控制能用货币表现的那些内容。换言之，会计并不能提供社会再生产过程的所有信息，而主要提供能够用货币表现的信息。

会计工作总是在一个企业或行政、事业单位里进行的。每一个企业或行政、事业单位能够用货币表现的经济活动，实质上是企事业单位的资金运动的表现形式。社会再生产过程的社会总资金运动，是在宏观领域进行的，有的学者将其称为社会会计的对象。社会再生产过程中的个别资金运动，是在各个企业，行政、事业单位进行的，构成了各个企业，行政、事业单位的会计对象。

综上所述，会计的一般对象是社会再生产过程中的资金运动。企业，行政、事业单位的会计对象则是每一独立核算单位的资金运动。本书仅论述现代企业的资金运动。

资金是商品经济的范畴。在宏观领域，资金是国民经济中物资的货币表现形式。在微观领域，资金是企业拥有或者控制的经济资源的货币表现形式。企业资金运动寓于企业经济活动的各项交易和事项之中。交易是发生在主体与主体之间的交换行为，如原材料的采购、商品的销售和资金的借贷等；事项是发生在主体内部的活动或发生在主体之外的环境的变化，如生产耗用材料、洪灾或地震、商品或劳务价格的变动以及企业债务人的破产等。资金运动具体体现为资金的投入、分配、耗费、收回（包括补偿与增值）以及退出等形式。

二、会计要素

会计要素是根据交易或事项的经济特征对会计对象的基本分类，是设定会计报表结构和内容的依据，也是进行会计确认、计量、记录和报告的基础。

会计要素是对资金运动的初始分类。进行会计核算，需要根据会计要素科学设置会计科目和会计账户，并采用报表的形式对会计账户所反映的经济活动进行归纳和分类。这种归纳和分类与对资金运动基本分类的口径一致，名称也相同。

企业的资金运动有两种表现形式，即静态表现和动态表现。所谓静态表现，是指资金相对静止状态下的表现形式，具体表现为资产、负债和所有者权益三要素，亦称为财务状况三要素。它们之间的数量关系可用会计等式予以概括：

资产=负债+所有者权益

资金运动的动态表现为资金的循环与周转，具体表现为收入、费用和利润三要素，亦称为经营成果三要素。它们之间的数量关系也可用会计等式予以概括：

收入-费用=利润

企业的资金运动是静、动结合的统一体，也就是说会计六要素存在着有机联系。例如，费用的发生会引起资产的减少，或引起负债的增加；收入的取得会引起资产的增加，或引起负债的减少；又如，所有者权益的增加也可能引起资产的增加，或引起负债的减少。在会计六要素中，利润要素的数量将由收入要素和费用要素的差量确定，换言之，确定了收入要素和费用要素的数量，也就确定了利润要素的数量。因此，会计六要素的数量关系，可以用会计等式予以概括：

资产=负债+所有者权益+收入-费用

关于上述三个等式，我们将在第三章中加以详述。

（一）反映财务状况的会计要素

财务状况是企业在一定日期的资产和权益的情况，是资金运动相对静止状态时的表现。反映企业财务状况的会计要素包括资产、负债和所有者权益。

1.资产

资产是指企业过去的交易或事项形成的、由企业拥有或者控制的、预期会给企业带来经济利益的资源。它具有以下特征：（1）资产应为企业所拥有或者控制的资源；（2）资产预期会给企业带来经济利益；（3）资产是由企业过去的交易或事项形成的。

资产按其流动性不同，分为流动资产和非流动资产。流动资产是指预计在一个正常营业周期中变现、出售或耗用，或者主要为交易目的而持有，或者在资产负债表日起1年内（含1年）变现的资产，以及自资产负债表日起1年内交换其他资产或清偿负债的能力不受限制的现金或现金等价物。流动资产主要包括库存现金、银行存款、交易性金融资产、应收及预付款项、存货等。非流动资产是指流动资产以外的资产，主要包括长期股权投资、固定资产、无形资产等。

2.负债

负债是指企业过去的交易或事项形成的，预期会导致经济利益流出企业的现时义务。它具有以下特征：（1）负债是企业承担的现时义务；（2）负债预期会导致经济利益流出企业；（3）负债是由企业过去的交易或事项形成的。

负债按其流动性不同，分为流动负债和非流动负债。流动负债是指预计在一个正常营业周期中清偿，或者主要为交易目的而持有，或者在资产负债表日起1年内（含1年）到期应予以清偿，或者企业无权自主地将清偿推迟到资产负债表日后1年以上的负债。流动负债主要包括短期借款、应付账款、预收账款、应付职工薪酬、应交税费、应付利息和其他应付款等。非流动负债是指流动负债以外的负债，主要包括长期借款和应付债券等。

3.所有者权益

所有者权益是指企业资产扣除负债后，由所有者享有的剩余权益。公司的所有者权益又称为股东权益。它具有以下特征：（1）除非发生减资、清算，否则企业不需要偿还所有者权益；（2）企业清算时，只有在清偿所有的负债后，所有者权益才返还给所有者；（3）所有者凭借所有者权益能够参与利润的分配。

所有者权益按其来源不同，分为所有者投入的资本、直接计入所有者权益的利得和损失、留存收益等。

在会计核算过程中，通常将所有者权益划分为实收资本（或者股本）、资本公积、盈余公积和未分配利润。资本公积包括企业收到的投资者出资超过其注册资本或股本中所占份额的部分以及直接计入所有者权益的利得和损失等。利得是指由企业非日常活动所形成的、会导致所有者权益增加的、与所有者投入资本无关的经济利益的流入。损失是指由企业非日常活动所发生的、会导致所有者权益减少的、与所有者分配利润无关的经济利益的流出。直接计入所有者权益的利得和损失主要包括可供出售金融资产公允价值变动额、现金流量套期中套期工具公允价值变动额（有效套期）等。盈余公积和未分配利润又合称为留存收益。

（二）反映经营成果的会计要素

经营成果是企业在一定时期内从事生产经营活动所取得的最终成果，是资金运动的主要体现。反映企业经营成果的会计要素包括收入、费用和利润。

1.收入

收入是指企业在日常活动中所形成的，会导致所有者权益增加的，与所有者投入资本无关的经济利益的总流入。收入不包括为第三方或客户代收的款项。它具有以下特征：（1）收入是企业在日常经营活动中形成的；（2）收入会导致所有者权益的增加；（3）收入是与所有者投入资本无关的经济利益的总流入。

按照企业所从事日常活动的性质，收入主要包括主营业务收入和其他业务收入等。

需要强调的是，上面所说的收入是狭义的收入，广义的收入还包括直接计入当期利润的利得，即营业外收入。

2.费用

费用是指企业在日常活动中发生的、会导致所有者权益减少的、与向所有者分配利润无关的经济利益的总流出。它具有以下特征：（1）费用是企业在日常经营活动中形成的；（2）费用会导致所有者权益的减少；（3）费用是与向所有者分配利润无关的经济利益的总流出。

按照费用与收入的关系，费用主要包括营业成本和期间费用。其中，营业成本是指所销售商品或提供劳务的成本。营业成本按照其所销售商品或提供劳务在企业日常活动中所处的地位可以分为主营业务成本和其他业务成本。期间费用包括管理费用、财务费用和销售费用。

上面所定义的费用也是狭义上的费用，广义的费用还包括直接计入当期利润的损失，即营业外支出。

3.利润

利润是指企业在一定会计期间的经营成果。按其来源，利润包括收入减去费用后的净额、直接计入当期利润的利得和损失等。其中，收入减去费用后的净额是企业日常活动的业绩；直接计入当期利润的利得和损失反映的是企业非日常活动的业绩，主要包括企业处置固定资产和债务重组发生的利得和损失等。

在实际工作中，由于收入不包括处置固定资产净收益、固定资产盘盈收益和出售无形资产等利得项目，费用也不包括处置固定资产净损失、自然灾害损失等损失项目，所以会计等式中的收入和费用应从广义的角度来理解。

第三节　会计核算的基本假设和会计基础

一、会计核算的基本假设

会计核算的基本假设，也称为会计核算的基本前提，是企业会计确认、计量和报告的前提，是对会计核算所处的时间、空间环境所作的合理设定。会计核算对象的确定、会计政策的选择、会计数据的收集都要以这一系列的基本假设为依据。会计核算的基本假设包括会计主体、持续经营、会计分期和货币计量。

（一）会计主体

会计主体，又称为会计实体、会计个体，是指具有一定资金、进行独立活动、实行独立核算的单位，是会计信息所反映的特定单位或者组织。它规范了会计工作的空间范围。

会计核算时，必须首先明确会计主体，即为谁核算，核算谁的经济业务。为此，《企业会计准则——基本准则》第五条明确指出："企业应对其本身发生的交易或者事项进行会计确认、计量和报告。"只有明确了会计主体，才能划定会计将要处理的各项交易或事项的范围，才能将会计主体的交易或事项与会计主体所有者的交易或者事项以及其他会计主体的交易或者事项区别开来。

会计主体不同于法律主体。一般说来，法律主体必然是一个会计主体，但是会计主体不一定就是法律主体。会计主体可以是一个特定的企业，可以是企业的某一部分，也可以是一个具有经济业务的特定的非营利组织。除企业本身是会计主体外，不具有法人资格的分厂、分部也可以作为会计主体，一个控股公司、联营公司或是一个附属公司也可以是会计主体。此外，由企业管理的证券投资基金、企业年金等，尽管不属于法律主体，但属于会计主体，应当对每项基金进行会计确认、计量和报告。只有确立了会计主体这一基本前提，才能明确会计核算的空间范围，正确地反映企业所有的财产和对外的债务，准确地计算它在经营中所获得的收益和所发生的亏损，从而提供对决策有用的会计信息。

（二）持续经营

持续经营是指在可以预见的将来，企业将会按当前的规模和状态继续经营下去，不会停业，也不会大规模削减业务。

从企业经营实践来看，绝大多数企业确实都能够持续经营下去，破产、清算的毕竟只是少数。因此，《企业会计准则——基本准则》第六条规定："企业会计确认、计量和报告应当以持续经营为前提。"只有规定持续经营的前提条件，一些公认的会计处理方法才能采用，企业的会计记录和会计报表才能真实可靠。但在持续经营这一前提下，企业一旦出现严重亏损，经营十分困难，甚至资不抵债，宣告破产，被迫进行清理，则采用破产清算的会计处理方法。

（三）会计分期

会计分期，又称会计期间，是指将一个企业持续经营的生产经营活动划分为一个个连续的、长短相同的期间。会计分期的目的，在于通过会计期间的划分，将持续经营的生产经营活动分成连续、相等的期间，据以结算盈亏，按期编制财务会计报告，从而及时向财务会计报告使用者提供有关企业财务状况、经营成果和现金流量的信息。

在会计分期假设下，会计核算应当划分会计期间，分期结算账目和编制财务会计报告。会计期间通常分为年度和中期。中期是指短于一个完整的会计年度的报告期间。

会计分期假设对于企业会计核算有重大影响：首先，企业经济活动如果仅仅是一次性的行为，那么一切收益和费用都在一个经营期间内结束；如果是一个企业连续经营活动的某一个片段，那就不能将一个会计期间所发生的一切费用和收益一次计入当期，而必须按会计期间，在各生产周期内进行分配。其次，由于企业的经营活动划分为各个相等的期间，获得的收益和产生的费用在各会计期间内进行分配，各种分配过程带有很大的经验估计成分，从而使会计处理过程成为一个经验分析及预测过程。

（四）货币计量

货币计量是指会计主体在财务会计确认、计量和报告时以货币计量，反映会计主体的生产经营活动。

在货币计量前提下，企业的会计核算以人民币为记账本位币。业务收支以人民币以外的货币为主的企业，可以选定其中的一种货币作为记账本位币，但是编报的财务会计报告应当折算为人民币。在境外设立的中国企业向国内报送的财务会计报告，应当折算为人民币。

在会计核算过程中之所以选择货币作为计量单位，是由货币本身的属性决定的。货币是商品的一般等价物，是衡量一般商品价值的共同尺度，具有价值尺度、流通手段、贮藏手段和支付手段等特点。其他的计量单位，如重量、长度、容积、台、件等，只能从一个侧面反映企业的生产经营情况，无法在量上进行汇总和比较，不便于管理和会计计量，所以，为全面反映企业的生产经营、业务收支等情况，会计核算就选择了货币作为计量单位。

当然，统一采用货币尺度，也有不足之处，某些影响企业财务状况和经营成果的因素，并不是都能用货币来计量的。比如，企业经营战略、研发能力、在消费者当中的信誉度和市场竞争能力等，往往难以用货币来计量，但这些信息对于使用者决策来讲也很重要。为了弥补货币计量的局限性，企业可以采用一些非货币指标在财务会计报告中补充披露，弥补上述缺陷。

二、会计基础

企业的会计确认、计量和报告应当以权责发生制为基础。权责发生制要求，凡是当期已经实现的收入和已经发生或应当负担的费用，无论款项是否收付，都应当作为当期的收入和费用，计入利润表；凡是不属于当期的收入和费用，即使款项已在当期收付，也不应当作为当期的收入和费用。

有时，企业交易或事项的发生时间与相关货币收支时间并不完全一致。例如，款项已经收到，但销售并未实现；或者款项已经支付，但并不是为本期生产经营活动而发生的。为了明确会计核算的确认基础，更真实地反映特定会计期间的财务状况和经营成果，要求企业在会计核算过程中以权责发生制为基础。

收付实现制是与权责发生制相对应的一种确认基础，它是以收到或支付现金作为确认收入和费用的依据。目前，我国的行政单位采用收付实现制，事业单位除经营业务可以采用权责发生制外，其他大部分业务采用收付实现制。

第四节　会计信息质量要求、会计确认和会计计量

一、会计信息质量要求

会计信息质量要求是对企业财务会计报告中所提供会计信息的基本要求，是使财务会计报告中所提供会计信息对投资者等使用者决策有用应具备的基本特征。它是联结会计目标和会计确认、会计计量和会计报告的桥梁。依据我国《企业会计准则——基本准则》的规定，会计信息质量要求包括可靠性、相关性、可理解性、可比性、实质重于形式、重要性、谨慎性和及时性等。

（一）可靠性

可靠性要求企业应当以实际发生的交易或者事项为依据进行会计确认、计量和报告，如实反映符合确认和计量要求的各项会计要素及其他相关信息，保证会计信息的真实可靠、内容完整。会计信息要有用，必须以可靠性为基础。为了贯彻可靠性，企业应当做到：

1.以实际发生的交易或事项为依据进行会计确认、计量，将符合会计要素定义及其确认条件的资产、负债、所有者权益、收入、费用和利润如实反映在会计报表中，不得以虚构的、没有发生的或者尚未发生的交易或事项进行会计确认、计量和报告。

2.在符合重要性和成本效益原则的前提下，保证会计信息的完整性，其中包括应当编报的报表及其附注内容等要保持完整，不能随意遗漏或者减少应予以披露的信息，与使用者决策相关的信息都应当充分披露。

（二）相关性

相关性要求企业提供的会计信息应当与投资者等财务会计报告使用者的经济决策需要相关，有助于投资者等财务会计报告使用者对企业过去、现在或者未来的情况作出评价或预测。

会计信息是否有用，是否具有价值，关键是看其与使用者的决策需

要是否相关，是否有助于决策或者提高决策水平。相关的会计信息应当有助于使用者评价企业过去的决策，证实或者修正使用者过去的有关预测，因而具有反馈价值。相关的会计信息还应当具有预测价值，有助于使用者根据财务会计报告所提供的会计信息预测企业未来的财务状况、经营成果和现金流量。

会计信息的相关性，需要企业在会计确认、计量和报告会计信息的过程中，充分考虑使用者的决策模式和信息需要，在保证会计信息可靠性的前提下，尽可能做到相关性，以满足投资者等财务会计报告使用者的决策需要。

（三）可理解性

可理解性要求企业提供的会计信息清晰明了，便于投资者等财务会计报告使用者理解和使用。

企业编制财务会计报告、提供会计信息的目的在于使用，而要使使用者有效使用会计信息，应当让其了解会计信息的内涵，弄懂会计信息的内容，这就要求财务会计报告所提供的会计信息清晰明了，易于理解。只有这样，才能提高会计信息的有用性，实现财务会计报告的目标，满足向投资者等财务会计报告使用者提供对决策有用的信息的要求。

会计信息毕竟是一种专业性较强的信息产品，在强调会计信息可理解性要求的同时，还应假定使用者已掌握一定的有关企业经营活动和会计方面的知识，并且愿意付出努力去研究这些信息。对于某些复杂的或者会计处理较为复杂，但与使用者的经济决策相关的会计信息，企业应当在财务会计报告中予以充分披露。

（四）可比性

可比性要求企业提供的会计信息应当相互可比。这主要包括两层含义：

第一，同一企业不同时期可比。为了便于投资者等财务会计报告使用者了解企业财务状况、经营成果和现金流量的变化趋势，比较企业不同时期的财务会计报告信息，全面、客观地评价过去，预测未来，从而作出决策，会计信息的可比性要求同一企业不同时期发生的相同或相似的交易或事项，应当采取一致的会计政策，不得随意改变。但是，满足会计信息可比性要求并非表明企业不得变更会计政策，如按照规定或者在会计政策变更后可以提供更可靠、更相关的会计信息，可以变更会计政策。有关会计政策的变更，应当在附注中予以说明。

第二，不同企业相同会计期间可比。为了便于投资者等财务会计报告使用者评价不同企业的财务状况、经营成果和现金流量及其变动情况，会计信息质量的可比性要求不同企业同一会计期间发生的相同或者相似的交易或事项应当采用规定的会计政策，确保会计信息口径一致，相互可比，以使不同企业按照一致的确认、计量和报告要求提供有关会计信息。

（五）实质重于形式

实质重于形式要求企业按照交易或事项的经济实质进行会计确认、计量和报告，不应仅以交易或事项的法律形式为依据。

企业发生的交易或事项在多数情况下，其经济实质和法律形式是一致的。但在有些情况下，可能会出现经济实质与法律形式不吻合的交易或事项。例如，融资租入的固定资产，在租期未满以前，所有权并没有转移给承租人，但与该项固定资产相关的收益和风险已经转移给承租人，承租人实际上也能对该项固定资产实施控制，因此，承租人应该将其视同自己的固定资产进行核算。尊重实质重于形式的要求，体现了对经济实质的尊重，能够保证会计信息与客观经济事实相符。

（六）重要性

重要性要求企业提供的会计信息反映与企业财务状况、经营成果和现金流量有关的所有重要交易或事项。

如果财务会计报告中提供的会计信息的省略或者错报会影响投资者等财务会计报告使用者据此作出决策，该信息就具有重要性。重要性的应用需要依赖职业判断，企业应当根据其所处的环境和实际情况，从项目的性质和金额大小两方面加以判断。

（七）谨慎性

谨慎性要求企业对交易或事项进行会计确认、计量和报告时应当保持应有的谨慎，不应高估资产或者收益、低估负债或者费用。

在市场经济条件下，企业的生产经营活动面临许多风险和不确定性，如应收账款的可收回性、固定资产的使用寿命、无形资产的使用寿命、售出存货可能发生的退货或者返修等。会计信息质量的谨慎性要求企业在面临不确定性因素的情况下作出职业判断时，应当保持应有的谨慎，充分估计各种风险和损失，既不高估资产或者收益，又不低估负债或者费用。例如，要求企业对售出商品所提供的产品质量保证确认为一项预计负债，就体现了会计信息质量的谨慎性要求。

谨慎性的应用也不允许企业设置秘密准备。如果企业故意低估资产或者收入，或者故意高估负债或者费用，就不符合会计信息的可靠性和相关性要求，损害会计信息质量，扭曲企业实际的财务状况和经营成果，从而会对使用者的决策产生误导。

（八）及时性

及时性要求企业对于已经发生的交易或事项，应当及时进行会计确认、计量和报告，不得提前或延后。

会计信息的价值在于帮助所有者或者其他方面作出经济决策，具有时效性。即使是可靠的、相关的会计信息，如果不及时提供，就失去了时效性，对于使用者的效用就大大降低，甚至不再具有实际意义。在会计确认、计量和报告过程中贯彻及时性，一是要求及时收集会计信息，即在经济交易或者事项发生后，及时收集、整理各种原始单据或者凭证；二是要求及时处理会计信息，即按照会计准则的规定，及时对经济交易或者事项进行确认、计量，并编制财务会计报告；三是要求及时传递会计信息，即按照国家规定的有关时限，及时地将编制的财务会计报告传递给财务会计报告使用者，便于其及时使用和决策。

在实际工作中，为了及时提供会计信息，可能需要在有关交易或事项的信息全部获得之前即进行会计处理，这样就满足了会计信息的及时性要求，但可能会影响会计信息的可靠性；反之，如果企业等到与交易或事项有关的全部信息获得之后再进行会计处理，这样的信息披露可能会由于时效性问题，对于投资者等财务会计报告使用者决策的有用性大大降低。这就需要在及时性和可靠性之间做相应的权衡，以满足投资者等财务会计报告使用者的经济决策需要作为判断标准。

二、会计确认和会计计量

（一）会计确认

1.会计确认的概念

会计确认是在交易或事项发生时，一个项目按会计要素正式予以记录并按要素的项目正式地列入某一个体财务报表的过程。会计确认的本质是定性，解决“是不是”的问题。

从编制报表的程序来看，会计确认包括初始确认和再确认。初始确认是对某一项目或某项经济业务进行会计记录，如记作资产或负债、收入或费用等；再确认则是在初始确认的基础上，对各项数据进行筛选、浓缩，最终列示在财务报表中。初始确认解决了什么数据能够进入会计信息处理系统的问题；而再确认则是在初始确认的基础上，筛选什么信息应列入会计报表，什么样的信息应在报表外进行披露。

2.会计确认的标准

每一个项目的确认，都要符合会计要素的定义并能可靠地计量，同时与使用者相关，具体应满足以下四项标准：（1）可定义性：所确认的项目要符合财务报表中某一要素的定义。（2）可计量性：所确认的项目要能予以计量。（3）相关性：所确认的项目所生成的信息，对使用者的决策有影响。（4）可靠性：所确认的项目是真实、可验证的。

（二）会计计量

1.会计计量的概念

会计计量是指采用一定的计量单位，选择被计量对象的合理属性，确定应予记录项目金额的会计处理过程。简言之，会计计量就是为事物的属性或特性赋以数值。会计计量的本质是定量，解决“是多少”的问题。

会计确认是对会计信息进行识别和分类的过程，为会计计量奠定了基础；会计计量以会计确认为基础，对计量对象在适当的时间，以特定的单位作出的数量表示。

2.会计计量属性

会计计量属性是指所计量对象的具体特征。会计计量不是计量事物的所有特征，而是某一对象的价值属性，即被称为值多少元的东西。依据我国《企业会计准则——基本准则》的规定，会计计量包括历史成本、重置成本、可变现净值、现值和公允价值等五种属性。

第五节　会计方法

一、会计方法的概念

会计方法是指反映和控制会计对象、实现会计目标的手段。会计方法是人们在长期的会计工作实践中总结、创造的，并在长期的社会生产发展过程中得到逐步完善和提高。先进的社会生产力不仅需要先进的会计方法作为管理经济的手段，而且为先进的会计方法的产生创造了物质技术条件。会计方法的创立和发展在很大程度上取决于社会生产力水平，具有技术性，所以许多会计方法并不因社会制度的变革而消失。一种会计方法能否被采用，不是取决于社会制度，而是取决于会计方法本身技术水平的高低、社会经济管理水平的高低和管理要求。

为了适应经济管理的要求，会计方法的采用应该保证对会计对象能够客观地加以记录、计算和对比、考核；同时，要求会计的各种方法能保证全面、相互联系地表现客观存在的经济业务；会计方法作为实现会计目标的手段，必须为管理企业、事业、机关、团体以及其他经济组织的财务收支和提高企业经济效益服务。

二、会计方法体系

会计方法体系是由各种彼此独立又相互联系的会计方法组成的有机统一整体，与会计工作内容紧密相关。

长期以来，人们一般认为会计工作的内容包括会计核算、会计分析和会计检查。随着现代会计的发展，会计管理作用的加强，会计的内容日益丰富。实践证明，会计具有参与预测、决策的职能。因此，会计的内容除了传统的会计核算、会计分析和会计检查之外，还有会计预测、会计决策和会计控制。因而，会计方法体系是由会计预测方法、会计决策方法、会计核算方法、会计控制方法、会计检查方法、会计分析方法所构成的。

会计预测方法是会计人员利用会计信息和其他经济活动信息，对会计管理活动内容进行科学预测所运用的方法，如因果分析法、趋势分析法等。

会计决策方法是按财务指标确定的目标，选择最优方案所运用的方法，一般有本量利分析法、决策树分析法和差量分析法等。

会计控制方法是通过会计工作，使经济活动与资金运动按既定的目标运行所采用的手段，一般有制度控制、计划控制、定额控制等。

会计检查方法是利用会计核算资料（主要是会计凭证）检查单位经济活动的合法性和合理性，以及会计记录的完整性和正确性的方法，一般包括核对法、审阅法、分析法和控制计算法等。

会计分析方法是利用会计核算资料（主要是会计报表）结合具体情况，比较、研究、评定经济活动状况以及经济效益所运用的方法，一般包括比较法、连环代替法和ABC分析法等。

本书重点论述会计核算方法，其他会计方法将在成本会计、管理会计、财务管理、审计学中介绍。

会计核算方法是对会计对象进行连续、系统、全面、综合的记录、计算、反映和日常监督所应用的方法。会计核算方法是会计信息加工程序的具体化，一般包括设置账户、复式记账、填制和审核会计凭证、登记账簿、成本计算、财产清查、资产计价、编制会计报表等。

（一）设置账户

设置账户是指对会计对象的具体内容进行科学分类、反映和监督的一种方法。会计对象的具体内容是多种多样的，要对其进行系统的核算和监督，就必须按照经济业务的内容和管理要求，分别设置账户，进行分类登记，以便提供所需要的会计信息。

（二）复式记账

复式记账是指对每一项经济业务，都要以相等的金额，同时在两个或两个以上、相互联系的账户中进行登记的一种记账方法。复式记账是一种科学的记账方法，它能如实地、相互联系地记录每项经济业务，通过账户的对应关系可以全面地反映经济业务的来龙去脉、了解经济业务的实际内容，便于检查账户记录的正确性。

（三）填制和审核会计凭证

填制和审核会计凭证是指借助会计凭证办理会计手续，以便及时反映和监督经济业务的发生和完成情况，保证会计记录真实、正确、合理、合法所采用的一种专门方法。填制和审核会计凭证，能够为会计记录提供真实的原始资料，从而保证会计核算的质量。

（四）登记账簿

登记账簿是指运用复式记账原理在账簿上连续、完整地记录和反映经济业务的一种方法。通常，企业单位应登记序时账簿和分类账簿。登记账簿同时也是会计信息加工处理的一项重要程序，对于编制财务会计报告具有重要的意义。

（五）成本计算

成本计算是指把企业在各经营过程（如供应、生产、销售过程）中发生的各种费用，按各种不同的成本计算对象进行归集和分配，借以确定核算对象的总成本和单位成本的一种专门方法，通过成本计算与考核，有利于发挥会计的职能。

（六）财产清查

财产清查是指通过对货币资金、存货、固定资产、债权、票据等进行盘点或核对，查明其实有数与账存数是否相符，并查明账实不符的原因的一种方法。通过财产清查可以了解账实相符程度和资产的管理情况。

（七）资产计价

资产计价是指以货币来计量企业各种资产实际价值的一种方法。资产计价是会计核算的重要方法。它不仅直接关系到各种资产在账簿和财务报表中以何种价值反映及其数额多少，而且影响到一系列财务会计指标。

（八）编制会计报表

会计报表是指以会计账簿资料为主要依据，以货币为计量单位，全面、总括地反映会计主体在一定时期内财务状况、经营成果和现金流量等会计信息的文件。编制会计报表，是提供会计信息的主要形式，是企业财务会计报告活动的主要内容。

上述八种会计核算方法是相互联系、密切配合的，构成了一个完整的会计核算方法体系。其相互关系是：经济业务发生后，经办人员要填制或取得原始凭证，经会计人员审核整理后，按照设置的会计科目，运用复式记账，编制会计凭证，并据以登记账簿；对于生产经营过程中发生的各项费用，要进行成本计算；进行会计记录时，要运用资产计价方法计量入账资产的价值；对于账簿记录，要通过财产清查加以核实，在保证账实相符的基础上，定期编制会计报表。

第六节　会计学科体系

一、会计学的概念

会计作为一项经济管理活动，已有几千年的历史，但会计作为一门学问，仅有几百年的历史。1494年，在《算术、几何、比及比例概要》一书中，对借贷记账法进行了充分而广泛的论述，一般认为这是会计学（或簿记学）形成的标志。

事实上，比较成熟的会计学，仅有100多年的历史。19世纪后半期，由于资本主义生产规模越来越大，会计越来越重要，因而研究会计的专著陆续出现。20世纪30年代，资本主义企业为了增强竞争能力，保证盈利目标的实现，更需要通过会计加强企业管理，经济管理的强烈需要推动了会计理论研究的发展。

会计学形成初期，是以复式记账原理为核心内容的簿记学，在会计理论上先后有“借主贷主说”和“拟人说”。19世纪20年代至20世纪初，围绕填制凭证、登记账簿、编制报表等实务，形成了会计循环理论，其中资产负债表理论具有典型意义。

20世纪初至第二次世界大战爆发，伴随资本主义社会的发展，生产力水平发展到一个新的高度。随着企业规模的不断扩大，股份公司这种新的经济组织形式出现，企业经营权和所有权发生了分离，从而对会计管理也提出了新的要求。除了记账、算账、报账外，还要求查账。为了正确确定企业的损益，还要求计算产品成本，为了控制产品生产成本，在20世纪初又创立了标准成本会计制度。在编制会计报表时，还要求考虑财产的估价与公认会计原则理论。

第二次世界大战后至20世纪60年代，由于经济和科学技术的飞速发展，会计理论也发展较快。在成本会计理论的基础上，逐步形成了以向内为主的管理会计理论体系，且成为与财务会计理论并行的会计学新分支。第二次世界大战后，系统论、信息论和控制论作为一组新兴的科学技术理论迅速崛起。现代“三论”的出现，为各门学科的发展提供了新思想和新方法，填充了社会科学与自然科学之间的沟壑，建立了两者的联系，促使许多学科出现了新的飞跃。现代“三论”给会计学带来了活力，会计学受其影响，正在或将要发生显著的变化，在会计的某些领域已经或正在突破传统理论与方法的束缚，孕育着新的会计理论与方法。可以预言，21世纪会计科学将会有一个令人鼓舞的发展。

从会计学形成和发展的历史可以看出，会计学是一门经济管理科学。科学是人们关于自然和社会客观规律的认识的知识体系。人们认识人类社会客观规律性的学问，统称为社会科学。社会科学是一个庞大的学科体系。会计学从较大范围看，它是研究社会经济现象规律的一门学问，是广义经济学科的组成部分。当代经济学大体可分为三类：政治经济学、经济管理学和计量经济学。由于管理科学的发展，目前，在我国管理学已成为与经济学并列的学科，会计学则是管理学的一个分支学科。

综上所述，会计学是从会计实践中积累起来的会计知识体系，专门研究会计的理论、方法与技术的管理学的一个分支学科。

二、会计学的分支学科

会计学的内容是不断丰富和发展的。由于具体的研究内容不同，会计学形成了不同的分支学科。关于分支学科的划分，在不同的历史时期、出于不同的目的会有不同的标准；由于划分标准不同，会计分支学科的构成也不一样。

从会计教育课程设置的角度，会计学的分支学科主要包括会计学原理、中级财务会计、成本会计、管理会计、财务管理、高级财务会计和审计学等。

会计学原理主要论述会计的基本理论、基本方法和技能及基本知识，主要研究会计的基本概念、会计核算方法及其运用，是其他会计分支学科的专业理论基础。

中级财务会计是遵循会计基本原理，着重阐明企业在持续经营的正常情况下，如何对各会计要素进行确认、计量、记录和报告的理论与方法。

成本会计主要研究企业成本核算与管理的基本理论与方法，包括实际成本的计算、成本预测、成本计划、成本决策、成本控制和成本分析，以及目标成本的计算等。

管理会计是以会计基本理论与方法和现代管理科学为基础，以提高经济效益为目的，对于企业的经营活动，研究如何评价过去、控制现在、规划未来的理论与方法。其内容主要包括成本规划与控制、利润规划与控制、资金规划与控制。

财务管理主要研究企业财务管理的基本理论和基本方法，包括资金筹集、资金运用、营业收入、利润及其分配的管理，以及财务预测、财务计划、财务分析与评价等内容。

高级财务会计是研究企业特殊会计问题的基本理论与方法的一门会计分支学科。

审计学是专门研究审计理论和方法，探索审计工作规律性的一门学科，财务审计是其基本内容。

此外，还有国际会计、会计理论、会计、审计史学和会计制度设计等会计分支学科。

本章小结

● 物质资料的生产是会计产生和发展的基础，维持人类的基本生活水平是人类原始会计行为产生的基本前提条件。会计的本质是一项管理活动，它具有反映、监督和参与决策的基本职能，会计目标分为直接目标和最终目标。会计对象是社会再生产过程的资金运动，企业会计对象是企业的资金运动，它寓于反映企业经济活动的各项交易和事项之中。

会计要素是对会计对象的初始分类，是设定会计报表结构和内容的依据，也是会计确认和计量的依据。会计核算的基本假设，又称会计核算的基本前提，是企业会计确认、计量和报告的前提，是对会计核算所处的时间、空间环境所作的合理设定。会计核算的基本假设和会计基础是企业进行会计核算的基本理论依据。

会计信息的质量要求是对企业财务会计报告中所提供会计信息的基本要求，是使财务会计报告中所提供会计信息对投资者等使用者决策有用，应具备的基本特征。它是联结会计目标和会计确认、会计计量和会计报告的桥梁。

会计方法是反映和控制会计对象、实现会计目标的手段，在会计方法体系中，会计核算方法处于基础地位。就会计专业教育而言，会计学分为会计学基础、中级会计学、高级会计学、财务管理、审计学等分支学科。

习　题

（一）单项选择题

1.作为一项专职工作，我国会计产生于（　　）。

A.原始社会末期　　B.秦朝

C.西周　　D.唐朝

2.会计的职能是（　　）。

A.政府规定的

B.永恒不变的

C.随着生产关系的变更而发展的

D.随社会经济发展而变化的同时，保持其相对稳定性

3.会计的一般对象是指（　　）。

A.企业的供产销活动

B.社会再生产过程中的资金运动

C.社会再生产过程中的实物运动

D.社会再生产过程中的价值变化

4.在会计核算的基本前提中，确定会计核算空间范围的是（　　）。

A.会计主体　　B.持续经营

C.会计分期　　D.货币计量

5.向企业外部有利益关系的使用者提供通用财务报告的会计是（　　）。

A.财务会计　　B.管理会计

C.成本会计　　D.基础会计

6.在下列各项中，体现谨慎性原则的是（　　）。

A.采用历史成本计价

B.应收账款计提坏账准备

C.当期销售收入与费用配比

D.固定资产按使用年限平均摊销

7.提供会计信息要考虑信息使用者对会计信息的不同要求，是（　　）原则所要求的。

A.客观性　　B.一贯性

C.相关性　　D.重要性

8.在会计方法体系中，最基本的方法是（　　）。

A.会计分析　　B.会计检查

C.会计核算　　D.会计监督

9.会计核算必须以实际发生的经济业务以及证明其发生的会计凭证为依据，如实反映企业的财务状况和经营成果。这是（　　）的具体规定。

A.重要性原则　　B.可靠性原则

C.相关性原则　　D.历史成本原则

10.根据（　　）的要求，对会计事项的处理必须于当期内完成，不得拖延到后期或提前到前期办理。

A.会计期间　　B.相关性原则

C.历史成本原则　　D.及时性原则

（二）多项选择题

1.现代企业会计职能包括（　　）。

A.反映职能　　B.监督职能

C.参与决策职能　　D.评价经营业绩职能

2.企业资产的基本特征有（　　）。

A.企业拥有或控制的资源

B.由企业过去的交易或事项形成

C.预期会给企业带来经济利益

D.企业对其拥有完整的产权

3.企业会计核算的基本前提有（　　）。

A.会计主体　　B.持续经营

C.会计分期　　D.货币计量

4.依据我国《企业会计准则——基本准则》的规定，（　　）是企业会计信息的质量要求。

A.相关性　　B.可靠性

C.真实性　　　　　　　　　　D.可理解性

5.依据我国《企业会计准则——基本准则》的规定，会计计量属性包括（　　）。

A.历史成本　　　　　　　　　B.可变现净值

C.公允价值　　　　　　　　　D.清算价值

6.对于会计主体的概念，下列命题正确的有（　　）。

A.会计主体一定是法人单位

B.法人单位一定是会计主体

C.不具备法人资格的分部或分公司也可以是会计主体

D.会计主体是指进行独立核算的工业企业、事业单位或特定的会计单位

7.下列命题正确的有（　　）。

A.在我国，会计核算以人民币作为记账本位币

B.企业会计基础是收付实现制

C.持续经营是指会计主体在可以预见的将来会继续经营下去

D.费用是指企业在日常活动中发生的、会导致所有者权益减少的、与向所有者分配利润无关的经济利益总流出

8.会计核算方法除了设置会计科目和账户外，还包括（　　）。

A.填制和审核会计凭证

B.复式记账和登记账簿

C.会计分析预测和决策

D.成本计算、财产清查和编制会计报表

9.财务会计信息的外部使用者有（　　）。

A.企业管理当局　　　　　　　B.投资者

C.债权人　　　　　　　　　　D.政府有关管理部门

10.下列说法正确的有（　　）。

A.经济越发展，会计越重要

B.会计是社会生产发展到一定阶段的产物

C.会计的直接目标是提供决策有用的会计信息，最终目标是提高企业经济效益

D.会计的核算和监督是企业会计工作的两个重要内容，在实务工

作中，应将其严格区别，独立进行

（三）判断题

1.会计是经济管理的重要组成部分，是随着人类社会的出现而产生与发展的。 （ ）

2.会计主体不一定就是法人主体。 （ ）

3.我国《企业会计准则》规定，我国的会计核算以人民币为记账本位币。 （ ）

4.会计的本质是一种艺术。 （ ）

5.配比原则是指营业收入与成本、费用应当相互匹配。 （ ）

6.重要性原则是指对于那些对企业的经济活动或会计信息的使用者相对重要的会计事项，应单独核算、分项反映，而对于那些次要的会计事项可以忽略不计。 （ ）

7.库存现金、交易性金融资产、短期借款、预收款项和存货等属于企业的流动资产。 （ ）

8.所有者权益是指企业投资人对净资产的要求权。 （ ）

9.综合性是会计的重要特点，所以会计核算只能采用货币进行计量。 （ ）

10.1494年，意大利数学家卢卡·帕乔利的《簿记论》问世，揭开了近代会计的新纪元，也标志着会计作为一种专门的职业而独立存在。 （ ）

第二章

会计科目和会计账户

第一节　会计科目

一、设置会计科目的原则

（一）会计科目的含义

会计科目是指根据经营管理的需要，对会计要素具体内容加以分类的项目，是编制和加工整理会计凭证、设置会计账簿和编制财务报表的依据。

每一个会计科目都应当明确反映特定会计要素的具体内容。例如，企业的厂房、机器设备、原材料、燃料、库存现金、银行存款等都属于企业的资产，但是这些资产的特点不尽相同，在经营管理中的周转方式及在生产经营过程中所起的作用也有区别。为了分别核算和监督这些资产的增减变动情况，就需要对它们进行分类。厂房、机器设备都是劳动资料，它们在生产经营过程中能长期发挥作用而不改变实物形态，只有经过多次反复使用，直至其报废，才需要更新。因此，根据这些共性及其特点将它们归为一类，并用“固定资产”科目来表示；又如原材料和燃料都是劳动对象，一旦投入生产过程即会改变其实物形态，根据这一共性，将它们归为一类，并用“原材料”科目来表示。

同理，对于企业其他的各项资产、负债及所有者权益（股东权益）都必须分别设置会计科目。

（二）设置会计科目应遵循的原则

1.会计科目必须全面反映会计对象的内容

会计对象的具体内容是以货币表现的经济业务，为了正确地核算和监督以货币表现的经济业务，在设置会计科目时，必须考虑会计核算对象的特点。例如，在生产加工企业，为核算和监督产品加工过程的成本、费用等的发生情况，就需要设置“生产成本”“制造费用”等会计科目，而商品流通企业一般不经过产品加工过程，不需要设置这类会计科目。

2.会计科目应当满足对外报告和内部管理的需要

在设置会计科目时，既要全面反映会计对象的内容，又要满足对外报告和内部管理的需要，使其不仅能为本企业、单位的生产经营管理提供必要的核算资料，而且能为加强国家的宏观调控提供必要的核算资料。

3.会计科目应当保持相对稳定，同时适应企业发展的需要

为了便于在不同时期分析比较会计核算指标，在一定范围内汇总核算指标，应保持会计科目相对稳定，不能经常变动会计科目的名称、内容、数量，使核算指标保持可比性。

4.设置会计科目要做到统一性和灵活性相结合

由于企业的经济业务千差万别，在分类核算会计要素的增减变动时，需要将统一性和灵活性相结合。所谓统一性，就是在设置会计科目时，要根据企业会计准则的相关要求对一些主要会计科目的设置进行统一规定，核算指标的计算标准、口径都要统一。所谓灵活性，就是在能够提供统一核算指标的前提下，各个单位根据自己的具体情况及投资者的要求，设置或者增补会计科目。贯彻统一性和灵活性相结合的原则设置会计科目，实际上就是保证会计信息的有用性，在具体工作中要防止两种倾向：一是要防止会计科目过于简单，过于简单就不能满足经济管

理的要求；二是要防止会计科目过于烦琐，过于烦琐就会不合理增加会计核算工作量。

二、会计科目的分类

会计科目按照其反映的经济内容不同，可分为六大类：资产类科目、负债类科目、共同类会计科目、所有者权益类科目、成本类科目和损益类科目。企业常用的会计科目见表2-1。

表2-1　**会计科目表**

编号	会计科目名称	编号	会计科目名称
	一、资产类	2202	应付账款
1001	库存现金	2203	预收账款
1002	银行存款	2211	应付职工薪酬
1012	其他货币资金	2221	应交税费
1101	交易性金融资产	2231	应付利息
1121	应收票据	2232	应付股利
1122	应收账款	2241	其他应付款
1123	预付账款	2314	代理业务负债
1131	应收股利	2401	递延收益
1132	应收利息	2501	长期借款
1221	其他应收款	2502	应付债券
1231	坏账准备	2701	长期应付款
1321	代理业务资产	2702	未确认融资费用
1401	材料采购	2711	专项应付款
1402	在途物资	2801	预计负债
1403	原材料	2901	递延所得税负债
1404	材料成本差异		三、共同类
1405	库存商品	3101	衍生工具
1406	发出商品	3201	套期工具
1407	商品进销差价	3202	被套期项目
1408	委托加工物资		四、所有者权益类

续表

编号	会计科目名称	编号	会计科目名称
1411	周转材料	4001	实收资本（或股本）
1471	存货跌价准备	4002	资本公积
1501	持有至到期投资	4101	盈余公积
1502	持有至到期投资减值准备	4103	本年利润
1503	可供出售金融资产	4104	利润分配
1511	长期股权投资	4201	库存股
1512	长期股权投资减值准备		五、成本类
1521	投资性房地产	5001	生产成本
1531	长期应收款	5101	制造费用
1532	未实现融资收益	5201	劳务成本
1601	固定资产	5301	研发支出
1602	累计折旧		六、损益类
1603	固定资产减值准备	6001	主营业务收入
1604	在建工程	6051	其他业务收入
1605	工程物资	6101	公允价值变动损益
1606	固定资产清理	6111	投资收益
1701	无形资产	6301	营业外收入
1702	累计摊销	6401	主营业务成本
1703	无形资产减值准备	6402	其他业务成本
1711	商誉	6403	税金及附加
1801	长期待摊费用	6601	销售费用
1811	递延所得税资产	6602	管理费用
1901	待处理财产损溢	6603	财务费用
	二、负债类	6701	资产减值损失
2001	短期借款	6711	营业外支出
2101	交易性金融负债	6801	所得税费用
2201	应付票据	6901	以前年度损益调整

1.资产类科目

资产类科目分为流动资产类和非流动资产类会计科目，如库存现金、交易性金融资产、应收账款、应收利息、原材料等流动资产类科目和可供出售金融资产、持有至到期投资、固定资产、无形资产、商誉等非流动资产类科目。

2.负债类科目

负债类科目分为流动负债类和长期负债类会计科目，其中流动负债类会计科目包括短期借款、应付账款、预收款项、应付职工薪酬等，非流动负债类会计科目包括长期借款、应付债券、专项应付款、预计负债等。

3.共同类会计科目

共同类会计科目是指兼有资产和负债性质的会计科目，其性质体现于期末余额的方向，如衍生工具和被套期项目等。

4.所有者权益类科目

所有者权益类科目包括实收资本（股本）、资本公积、盈余公积和利润分配等。

5.成本类科目

成本类科目包括生产成本、制造费用、劳务支出等。

6.损益类科目

损益类科目包括主营业务收入、主营业务成本、其他业务收入、其他业务成本、营业外收入、营业外支出、销售费用、管理费用和财务费用等；按照是否增加所有者权益又可将损益类科目分为收入类科目和费用类科目，如主营业务收入、其他业务收入和营业外收入属于收入类科目，主营业务成本、其他业务成本等属于费用类科目。

此外，在实际工作中，对某些科目还需要进一步了解其详细的信息，如对原材料，必须了解各种具体材料的数量、单价、种类等信息；否则，企业就很难进行最佳管理。对应收账款，如果不掌握各具体债务人及其所欠债务的金额、期限，就无法进行应收账款的管理。因此，这些会计科目就需要在原有的会计科目下设置明细科目。比如，“原材料”科目下的明细科目设置如图 2-1 所示。

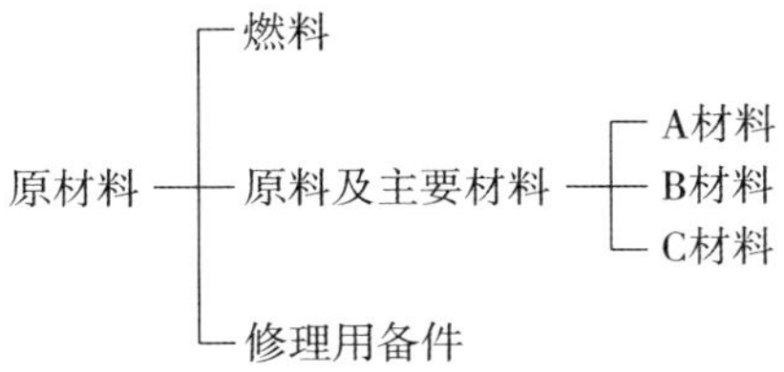

图 2-1　“原材料”明细科目

其中，原材料为一级科目，“原料及主要材料”等为二级科目，“A材料”“B材料”“C材料”等为三级科目。一级科目又称为“总分类科目”，二级、三级科目统称为“明细科目”；一级科目对会计要素的具体内容提供总括核算指标，明细科目提供明细核算指标。

会计科目的设置，必须结合会计要素的特点，并能满足企业经营管理的需要。会计科目的内容、级次、数量，既要灵活、统一，又要保持相对稳定；既不能太繁杂，又不能过于粗略；既要简单明了，又要通俗易懂。目前，我国会计实务工作中的会计科目主要是由国家财政部通过制定会计准则，即《企业会计准则——应用指南》中的“会计科目和主要账务处理”来确定的，以供企业参考使用。企业应当按照企业会计准则及其应用指南的规定，设置会计科目进行账务处理，在不违反统一规定的前提下，可以根据本企业的实际情况自行增设、分拆、合并会计科目。不存在的交易或者事项，可以不设置相关会计科目。

为了便于日常工作的查询、核对，满足会计电算化的需要，可以为每一个会计科目编一个固定的号码，这些号码称为会计科目编号。例如，“库存现金”科目的编号为1001，“原材料”科目的编号为1403等。在各会计科目编号之间，应留有适当的空号，供增设会计科目之用。

第二节　会计账户

一、账户的含义及与会计科目的关系

（一）账户的含义

账户是根据会计科目设置，具有一定的格式和结构，用于分类反映会计要素增减变动情况及其结果的载体。设置账户是会计核算的重要方法之一。

账户是对会计事项进行分类核算的工具，每一个账户都反映一定的经济内容。各个账户反映的经济内容有严格的界限，不能相互混淆。例如，设置“固定资产”账户，用以记录各种主要劳动资料的增减变化及实存情况，以便根据“固定资产”账户中提供的资料，随时总结掌握各种主要劳动资料在一定时期内的增减变动情况和结果。

（二）账户和会计科目的联系和区别

1.账户和会计科目的联系

会计科目是设置账户的依据，会计科目的经济内容和分类方法决定了账户的内容和分类方法。

首先，两者的分类最终目标一致。它们都被用来反映会计对象的具体内容，所反映的经济内容相同。

其次，两者的分类标准一致。换句话说，两者的分类口径（范围）是一致的。

最后，两者的分类结果一致。企业的会计科目在数量上与账户数量相等。

2.账户和会计科目的区别

首先，两者的具体内容不同。会计科目仅体现了会计对象的经济内容，账户不仅包括会计对象的经济内容，而且还是系统反映和控制其增减变化和结余的工具；设置账户的内容包括会计科目设置的一些内容。

其次，两者在形式上不同。会计科目没有一定的结构，而账户必须具有一定的结构。

再次，两者的直接用途不同。会计科目为开设账户、填制记账凭证所运用，而账户主要是系统提供某一具体会计对象的会计资料，为编制会计报表和经济管理所运用。

最后，设置会计科目不是会计核算的一种专门方法，设置账户则是会计核算的一种专门方法，是登记会计账簿的前提条件。

二、账户的基本结构

为了反映经济业务的发生引起会计要素的增减变动及其结果，账户不但要有明确的经济内容，而且要有一定的结构。经济业务的发生对会计要素的影响，从数量上有增加和减少两种情况。因此，每个账户的结构也应相应地划分成两个最基本的部分，分别用来登记数额的增加和减少。其简化格式如下所示：

左方	账户名称 右方

由于其格式类似于英文字母中的T，因此，习惯上称之为T形账户。

哪一方用来登记增加，哪一方用来登记减少，这与会计等式有着密切的关系。最基本的会计等式“资产=负债+所有者权益”，它表示企业的资产以及资产的来源，在任何一个时点上，这一等式都恒成立。另外，账户是根据会计科目，即资产、负债及所有者权益等会计要素的分类来设置的，而它们又分别处于等式的左右两方。因此，相应的资产类账户与权益类账户（负债及所有者权益类账户）在结构上就应该有对称的关系，也就是说，应该以两种相反的方向来表明这两类账户的增加和减少。

习惯上，资产类账户的左方登记增加额，右方登记减少额，而负债及所有者权益类账户正好相反，左方登记减少额，右方登记增加额。企业在一定时期内的增加额、减少额，称为“本期发生额”，一定期间结束时在账户左右双方合计数额不能完全抵销而出现差额时，称为“余额”。资产、负债和所有者权益的账户的结构如下所示：

资产类账户

左方 账户名称	右方
期初余额 发生额（增加额）	发生额（减少额）
本期发生额（增加额合计）	本期发生额（减少额合计）
期末余额	

负债、所有者权益类账户

左方 账户名称	右方
发生额（减少额）	期初余额 发生额（增加额）
本期发生额（减少额合计）	本期发生额（增加额合计）
	期末余额

会计期间是前后相连的，本期的期末余额，也就是下期的期初余额。这样，资产、负债、所有者权益类账户期末余额计算公式如下：

1.资产类账户：

期初余额+本期左方发生额-本期右方发生额=期末余额

（左方）　　　　　　　　　　　　　　　　（左方）

2.负债、所有者权益类账户：

期初余额+本期右方发生额-本期左方发生额=期末余额

（右方）　　　　　　　　　　　　　　　　（右方）

此外，利润等式所代表的会计要素也应相应地设立账户，其中，收入类账户结构与所有者权益类账户结构基本一致，费用类账户结构与资产类账户结构基本一致。其格式如下所示：

收入类账户

左方　　　　账户名称	右方
发生额（减少额）或转销数	发生额（增加额）
本期发生额	本期发生额

费用类账户

左方　　　　账户名称	右方
发生额（增加额）	发生额（减少额）或转销数
本期发生额	本期发生额

收入、费用类账户期末一般无余额。

综上所述，任何账户都要分别设置“左方”和“右方”，哪一方记增加数，哪一方记减少数，其余额一般在左方还是在右方，则视账户的性质而定，具体见表2-2。

表2-2　**账户结构**

账户类别	账户左方	账户右方	账户余额
资产类账户	增加	减少	一般在左方
负债、所有者权益类账户	减少	增加	一般在右方
收入类账户	减少	增加	期末一般无余额
费用类账户	增加	减少	期末一般无余额

在实际工作中，上述账户结构也可根据需要作相应变化，但一般应包括下列内容：

1. 账户的名称（即会计科目）；

2. 日期和摘要（记录经济业务的日期和概括说明经济业务的内容）；

3. 凭证号；

4. 增加和减少的金额；

5. 余额方向及余额。

不管账户格式在外形上如何变化，都必须包括最基本的三部分，即增加方、减少方和余额，具体见表2-3。

表2-3　**会计科目（账户名称）**

年		凭证号	摘要	借方（左方）	贷方（右方）	借或贷	余额
月	日						

三、账户的分类

每一个账户只能记录企业经济活动的某一方面，不可能对企业的全部经济业务加以记录，而企业的经济活动作为一个整体，是需要一个相互联系的账户体系加以反映的。

账户分类就是研究账户体系中各账户之间存在的共性，寻求其规律，探明每一账户在账户体系中的地位和作用，以便加深对账户的认识，更好地运用账户对企业的经济业务进行反映。

（一）账户按会计要素分类

账户按会计要素分类，可分为资产类账户、负债类账户、所有者权益类账户、成本类账户和损益类账户。

1. 资产类账户

资产类账户是用来核算企业资产增减变动和结存情况的账户，具体可分为：

（1）流动资产类账户，如银行存款、原材料等账户。

（2）非流动资产类账户，如固定资产、累计折旧、长期股权投资、无形资产、长期待摊费用等账户。

2.负债类账户

负债类账户是用来核算企业负债发生与结算情况的账户，它可以划分为以下两类：

（1）流动负债类账户，如短期借款、应付账款等账户。

（2）长期负债类账户，如长期借款、应付债券等账户。

3.所有者权益类账户

所有者权益类账户反映了企业投资人对企业净资产所有权的增减变化及结存情况，它包括：

（1）投入资本类账户，如股本、资本公积等账户。

（2）留存收益类账户，如盈余公积、本年利润、利润分配等账户。

4.成本类账户

成本类账户是用来反映企业在生产经营过程中发生的应记入产品成本耗费情况的账户。它包括生产成本、制造费用等账户。

5.损益类账户

损益类账户用来反映企业收入与费用情况，按其与损益组成内容的关系，可将其分为以下三类：

（1）营业损益账户，如主营业务收入、主营业务成本、销售费用、管理费用、税金及附加等账户。

（2）营业外收支账户，如营业外收入、营业外支出等账户。

（3）所得税账户，如所得税费用等账户。

此外，有些账户还具有资产或负债的双重属性，如衍生工具、被套期项目等，其账户性质可根据业务性质或期末余额方向来确定。

（二）账户按用途和结构分类

按会计要素分类是账户分类的基础，通过按会计要素进行分类，我们能够了解到每一个账户反映的内容，明确区分账户的性质，但是这种分类不能说明每种账户的用途和内在结构。因此，要正确运用各种账户，还应掌握账户的用途以及结构。

账户的用途，是指账户的记录能够提供什么样的核算信息，设置和运用账户的目的是什么。账户结构，是指在账户中如何提供核算信息，即账户中增加或减少（借方或贷方）应当怎样登记，余额的方向及其所反映的经济内容。账户按用途和结构可以分为以下12类：

1.盘存账户

盘存账户是用来核算和监督各种财产物资和货币资金的增减变动及其实有数额的账户。这类账户可以通过财产清查的方法，检查账面结存数是否与实存数相符合，检查经营管理上存在的问题，所以有些账户既可以用货币作计量单位，又可以用实物作计量单位。盘存账户在借贷记账方法下，借方反映各项财产物资和货币资金的增加；贷方反映各项财产物资和货币资金的减少；余额在借方，反映各项财产物资和货币资金的结存；结存额在贷方，则说明企业经营管理或财务处理上有问题。其结构如下所示：

盘存账户

借方　　　　账户名称	贷方
期初余额：期初各项财产物资和货币资金结余	
本期发生额：本期各项财产物资和货币资金增加额	本期发生额：本期各项财产物资和货币资金减少额
期末余额：期末各项财产物资和货币资金结存额	

属于盘存账户的有库存现金、银行存款、原材料、库存商品、固定资产等账户。

2.结算账户

结算账户是用来核算和监督企业同其他单位或个人应收、应付款项的账户。按照核算可提供信息的性质，可把结算账户分为债务性结算账户、债权性结算账户和债权债务结算账户三类，各类结算账户具有不同的用途和结构。

（1）债务性结算账户

债务性结算账户又称负债结算账户，它是主要用于核算和监督企业在往来经济业务中各种应付款项的账户。在借贷记账方法下，债务性结算账户贷方登记各种应付款项的增加额；借方登记各种应付款项的减少额；余额在贷方，表示企业各种债务的实有额。其结构如下所示：

债务性结算账户

借方	账户名称　　　　　　贷方
	期初余额：上期债务的结存额
本期发生额：本期各种应付款项减少额	本期发生额：本期各种应付款项增加额
	期末余额：期末各种应付款项实有额

这类账户主要包括短期借款、应付票据、应交税费、长期借款、应付债券等账户。

（2）债权性结算账户

债权性结算账户又称资产结算账户，它是主要用于核算和监督企业在经济往来中发生的各种应收款项的账户。在借贷记账法下，资产性结算账户的借方登记各种应收款项的增加额；贷方登记各种应收款项的减少额；余额在借方，表示各种应收款项的实有额。其结构如下所示：

债权性结算账户

借方	账户名称　　　　　　贷方
期初余额：上期应收款项结存额	
本期发生额：本期应收款项的增加额	本期发生额：本期应收款项的减少额
期末余额：期末应收款项的实有额	

这类账户主要包括其他应收款项等账户。

（3）债权债务结算账户

此类账户既反映债权结算业务，又反映债务结算业务，具有双重性质，因为在生产经营过程中，与企业经常发生业务往来的单位，有时是企业的债权人，有时是企业的债务人。按照现行会计准则规定，预付款项不多的企业，可以将预付款项直接记入“应付账款”账户的借方，这样“应付账款”成为一个债权债务的结算账户。此类账户结构如下所示：

债权债务结算账户

借方	账户名称　　　　　　贷方
期初余额：应收款项大于应付款项的差额	期初余额：应付款项大于应收款项的差额
本期发生额：应收款项的增加数或应付款项的减少数	本期发生额：应付款项的增加数或应收款项的减少数
期末余额：应收款项大于应付款项的差额	期末余额：应付款项大于应收款项的差额

3.成本计算账户

成本计算账户是主要用于归集经营过程中某一阶段所发生的应计入成本的全部费用，并据以计算确定各个成本计算对象实际成本的账户。在借贷记账方法下，该账户借方登记经营过程中发生的应计入成本的全部费用，贷方登记完工转出的某个阶段的成本计算对象的实际成本，期末余额在借方，表示尚未完工的某一阶段成本对象的实际成本。其结构如下所示：

成本计算账户

借方　　　　账户名称	贷方
期初余额：上期尚未完成某一阶段成本对象的实际成本	
本期发生额：归集经营中应计入成本的费用支出的增加额	本期发生额：结转已完成某一阶段成本对象的实际成本
期末余额：尚未完成某一阶段成本对象的实际成本	

这类账户主要有生产成本、材料采购、在建工程等账户。

4.集合分配账户

集合分配账户是用来汇集和分配生产经营过程中某一阶段所发生的有关生产费用，借以反映有关生产费用计划的执行情况及分配情况的账户。其特点是：借方登记费用的发生额；贷方登记费用的分配额；期末一般无余额。制造费用即属此类账户，其结构如下所示：

集合分配账户

借方　　　　账户名称	贷方
本期发生额：本期各种费用的发生额	本期发生额：本期各种费用的分配额

5.跨期摊提账户

跨期摊提账户是用于反映应由几个时期共同负担的费用，并将这些费用按照一定的分配标准，在各个成本计算期之间进行摊提。在会计核算中，设置和运用这类账户的目的是按照配比原则正确计算各期的成本费用。按照跨期摊提账户的性质，可分为待摊账户和预提账户两种类型。每类账户都具有不同结构和内容。

（1）待摊账户

待摊账户主要用于核算和监督某些已经发生但应由以后各受益期分摊的费用。待摊的费用在时间上跨越了几个会计算期，因而从其性质和内容上看，它属于资产类跨期摊配账户。

在借贷记账方法下，借方用于登记待摊的费用发生的增加额；贷方登记已经摊销的数额；余额在借方，表示企业尚未摊销的费用的实有额。其结构如下所示：

待摊账户

借方　　　　账户名称	贷方
期初余额：反映已经支付但尚未分摊的数额	
本期发生额：反映本期增加的数额	本期发生额：本期分摊的数额
期末余额：尚未摊销的实有额	

属于此类的账户有长期待摊费用、递延所得税资产等账户。

（2）预提账户

预提账户是主要用于核算和监督某些已经提取、等待未来支付的费用的账户。预提的费用在时间上也跨越了几个会计计算期，从其性质和内容上看，它属于负债性质的跨期摊配的账户。

在借贷记账方法下，贷方用于登记预提的费用的增加额，借方登记实际支出的减少额，余额在贷方表示尚未支付的实有额。其结构如下所示：

预提账户

借方　　　　账户名称	贷方
	期初余额：以前各期提取而尚未支付的数额
本期发生额：本期实际支出的减少额	本期发生额：本期提取数额
	期末余额：已提取而尚未支付的实有额

属于这类账户的主要有应付利息、递延所得税负债等账户。

6.所有者权益类账户

所有者权益类账户是用来核算和监督所有者权益的增减变动及其实有数的账户。在借贷记账法下，所有者权益类账户中贷方登记所有者权益的增加额；借方登记所有者权益的减少额；余额在贷方，表示所有者权益的实有额。其结构如下所示：

所有者权益类账户

账户名称

借方	贷方
	期初余额：期初所有者权益的实有额
本期发生额：本期所有者权益的减少额	本期发生额：本期所有者权益的增加额
	期末余额：所有者权益实有额

属于这类账户的有股本、资本公积、盈余公积等账户。

7.收入类账户

收入类账户是用于核算和监督企业一定时期内取得的各种收入变动情况的账户。在借贷记账方法下，该类账户的贷方登记企业取得的各项收入的增加额；借方登记收入的减少额；期末应将各项收入全数汇转到财务成果账户，故该类账户期末无余额。此类账户的结构如下所示：

收入类账户

账户名称

借方	贷方
本期发生额：①本期各种收入的减少额 ②期末转入“本年利润”账户的收入额	本期发生额：本期各种收入的增加额

这类账户包括主营业务收入、其他业务收入等账户。

8.费用类账户

费用类账户是用于归集和分配经营过程中某个阶段所发生的费用的账户。在借贷记账方法下，该类账户的借方登记费用的发生额；贷方登记费用分配的结转额；各项费用应在期末全部结转到“本年利润”账户，期末无余额。其结构如下所示：

费用类账户

账户名称

借方	贷方
本期发生额：本期费用支出的增加额	本期发生额：①本期费用支出的减少额 ②期末转入“本年利润”账户的费用数额

属于这类账户的主要有主营业务成本、税金及附加、销售费用、管理费用、财务费用等账户。

9.财务成果类账户

财务成果类账户是主要用于核算和监督企业在一定时期内全部经营活动的最终财务成果的账户。在借贷记账法下，该类账户的贷方登记企业一定时期内由收入类账户转入的主营业务收入和营业外收入等利润的增加额；借方登记企业一定时期内由费用类账户转入的主营业务成本、销售费用、税金及附加、管理费用、财务费用和营业外支出等利润抵减额；余额如在借方则表示企业一定时期内发生的亏损额，余额如在贷方则表示企业一定时期内实现的净利润。其账户结构如下所示：

财务成果类账户

借方　　　　账户名称	贷方
发生额：应计入本期损益的各项费用	发生额：应计入本期损益的各项收入
期末余额：本期发生的亏损（年终结转到“利润分配”账户的借方）	期末余额：本期实现的净利（年终结转到“利润分配”账户的贷方）

属于这类账户的主要有本年利润等账户。

10.调整类账户

调整类账户是用来调整有关账户而设置的账户，将调整和被调整账户联系在一起，即可提供管理所需的信息。

在会计核算中，由于经营管理和会计准则的要求，对会计经营活动中所提供的数据，有时需要用一个反映原始数据的账户和一个用以调整原始数据的账户，将原始数据与调整数据相加或相减，求出现在的实有数据。通常在会计核算中把反映原始数据的账户称为被调整账户，把反映调整数据的账户称为调整账户。

调整账户，按其调整方式的不同，可以分为备抵账户、附加账户、备抵附加账户三种类型，现分别叙述如下：

（1）备抵账户

备抵账户又称抵减账户，它主要用于抵减被调整账户余额，以确定实有数额。按照被调整账户的性质，备抵账户又可分为资产备抵账户和权益备抵账户两类。

①资产备抵账户。资产备抵账户是用来抵减某一资产账户的账面余

额，以求得该资产实际数额的账户。资产备抵账户与被调整账户的关系及其调整方式如下所示：

资产被调整账户

借方	账户名称	贷方
余额：资产的原始数额		

资产备抵账户

借方	账户名称	贷方
		余额：资产的抵减数额

用公式表示为：

资产的原始数额-资产的抵减数额=该项资产的实际数额

例如，“累计折旧”账户就是一个典型的资产备抵账户。它与“固定资产”账户之间存在着调整与被调整的关系。按公式所表示的调整与被调整的关系，即“固定资产”账户借方余额减“累计折旧”账户的贷方余额，其差额就是固定资产的净值，具体情况如下所示：

借方	固定资产	贷方
余额：固定资产原始价值		

借方	累计折旧	贷方
		余额：固定资产的抵减数额

固定资产原始价值-固定资产抵减数额=固定资产的实际价值（净值，不考虑减值）

从上述论述中可以看出，通过“累计折旧”这个备抵账户的调整，可以揭示企业现有固定资产的新旧程度。通过“固定资产”这个被调整账户的原始数据揭示企业固定资产的原始价值，为企业组织生产提供了可靠的信息。

另外还可以看出，备抵账户与被调整账户结构相反，余额方向相反。“固定资产”账户余额在借方，而“累计折旧”账户余额在贷方。

②权益备抵账户。权益备抵账户是用来抵减某一所有者权益账户的数额，以求得该权益的实有数额的账户。权益备抵账户与被调整账户的关系如下所示：

权益被调整账户

借方	账户名称	贷方
		余额：权益的原始数额

权益备抵账户

借方	账户名称	贷方
余额：权益的抵减数额		

用公式表示为：

权益的原始数额-权益的抵减数额=该权益的实际数额

例如，“利润分配”账户就是“本年利润”账户的备抵账户。它们之间的关系就是调整与被调整的关系，即从“本年利润”账户的贷方余额中减去“利润分配”账户的借方余额，其差额就是未分配的利润数额（中期），如下所示：

借方	本年利润	贷方
		余额：本年利润累计（原始数）

借方	利润分配	贷方
余额：已分配的利润数		

用公式表示为：

本年利润的累计实际数-已分配的利润数=未分配的利润数

从上述论述中可以看出，“利润分配”账户与“本年利润”账户相配合，全面反映了企业利润的形成情况，为利润分配和再分配提供了可靠的信息。另外，还可以看出“利润分配”账户的结构受“本年利润”账户的制约，调整与被调整账户的结构相反。

（2）附加账户

附加账户又称补充账户。它是通过在被调整对象的原始数据中增加调整数额，以计算被调整账户的实际余额的账户。这类账户同抵减账户调整方式恰好相反，是将被调整账户的期末余额与调整账户的期末余额相加，得出被调整账户的实有数。附加账户的特点是被调整的账户的性质和期末余额方向与调整账户一致。例如，企业溢价发行债券，发行时要按债券的票面金额贷记“应付债券——面值”账户，溢价金额贷记“应付债券——利息调整”账户。

“利息调整”是“面值”的附加账户。两者期末贷方余额之和表示该项债券的实际金额。两者关系如下所示：

借方	应付债券——面值	贷方
	余额：发行在外债券总面值	

借方	应付债券——利息调整	贷方
	余额：发行在外债券利息调整	

用公式表示为：

发行在外债券的实际金额=发行在外债券总面值+发行在外债券利息调整

（3）备抵附加账户

备抵附加账户是兼有备抵账户和附加账户两种作用的账户。当其余额与被调整账户余额在相反方向时，它就是备抵账户；而当其余额与被调整账户的余额在相同方向时，它就是附加账户。在工业企业中，当存货按计划成本进行核算时，应需要设置“材料成本差异”这个备抵附加账户。现以工业企业“材料成本差异”账户为例进行说明，如下所示：

借方	原材料	贷方
余额：结存材料的计划成本		

借方	材料成本差异	贷方
余额：节余材料的超支数	余额：节余材料的节约数	

用公式表示为：

结存材料的计划成本±结余材料的成本差异=结存材料的实际成本

从以上可以看出，当“材料成本差异”账户余额出现在借方时，就以附加的方式将“原材料”账户调整为实际成本。当“材料成本差异”账户出现贷方余额时，就以备抵的方式，将“原材料”账户调整为实际成本。

因此，调整账户与被调整账户是相互依存、紧密联系的。两者之间所反映的内容相同，但两者的余额可以相反，也可以相同。

11.暂记类账户

暂记类账户又称待处理账户。它主要用于核算和监督企业尚未被确认的盘亏和盘盈的财产物资，以及有争议或正待审批转销的结算账款的过渡性账户。“待处理财产损溢”账户是典型的暂记类账户，该账户的结构如下所示：

借方　　　待处理财产损溢	贷方
发生额：①财产物资的盘亏、毁损数 ②经批准盘盈财产物资的转销数	发生额：①财产物资盘盈数 ②经批准盘亏、毁损财产物资的转销数
期末余额：尚待处理而临时记入的财产物资的盘亏、毁损数	期末余额：尚待处理而临时记入的财产物资盘盈数

12.计价对比类账户

计价对比类账户是用来对某项经济业务，按两种不同的计价进行核算对比，借以确定某业务成果的账户。这类账户的借方登记某项经济业务的一种计价，贷方登记该项业务的另一种计价。期末将两种计价对比，确定成果。计价对比类账户的结构如下所示：

计价对比类账户

借方　　　账户名称	贷方
发生额：业务的第一种计价	发生额：业务的第二种计价
期末余额：第一种计价大于第二种计价的差额	期末余额：第二种计价大于第一种计价的差额

属于计价对比类账户的有“本年利润”账户。“本年利润”账户的贷方登记各项收入，借方登记各项费用，将借贷方发生额对比，确定本期的成果。

本章小结

●会计科目是指根据经营管理的需要，对会计要素具体的内容加以分类的项目，是编制和加工整理会计凭证、设置会计账簿和编制财务报表的依据。

账户是根据会计科目设置的，具有一定的格式和结构，用于分类反映会计要素增减变动情况及其结果的载体。账户和会计科目既有密切的联系，又有一定区别。

会计科目和账户按照不同的分类标准可分为不同的类别，企业应根据自身经济业务的特点和经营管理的要求，按照一定的原则设置会计科目并开设会计账户，以满足对外报告和内部管理的需要。

习　题

（一）单项选择题

1.企业的会计科目都应当反映（　　）的特点。

A.会计对象　　B.会计职能

C.会计本质　　D.会计定义

2.企业会计科目应保持（　　）。

A.永久性　　B.统一性和灵活性

C.适用性　　D.固定性

3.每一项经济业务的发生都会影响（　　）报表项目发生增减变化。

A.一个　　B.两个

C.两个或两个以上　　D.全部

4.企业会计科目是（　　）。

A.会计要素的名称　　B.财务报表的项目

C.账簿的名称　　D.会计账户的名称

5.会计账户是根据（　　）而开设的。

A.会计准则　　B.会计制度的规定

C.会计报表　　D.会计科目

6.账户的余额一般与（　　）在一方。

A.增加额　　B.金额

C.减少额　　D.发生额

7.下列反映资产情况的账户是（　　）。

A.“利润分配”　　B.“实收资本”

C.“累计折旧”　　D.“营业成本”

8.负债类账户的发生额反映（　　）情况。

A.资产的结存　　B.实际的负债

C.负债的增减变动　　D.负债的形成和偿付

9.总分类账户可以不设置明细分类账户的是（　　）。

A.“利润分配”　　B.“本年利润”

C.“实收资本”　　D.“材料采购”

10.在下列账户中，（　　）账户属于成本类账户。

A.“制造费用”　　B.“营业收入”

C.“本年利润”　　D.“盈余公积”

11.在下列账户中，（　　）账户属于期间费用账户。

A.“材料采购”　　B.“营业成本”

C.“管理费用”　　D.“营业收入”

12.反映企业所有者权益的账户是（　　）。

A.“利润分配”　　B.“应交税费”

C.“累计折旧”　　D.“营业收入”

（二）多项选择题

1.设置会计科目应遵循的原则有（　　）。

A.结合会计对象的特点　　B.经过审计人员的批准

C.保持相对稳定性　　D.将统一性与灵活性结合起来

2.在下列项目中，属于会计科目的有（　　）。

A.“固定资产”　　B.“库存商品”

C.“财务费用”　　D.未完工产品

3.在下列经济业务中，引起资产一增一减的有（　　）。

A.用银行存款购买生产设备　　B.从银行提取现金

C.用银行存款购买公司债券　　D.以银行存款偿还前欠货款

4.账户一般应包括（　　）要素。

A.账户名称　　B.日期和摘要

C.凭证号数　　D.增加或减少金额

5.账户中各项金额的关系可用（　　）表示。

A.本期期末余额=本期期初余额

B.本期期末余额=本期增加发生额+本期减少发生额

C.本期期末余额+本期减少发生额=期初余额+本期增加发生额

D.本期期末余额=期初余额+本期增加发生额-本期减少发生额

6.会计账户记录的特点可归纳为（　　）。

A.在不同的方向记录增加额和减少额

B.上期的期末余额等于本期的期初余额

C.期初余额与上期期末余额一般在同一方向

D.账户的余额一般与记录的增加额在同一方向

7.反映企业非流动资产的账户有（　　）。

A.“固定资产”　　B.“累计折旧”

C.“可供出售金融资产”　　D.“产成品”

8.反映企业负债的账户有（　　）。

A.“预收账款”　　B.“预付账款”

C.“应付账款”　　D.“资本公积”

9.反映所有者权益的账户有（　　）。

A.“短期借款”　　B.“实收资本”

C.“本年利润”　　D.“利润分配”

10.一般需要设置明细分类账的总分类账户有（　　）。

A.“应交税费”　　B.“原材料”

C.“利润分配”　　D.“银行存款”

（三）判断题

1.所有的账户都是依据会计科目开设的。（　　）

2.所有账户的左边一般记录增加额，右边一般记录减少额。（　　）

3.会计科目的设置既决定账户的开设，又影响财务报表结构的设计。（　　）

4.会计科目是根据单位经济业务的特点设置的。（　　）

5.会计科目和账户名称均是对经济业务进行分类的项目。（　　）

6.经济业务的各种变动在数量上只有增加和减少两种情况。（　　）

7.企业会计账户的余额与增加额肯定在同一方向。（　　）

8.“累计折旧”账户属于负债类账户。（　　）

9.“利润分配”账户属于所有者权益类账户。（　　）

10.“应付利润”账户属于所有者权益类账户。（　　）

11.所有总分类账户应设置明细分类账户。（　　）

12.明细分类账户的名称、核算内容及使用方法通常是统一制

定的。 (　　)

13.期末借方有余额的账户均属于资产类账户。 (　　)

14.期末无余额的账户均属于损益类账户。 (　　)

15.一个账户的贷方登记经济业务增加数，则借方肯定登记经济业务的减少数。 (　　)

第三章

复式记账及其应用

第一节　会计等式

一、会计等式

第一章所讲述的资产、负债、所有者权益、收入、费用和利润六大会计要素，反映了资金运动的静态和动态两个方面，具有紧密的相关性。它们之间的基本关系可以用两个等式表示："资产=负债+所有者权益"和"收入-费用=利润"，这两个等式称作会计等式。

（一）资产=负债+所有者权益

任何企业要从事生产经营活动，都必须拥有一定的物质资源，这些物质资源表现为库存现金、银行存款、原材料、厂房、机器设备等，在会计上称其为资产。它们是企业从事生产经营活动的前提。除上述以货币形态存在的库存现金、银行存款和以实物形态存在的材料、厂房、机器设备等之外，资产还包括对外单位的投资、没有实物形态的各种商标权、土地使用权等无形资产。

按照辩证法观点，我们可以从两个不同的角度来看待企业的资产：一方面，任何资产，不管是库存现金、银行存款，或者是原材料、厂房等，都是企业经济资源的表现形式；另一方面，这些资产都是有一定来源的，一部分来源于企业的所有者（通常称为投资者，股份制企业称为股东），另一部分来源于企业的债权人。在商品社会中，一般情况下人们不会无偿将经济资源（即资产）让渡给他人使用。既然投资者和债权人将本属于他们自己享有的资产提供给企业供其生产经营之用，那么他们对于该企业的资产自然就有相应的权利要求，这种要求的权利在会计上就称为"权益"。属于投资者的，称为"所有者权益"（在股份制企业一般又称为"股东权益"）；属于债权人的，称为"债权人权益"，又称"负债"。

综上所述，我们可以知道，一个企业的资产和权益（负债和所有者权益），实际上是同一资金的两个不同方面，是从资金的占用形式和来源两个不同角度观察和分析的结果。有一定数额的资产，就有一定数额的权益；反之，有一定数额的权益，就有一定数额的资产。资产和权益这种相互依存的关系，决定了在数量上一个企业的资产总额与权益总额必定相等，即：

资产=权益

或　资产=负债+所有者权益　　(3-1)

上述会计等式，说明了资产、负债和所有者权益三大会计要素的内在关系，是设置账户、复式记账、试算平衡和编制资产负债表的理论依据，因此，又称为资产负债表等式。

需要说明的是，负债和所有者权益（股东权益）是两种本质上不同的权益，前者一般有固定的偿还期限，到期必须偿还，受到法律的保护；后者代表企业所有者对企业拥有的权益，一般情况下不需要偿还，其求偿权后于负债。当企业由于某种原因解散清算时，其变现的资产首先用于偿还负债，当全部债务偿清后，余下的资产再在所有者之间进行分配，因此，所有者权益又称为"剩余权益"，所有者是企业风险的最终承担者。为了突出这层关系，有时资产负债表等式也表述为：

资产-负债=所有者权益（股东权益）

但要注意的是，这个等式在会计上并不称为会计等式，因为它不是从会计主体角度，而是从企业所有者角度看待所有者权益。

（二）收入-费用=利润

企业在生产经营过程中，由于开展各种经营活动（如销售产品）而取得收入，因此，企业在取得收入的同时，也必然会发生相应的费用（如已售商品的成本及为运输所售商品支付的运输费）。收入减去因之而发生的费用，就是企业一定期间取得的利润（或发生的亏损）。收入、费用与利润的关系表示如下：

收入-费用=利润　　　　(3-2)

上述会计等式说明了收入、费用和利润三大会计要素的内在关系，是编制利润表的理论依据。因此，又称为利润表等式。

（三）资产负债等式与利润表等式之间的关系

等式（3-1）反映的是企业某一时点的全部资产及其相应的来源情况，是反映资金运动的静态公式。等式（3-2）反映的是某企业某一时期的盈利或亏损情况，是反映资金运动的动态公式，但仅从这两个等式还不能完整反映会计六大要素之间的关系。通常企业发生的那些取得收入、发生费用的经济业务，在收入或费用增加的同时，也会导致资产或负债发生相应变动。一般来说，取得收入会使资产增加（或负债减少），发生费用会使资产减少（或负债增加）。收入与费用相抵，不论是盈利（利润）还是亏损，由于企业是由所有者投资而创建发展起来的，因此，实现的盈利只能归所有者所有，表明所有者权益数额的增加，发生的亏损也只能由企业的所有者承担，表明所有者权益数额的减少。这样，等式（3-1）与等式（3-2）可合并为：

资产=负债+所有者权益+（收入-费用）

或　资产=负债+所有者权益+利润　　　　(3-3)

企业定期结算并计算出取得的利润，取得的利润在按规定分配给投资者（股东）之后，余下的部分归投资者共同享有，也是所有者权益的组成部分。因此上述等式又回复到：

资产=负债+所有者权益

由此可见，等式（3-1）是会计的基本等式，通常称为基本会计等式或会计恒等式。等式（3-2）和等式（3-3）虽不是基本会计等式，但等式（3-2）是对基本会计等式的补充；等式（3-3）是基本会计等式的扩展，它将财务状况要素，即资产、负债和所有者权益和经营成果要素，即收入、费用和利润，进行有机结合，完整地反映了企业财务状况和经营成果的内在联系。

二、经济业务对会计等式的影响

经济业务，又称经济事项，是指发生于某一会计主体，引起会计要素增减变化的交易或事项。例如，从所有者处筹得资本，引起资产的增加及所有者权益的增加；以银行存款归还短期借款，引起资产的减少和负债的减少。

企业发生的经济业务是千变万化的，但不论它们怎么变化，都不会破坏上述基本会计等式的平衡。为了帮助读者理解这一原理，现试举几笔业务予以说明。

2018年2月1日，浔庐股份有限公司资产总额5 000 000元，负债总额400 000元，所有者权益总额4 600 000元，负债总额和所有者权益总额合计为5 000 000元。

业务1：2018年2月8日，该公司取得有关投资人投入的资本200 000元，当即存入银行。

这笔经济业务引起资产和所有者权益（股东权益）发生变化。资产方面的银行存款增加了200 000元，同时，这项资产是由所有者投入的，其对该公司的资产相应享有200 000元的权益，即所有者权益方面的股本也增加了200 000元。至此，资产和权益均为5 200 000元，等式依然成立，即：

资产=负债+所有者权益

500万元+20万元=40万元+（460万元+20万元）

业务2：2018年2月16日，该公司从供应单位购入材料20 000元，货款赊欠，尚未支付。

这笔业务引起资产和负债发生增减变化。资产方面的库存材料增加了20 000元，同时，这项资产由债权人提供，使得负债方面的应付账款也增加了20 000元。会计等式的左方资产与右方权益同时增加了20 000元，至此，资产和权益均为5 220 000元，会计等式仍然成立，即：

资产=负债+所有者权益

520万元+2万元=（40万元+2万元）+480万元

业务3：2018年2月18日，该公司以银行存款20 000元归还短期借款。

这笔业务引起资产和负债发生变化。资产方面的银行存款减少了20 000元，同时负债方面的短期借款也减少了20 000元。会计等式的左方资产与右方权益同时减少了20 000元，至此，资产和权益均为5 200 000元，会计等式仍然成立，即：

资产=负债+所有者权益

522万元-2万元=（42万元-2万元）+480万元

业务4：2018年2月26日，该公司向银行借入短期借款50 000元，归还应付供应单位的货款。

这笔经济业务引起负债内部发生增减变化。负债方面的短期借款增加了50 000元，同时另一项负债应付账款减少了50 000元。会计等式的右方之负债有增有减，且增减的金额相等，资产和权益仍为5 200 000元，会计等式仍然成立，即：

资产=负债+所有者权益

520万元=（40万元+5万元-5万元）+480万元

业务5：2018年2月28日，该公司以银行存款6 000元购入设备一台。

这笔业务引起资产内部发生增减变化。资产方面的固定资产增加了6 000元，同时，另一项资产——银行存款则减少了6 000元。会计等式的左方资产有增有减，且增减的金额相等，资产和权益仍为5 200 000元，会计等式仍然成立，即：

资产=负债+所有者权益

520万元+（0.6万元-0.6万元）=40万元+480万元

通过对以上5笔经济业务的分析，我们可以发现，任何一笔经济业务的发生均会引起资产、负债或所有者权益的增减变化，但无论如何均不会影响三者的平衡关系。归纳可知，使会计等式左右两方发生增减变动的经济业务不外乎以下四种类型：

第一类，会计等式左右两方同时等额增加，会计等式仍保持平衡，如业务1和业务2。

第二类，会计等式左右两方同时等额减少，会计等式仍保持平衡，如业务3。

第三类，会计等式右方即负债内部、所有者权益内部或负债与所有者权益两者之间，有关项目发生增减变动，而负债总额或所有者权益总额，或两者之合计总额不变，会计等式仍保持平衡，如业务4。

第四类，会计等式左方即资产内部有关项目发生增减变动，且增减金额相等，资产总额保持不变，会计等式仍保持平衡，如业务5。

第二节 复式记账

一、记账方法的含义和种类

（一）记账方法的含义

在设置完账户后，就可以运用账户，采用一定的记账方法对会计主体所发生的经济业务进行具体处理。所谓记账方法，是指根据一定的原理，按照一定的记账规则，采用一定的记账符号和计量单位，借助文字和数字记录所发生经济业务的一种技术方法。

（二）记账方法的种类

记账方法按记录方式分为单式记账法和复式记账法。

1.单式记账法

单式记账法，是指对发生的经济业务通常只在一个账户中进行记录的记账方法。例如，企业用银行存款5 000元购买原材料。对于这项经济业务，在单式记账法下，只在“银行存款”账户中作减少5 000元的登记，而对材料的增加却不在账户中记录。

单式记账法是一种比较简单、不完整的记账方法。在发生经济业务时，通常只登记库存现金、银行存款的收付以及债权、债务的结算业务，一般也只设置“库存现金”“银行存款”“应收账款”“应付账款”等账户，而没有一套完整的账户体系，各个账户之间也互不联系。所以，采用单式记账法不能全面、系统地反映会计主体经济业务的来龙去脉，也不便于检查账户记录的正确性，目前这种方法已很少采用。

2.复式记账法

复式记账法，是指对每一项经济业务都要以相等的金额，同时在两个或两个以上相互联系的账户中进行登记的一种记账方法。例如上例，在复式记账法下，除了在“银行存款”账户中作减少5 000元的登记之外，同时还要在“原材料”账户中作增加5 000元的登记。这样登记之后，就可以清楚地知道银行存款减少的原因是用来购买原材料了。

复式记账法是一种科学的记账方法，它需要设置完整的账户体系，对每项经济业务都要以相等金额在两个或两个以上的账户中进行双重登记。这样不仅可以清晰地反映每项经济业务的来龙去脉，而且可以通过账户记录，全面、系统地反映与各会计要素有关的具体项目的增减变动及其结果；同时，由于对每项经济业务都以相等金额进行分类登记入账，因此可以使全部账户左右双方的发生额和余额的合计数自动平衡，利用这种平衡关系对账户记录进行试算平衡，可以检查账户记录的完整性和正确性。

二、复式记账

（一）复式记账的理论依据

复式记账的理论依据是基本会计等式，即：

资产=负债+所有者权益

根据本章第一节内容可知，会计主体发生的每一项经济业务都会引起资产、负债和所有者权益的变化，其变化类型不外乎以下几种：资产和负债要素具体项目同时等额增加；资产和所有者权益要素具体项目同时等额增加；资产和负债要素具体项目同时等额减少；资产和所有者权益要素具体项目同时等额减少；资产要素内部、负债要素内部或所有者权益要素内部具体项目一增一减，增减金额相等；负债和所有者权益要素具体项目一增一减，增减金额相等。但是，无论如何变化，都不会破坏基本会计等式的平衡。由于经济业务的发生至少涉及两个会计要素具体项目的变化，这两个会计要素具体项目又可以用相应的两个账户来表示，加之变化的金额相等，因此，对每项经济业务都以相等的金额同时在两个或两个以上相互联系的会计账户中加以记录。这就是复式记账法。

（二）复式记账的原则

运用复式记账法应该遵循以下两个基本原则：

1.以会计等式作为记账的依据

会计等式表明了资金运动所涉及会计要素之间的相互关系，为了反映会计主体资金运动的全貌，复式记账必须以会计等式作为记账的依据。

2.对每项经济业务都要以相等金额在两个或两个以上相互联系的账户中进行反映

前已述及，会计主体发生任何一项经济业务都会引起两个或两个以上会计要素具体项目发生等量变化，为了反映这种等量变化，就必须在两个或两个以上账户中作等额双重记录。

复式记账法是从长期的会计实践中逐步总结形成的，它分为增减记账法、收付记账法和借贷记账法三种。其中的“增减记账法”和“收付记账法”是我国在计划经济体制的会计核算模式下曾经使用过的两种复式记账法。为了与国际会计接轨，我国会计准则规定各行业企业统一采用借贷记账法，即使是行政事业单位，目前也都采用借贷记账法。

三、借贷记账法

（一）借贷记账法的含义

借贷记账法是全世界普遍采用的复式记账法，它是以“借”“贷”二字为记账符号，以“有借必有贷，借贷必相等”为记账规则，记录经济业务的一种复式记账法。

借贷记账法大约起源于13世纪的意大利。当时借贷资本盛行，出现了一批以经营货币资金为主要业务的借贷资本家，为了记录吸收的存款和放出的贷款，借贷资本家对于收进的存款记在贷主的名下，表示自身债务的增加，对放出去的贷款记在借主的名下，表示自身债权的增加，这时，“借”“贷”二字分别表示债权（应收款）、债务（应付款）的变化。随着商品经济的不断发展以及经营管理要求的不断提高，记录的经济业务也不再仅限于货币资金的借贷业务，而逐渐发展到财产物资、经营损益和经营资本等的增减变化。这时，为了求得记账的一致，对于非货币资金的借贷业务，也利用“借”“贷”二字来说明经济业务的变化情况。这样，“借”“贷”二字也逐渐失去了它们原来的字面含义，成为单纯的记账符号了。

（二）借贷记账法的特点

借贷记账法的主要特点有：

1.以“借”“贷”为记账符号

在借贷记账法下，借表示记入账户的借方，贷表示记入账户的贷方。与具体的账户相结合，借和贷的含义不同：

第一，借和贷代表账户中两个固定的部位，借方即账户的左方，贷方即账户的右方，分别登记账户数量的增减变化。

第二，与不同性质的账户相结合时，分别表示增加和减少。例如，在资产类账户中，“借”表示增加，“贷”表示减少；而在负债类和所有者权益类账户中正好相反，“借”表示减少，“贷”表示增加。

第三，代表不同性质账户的余额方向。一般情况下，资产、负债和所有者权益类账户期末都有余额，资产类账户的余额通常在借方，而负债和所有者权益类账户的余额正好相反，通常在贷方。

2.以“有借必有贷，借贷必相等”为记账规则

所谓记账规则，是指在运用某种记账方法处理经济业务时，确定其记入账户方向的一种规定。根据复式记账原理，借贷记账法的记账规则是“有借必有贷、借贷必相等”。关于这个问题，将在本节“借贷记账法的记账规则”中详细说明。

3.保持会计等式的平衡关系

借贷记账法在处理每一笔经济业务时，都是依据记账规则进行记账，使得记账方向相反，金额相等。换句话说，这种方法在开始处理每一笔经济业务时就保持借贷双方平衡。这样，不管发生多少笔经济业务，会计等式的平衡关系都不会破坏。

（三）借贷记账法的账户结构

从上面的分析中我们可以知道，借贷记账法下账户的基本结构分为借方（即左方）、贷方（即右方）和余额三个部分。性质不同的账户，借方、贷方分别表示不同的含义，余额一般在不同的方向。关于这一点，在第二章介绍账户时已详细说明，在此不再赘述。

（四）借贷记账法的记账规则

前文已述，借贷记账法的记账规则是“有借必有贷，借贷必相等”。其具体含义是，发生任何一项经济业务都必须在两个或两个以上相互联系的账户中进行反映，当一个（或几个）账户登记在借方时，另一个（或几个）账户必须登记在贷方，而且记入所有账户借方的发生额合计数必须等于记入所有账户贷方发生额的合计数，即借贷必相等。

为了说明借贷记账法的记账规则，下面以浔庐股份有限公司2018

年2月份发生的5笔经济业务为例加以说明。

业务1：2月8日，公司取得投资人追加投入的资本200 000元存入银行。

这笔经济业务使得资产类的银行存款和所有者权益类的股本同时增加200 000元。资产类账户增加在借方，所有者权益类账户增加在贷方。因此，一方面应在“银行存款”账户的借方作记录，另一方面同时在“股本”账户的贷方作记录，如下所示：

借方	**银行存款**	贷方
200 000		

借方	**股本**	贷方
		200 000

业务2：2月16日，公司从供应单位购入材料20 000元，货款未付。

这笔经济业务使得资产类的原材料和负债类的应付账款同时增加20 000元。资产类账户增加在借方，负债类账户增加在贷方。因此一方面应在“原材料”账户的借方作记录，另一方面同时在“应付账款”账户的贷方作记录，如下所示：

借方	**原材料**	贷方
20 000		

借方	**应付账款**	贷方
		20 000

业务3：2月18日，公司以银行存款20 000元归还短期借款。

这笔经济业务使得资产类的银行存款和负债类的短期借款同时减少20 000元，资产类账户减少在贷方，负债类账户减少在借方。因此，一方面应在“银行存款”账户的贷方作记录，另一方面同时在“短期借款”账户的借方作记录，如下所示：

借方	**银行存款**	贷方
		20 000

借方	**短期借款**	贷方
20 000		

业务4：2月26日，公司向银行借入短期借款50 000元，归还供应单位货款。

这笔经济业务使得负债类的短期借款增加50 000元，同时负债类的应付账款减少50 000元。负债类账户增加在贷方，减少在借方。因此，一方面应在“短期借款”账户的贷方作记录，另一方面同时在“应付账款”的借方作记录，如下所示：

借方	短期借款	贷方
		50 000

借方	应付账款	贷方
50 000		

业务5：2月28日，公司以银行存款6 000元购入设备一台。

这笔经济业务使得资产类的银行存款和固定资产分别减少6 000元和增加6 000元，资产类账户增加在借方，减少在贷方。因此，一方面应在“银行存款”账户的贷方作记录，另一方面同时在“固定资产”账户的借方作记录，如下所示：

借方	银行存款	贷方
		6 000

借方	固定资产	贷方
6 000		

以上5笔经济业务都是简单的经济业务，只涉及两个账户，一个账户登记在借方，另一个账户必然登记在贷方，且借贷金额相等。如果是复杂的经济业务，则需要登记在一个账户的借方和几个账户的贷方，或几个账户的借方和一个账户的贷方，或几个账户的借方和几个账户的贷方，并且借贷金额相等。由此可知，在借贷记账法下，不论发生何种经济业务，记账时都必然体现“有借必有贷，借贷必相等”的记账规则。

（五）会计分录与试算平衡

为了保证账户记录的正确性，会计主体发生经济业务之后，应首先编制会计分录，然后再根据会计分录登记账户。所谓会计分录，是指标明某项经济业务应借、应贷的账户名称及其金额的记录，简称分录，它能清晰地反映账户之间所形成的应借、应贷的对应关系。在实际工作中，会计分录的编制是在记账凭证中完成的。

会计分录按其所涉及对应账户的复杂程度，可分为简单分录和复合分录两种。一借一贷为简单分录，其账户对应关系简单明了。一借多贷、多借多贷或多借一贷为复合分录，其账户对应关系复杂，但是可以集中、全面地反映经济业务的全貌，简化记账手续。必须注意的是，一般不能人为地把不同经济类型的经济业务合并在一起编制所谓的多借多贷的复合分录，以免因账户的对应关系不清楚，不便于以后的检查和审计。

例如，前述5笔经济业务的会计分录分别为：

1.业务1的会计分录为：

借：银行存款　　200 000

　贷：股本　　200 000

2.业务2的会计分录为：

借：原材料　　20 000

　贷：应付账款　　20 000

3.业务3的会计分录为：

借：短期借款　　20 000

　贷：银行存款　　20 000

4.业务4的会计分录为：

借：应付账款　　50 000

　贷：短期借款　　50 000

5.业务5的会计分录为：

借：固定资产　　6 000

　贷：银行存款　　6 000

以上会计分录均为简单分录，下面再举例说明复合分录的编制。

业务6：2018年2月28日，浔庐股份有限公司购入材料7 000元，其中4 000元以银行存款支付，3 000元尚欠。

这笔经济业务使得资产类的原材料增加7 000元和银行存款减少4 000元，负债类的应付账款增加3 000元。会计分录为：

借：原材料　　7 000

贷：银行存款　　4 000

应付账款　　3 000

业务7：2018年2月28日，浔庐股份有限公司收回以前赊销给某厂的商品货款9 000元，其中8 500元转入银行存款，另收现金500元。

这笔经济业务使得资产类的应收账款减少9 000元，银行存款增加8 500元，库存现金增加500元。会计分录为：

借：银行存款　　8 500

库存现金　　500

贷：应收账款　　9 000

编制会计分录时，应注意如下几点：

第一，在一般情况下，任何会计分录都应该是借方在上，贷方在下；

第二，一般每一个会计分录都是借方在左，贷方在右，也就是说贷方的记账符号、账户名称和金额都要比借方退后一至二格；

第三，不能将不同笔经济业务混合在一起编制会计分录。

初学者在编制会计分录时，应当按照如下步骤进行：

第一，判断所要处理的经济业务影响哪类会计要素，涉及哪些账户，确定账户名称；

第二，确定账户增减变动的方向及金额；

第三，结合账户的性质及增减方向，确定应记入借方还是贷方；

第四，根据会计分录编制的格式要求，编制会计分录。

编制完会计分录之后，就要根据会计分录中所反映的账户名称登记相关账户，这个过程称为"过账"。待所有经济业务均记入账户之后，期末要结算出所有账户的本期发生额和期末余额。

在实际工作中，应用的账户繁多，尽管对发生的经济业务已按记账规则编制了会计分录，并相应登记了账户，使账户之间保持内在的对应关系，但为了保证记账工作的正确性，会计人员还必须进行试算平衡。所谓试算平衡，就是根据会计等式的平衡关系，按照记账规则的要求，通过汇总计算和比较，来检查记录是否正确和完整的一种方法。

根据借贷记账法"有借必有贷，借贷必相等"的记账规则，发生任何一笔经济业务，编制会计分录时都是借方变动额等于贷方变动额。因此，过账之后，所有账户的本期借方发生额合计必然等于贷方发生额合计。依此类推，全部账户的借方期末余额合计必然等于贷方期末余额合计。这就形成了借贷记账法下的两个试算平衡公式：

所有账户本期借方发生额合计=所有账户本期贷方发生额合计 （3-4）

所有账户借方余额合计=所有账户贷方余额合计 （3-5）

如果进一步区分期初余额和期末余额，公式（3-5）可改写为期初余额合计平衡和期末余额合计平衡两个公式。

在实际工作中，试算平衡是通过编制试算平衡表来完成的。试算平衡表有三种格式：一种是列表编制账户本期发生额，见表3-1；另一种是列表编制账户期末余额，见表3-2；还有一种是将账户本期发生额和期末余额合并在一张表上进行试算平衡，见表3-3。试算平衡表的编制案例详见本书第九章“会计循环示例”。

表3-1 **总分类账户本期发生额试算平衡表**

年 月

账户名称	借方发生额	贷方发生额
合 计		

表3-2 **总分类账户余额试算平衡表**

年 月

账户名称	期末借方余额	期末贷方余额
合 计		

表3-3 **总分类账户试算平衡表**

年 月

账户名称	期初余额		本期发生额		期末余额	
	借方	贷方	借方	贷方	借方	贷方
合 计						

在试算平衡过程中，如果借贷金额（发生额或余额）不相等，可以肯定账户记录有错误，但是如果借贷金额相等，并不能肯定账户记录一定正确，因为有些错误并不影响借贷双方平衡，如漏记经济业务、漏登账、重登账、串户等。因此，这就要求会计人员在平时工作当中养成认真工作的习惯，不能马虎行事。

为了更加全面、深入地掌握账户和借贷记账法，下面将以制造业日常发生的主要经济业务为例，进一步阐述账户和借贷记账法的运用。

第三节 企业资金筹集业务的核算

企业生存和发展的首要前提就是要筹集到与企业规模相适应的资金。企业资金有两方面主要来源：一是企业所有者投入的资金，这部分资金由企业永久使用，形成自有资金，称为所有者权益，包括国家投资、法人投资、个人投资等；二是企业向债权人借入的资金，这部分资金不能归企业永久使用，它具有明确的还本付息期限，称为负债，包括向银行借款、发行债券筹资等。这两种资金来源由于在性质、还款方式、收益的享有及企业风险的承担等方面均有较大不同，因此在会计处理上也有较大区别。账户的设置应该能够提供企业所有者权益和负债这两种不同权益增减变化的信息。

一、投入资本的核算

我国法律明确规定，设立企业必须有符合国家规定并与其生产经营和服务规模相适应的资本，它是保证企业正常经营的必要条件，也是企业承担经营风险的保障。资本是由投资者认缴并经工商行政管理部门登记注册的资本总额，投资者可以以货币、实物、无形资产、股权、特定债权等形式投资于企业，形成企业的实收资本（或股本）。

这里有两个概念需要注意区分：一个是注册资本；另一个是实收资本。注册资本是企业的法定资本，与股本总额相等；实收资本是企业已收缴入账的股本，只有足额缴入后，实收资本才等于注册资本。我国目前实行注册资本制度，要求企业实收资本应与注册资本相一致。

（一）股份有限公司和有限责任公司

我国目前公司的组织形式只包括股份有限公司和有限责任公司两种。在此，我们主要介绍股份有限公司的一些基本情况。

1.股份有限公司

股份有限公司（简称股份公司）是企业组织形式的一种，是指全部资本由等额股份构成并通过发行股票筹集资本，股东以其所持股份对公司承担责任，公司以其全部资产对公司债务承担责任的企业法人。

以下是关于股份公司的一些名词：

（1）股票。股票是指由股份公司发行的，表示持有股份的人按其所持股份享有权利和承担义务的书面证明，一般指普通股股票。

（2）股东。股东即股份公司的所有者，在股份公司中持有公司股份的人称为股东，以公司发给“股票”为凭，各股东对公司债务以其认定的股份对公司承担责任。

（3）股本。股本是指公司发行的股票上所标明的货币金额，其金额等于股票面值与股份总数的乘积，股票面值是股票上载明的每股名义价值，也就是公司的股本总额除以已发行股份总数的金额。例如，某股份有限公司的股本为3 000万元，分为3 000万股，则每股面值为1元。

（4）平价发行。公司股票发行价格等于票面价值时，称为平价发行。

（5）溢价发行。公司股票发行价格超过票面价值时，称为溢价发行。

2.有限责任公司

有限责任公司（简称有限公司）是指由50个以下股东共同出资，每个股东以其认缴的出资额对公司承担有限责任，公司以其全部资产对其债务承担责任的企业法人。

股份公司与有限公司的主要区别是：股份公司的全部资本均分为许多金额较小的单位（每一单位称为“一股”），以公开发行股票方式筹集资本；股票可以依法自由转让；股东人数有下限，无上限。有限公司全部资本不分成等额股份；不能公开发行股票，只向股东出具出资证明；股东不能向股东以外的人随意转让其出资；股东人数限制在50个以下。

（二）筹集自有资金应设置的主要账户

1.“股本”账户

该账户属于所有者权益类账户，核算股份公司按照企业章程的规定由股东投入企业的资本。其贷方登记按股票面值与已发行股份总数的乘积计算的金额，借方登记按法定程序报经批准减少的注册资本，贷方余额表示企业实有的股本总额。本账户按普通股和优先股设置明细账户，进行明细核算。“股本”账户的结构如下：

借方 **股本** 贷方

股本的减少额	股本的增加额
	期末余额：股本的实有额

2.“实收资本”账户

该账户属于所有者权益类账户，它与“股本”的不同之处在于它是核算除股份公司以外的其他企业的所有者投入的资本，结构与“股本”账户一样。

（三）筹集自有资金业务核算示例

【例3-1】2017年12月1日，浔庐股份有限公司发行股票400万股，每股面值1元，平价发行，股款已收，存入银行。

这笔经济业务的发生，表示两层含义：一是企业银行存款增加，应记入“银行存款”账户的借方；二是银行存款增加的来源是股东投入的资本，说明企业股本增加，应记入“股本”账户的贷方。会计分录编制如下：

借：银行存款　　4 000 000

　贷：股本　　4 000 000

二、借入资金的核算

股份公司资金筹措的另一个渠道是向债权人借入资金。企业在生产经营过程中，由于资金周转不灵或固定资产筹建等需要，可以向银行或其他金融机构借款，还可按规定发行债券以筹集资金。另外，还可以通过欠购货款、推迟付款等方式，间接借入资金。对于通过发行债券筹集资金，将在财务会计中讲述，对于间接借入资金，将在后面的经营环节中介绍，本节只简要讲述借款的核算。筹集借入资金应设置的主要账户如下：

1.“长期借款”账户

该账户属于负债类账户，核算企业向银行或其他金融机构借入的期限在1年以上（不含1年）的各项借款。其贷方登记借入的长期借款和相应的利息费用，借方登记归还的借款，余额在贷方，表示企业尚未偿还的长期借款。该账户可按贷款单位和贷款种类设置明细账，并分别按“本金”“利息调整”等进行明细核算。“长期借款”账户的结构如下：

借方　　**长期借款**　　贷方

借方	贷方
偿还的长期借款的本金和利息	企业借入的本金和计算出的未付利息
	期末余额：尚未归还的长期借款额

2.“短期借款”账户

该账户属于负债类账户，核算企业向银行或其他金融机构借入的期限在1年以下（含1年）的各项借款。其贷方和借方分别反映借入和偿还的短期借款本金，余额在贷方，表示企业尚未偿还的短期借款的本金。该账户可按借款种类、贷款人和币种进行明细核算。“短期借款”账户的结构如下：

借方　　**短期借款**　　贷方

借方	贷方
偿还的短期借款	企业借入的短期借款
	期末余额：尚未归还的短期借款额

3.“财务费用”账户

举债经营是企业财务管理的一项重要策略，由此发生的借款利息、手续费等则是一项理财费用，主要在“财务费用”账户中反映这部分费用，该账户属于损益类账户，核算企业为筹集生产经营所需资金而发生的筹资费用，包括利息支出（减利息收入）、汇兑损益、借款手续费等。其借方登记本期发生的各项财务费用，贷方反映期末转入“本年利润”账户的数额。结转后期末无余额。该账户可按费用项目设置明细账户，进行明细核算。“财务费用”账户的结构如下：

借方	财务费用 贷方
发生的各项财务费用	期末转入“本年利润”账户的财务费用

【例3-2】2017年12月1日，浔庐股份有限公司向银行借入期限6个月的临时借款20 000元，存入银行。

这笔业务的发生，一方面反映短期借款的增加，应记入“短期借款”账户的贷方；另一方面反映银行存款的增加，应记入“银行存款”账户的借方。会计分录编制如下：

借：银行存款　　20 000

　贷：短期借款　　20 000

【例3-3】2017年12月3日，浔庐股份有限公司向银行借入3年期借款20万元，用于购建厂房，款项已存入银行。

这笔业务的发生，一方面反映企业银行存款增加，应记入“银行存款”账户的借方；另一方面反映长期借款的增加，应记入“长期借款”的贷方。其会计分录编制如下：

借：银行存款　　200 000

　贷：长期借款　　200 000

企业无论是使用自有资金还是借入资金都需要向股东或债权人支付“使用费”，导致资金流出企业。前者是以利润分配的形式支付，其核算将在第五节介绍，后者是以利息方式支付，本节介绍利息费用的核算。

【例3-4】2017年12月31日，假设浔庐股份有限公司以银行存款支付本月利息5 750元。

这笔经济业务，一方面说明发生了财务费用，另一方面说明财务费用已使用银行存款支付。因此，应分别记入“财务费用”账户的借方和“银行存款”账户的贷方。会计分录应编制如下：

借：财务费用　　5 750

　贷：银行存款　　5 750

第四节　企业材料采购业务的核算

制造业企业生产经营的阶段性特别明显，分为供应阶段、生产阶段和销售阶段。在供应阶段，主要是组织采购和储存各种生产经营所需的材料物资，以保证生产的需要。在这一阶段，一方面要反映材料物资的购进和验收，另一方面要反映为采购物资而向供应单位支付的价款、税费和采购费用（如自供应单位运抵企业的运输费、保险费、装卸费），材料物资的买价加上采购费用就构成其采购成本。因此，企业供应阶段的主要经济业务是购买材料物资，计算采购成本以及反映因采购而与供应单位发生的结算关系。供应阶段会计核算和监督的主要任务是核算和监督材料物资的买价和采购费用，确定采购成本；反映已付货款和未付货款的金额，掌握企业的支付能力和对供应合同、结算制度的遵守情况；核算和监督材料物资的资金占用情况和材料储备定额执行情况等。

一、材料采购业务核算的账户设置

为了核算和监督材料采购过程中的经济业务，需要设置以下主要账户：

（一）“在途物资”账户

该账户属于资产类账户，用来核算企业购入各种材料、商品等物资的买价和采购费用，据以计算各种物资的采购成本。其借方登记购入物资的买价和运杂费等采购费用，贷方登记已验收入库转入“原材料”等账户的在途物资成本，借方余额表示尚在途中或已到达企业但尚未验收入库的物资的采购成本。为计算不同物资的采购成本，应按供应单位和物资品种或类别设置明细账户，并按采购成本项目分设专栏。“在途物资”账户的结构如下：

借方 **在途物资** 贷方

购入材料等物资的买价和采购费用	结转的入库材料等物资的采购成本
期末余额：在途物资的采购成本	

（二）“原材料”账户

该账户属于资产类账户，用来核算企业各种库存材料的增减变动情况，其借方登记已验收入库材料的成本，贷方登记发出材料的成本。余额在借方，表示期末库存材料的成本。为反映和监督各类材料的收、发、结存情况，该账户应按材料的保管地点（仓库）、材料类别、品种和规格设置明细账户，进行明细核算。“原材料”账户的结构如下：

借方 **原材料** 贷方

验收入库材料的成本	发出材料的成本
期末余额：库存材料成本	

（三）“应付账款”账户

该账户属于负债类账户，用来核算企业因购买材料、商品和接受劳务供应等经营活动而与供应单位发生的结算债务的增减变动情况，其贷方登记应付供应单位的款项，借方登记已偿付给供应单位的款项，余额一般在贷方，表示期末尚未支付给供应单位的款项。

为反映与不同债权人的债务结算关系，本账户可按债权人设置明细账户，进行明细核算。“应付账款”账户的结构如下：

借方 **应付账款** 贷方

已偿付给供应单位的款项	应付供应单位的款项
期末余额：支付给供应单位的款项大于应付的款项金额	期末余额：尚未偿还的应付款

（四）“应交税费”账户

该账户属于负债类账户，核算企业按照税法等规定计算缴纳的各种税费的应交和实际缴纳的结算情况，其贷方登记应交的各种税费，包括增值税、消费税、所得税费用、土地增值税、教育费附加等，借方登记实际上交的各种税费。余额在贷方，表示尚未缴纳的税费结余额；如在借方，表示多缴纳的或尚未抵扣的税费。该账户可按应交的税费设置明细账户，进行明细核算。

在上述税种中，有一种重要的税种——增值税，它是对我国境内销售货物、进口货物以及提供加工、修理修配劳务、建筑、房地产销售、金融和生活服务业的单位和个人，就其取得的货物销售额、进口货物金额、应税劳务销售额、无形资产或者不动产金额计算税款，并实现税款抵扣制的一种流转税。在计税原理上，增值税是对商品生产、商品流通、劳务服务中各个环节的新增价值或商品附加值征收的一种税，但是由于商品的新增价值或商品附加值在商品生产和流通过程中难以准确计算，不易操作，因此一般采用税额抵扣的办法，即根据货物或应税劳务的销售额，按照规定的税率，计算出销项税额，然后从中扣除上一环节已纳增值税税款，其余额即为纳税人应缴纳的增值税税额，用公式表示为：

当期应纳税额=当期销项税额-当期进项税额　　(3-6)

其中，销项税额是指纳税人销售货物或提供劳务，按照销售额和规定的税率计算并向买方收取的增值税税额；进项税额是指纳税人购买货物或接受应税劳务时所支付或负担的增值税税额。销项税额和进项税额是相对应的，销售方的销项税额就是购买方的进项税额。

在“应交税费——应交增值税”明细账中，一般应设置“进项税额”“销项税额”等专栏进行核算。在企业购买材料、商品等物资时，所涉及的增值税记入“进项税额”专栏中；在企业销售材料、商品等物资时，所涉及的增值税记入“销项税额”专栏中。“应交税费”账户的结构如下：

借方　　**应交税费**　　贷方

实际缴纳的各种税费	已计算出但尚未缴纳的各种税费
期末余额：多缴纳或尚未抵扣的税费	期末余额：尚未缴纳的税费

为了便于理解，现将以上各账户之间的关系用图3-1表示。

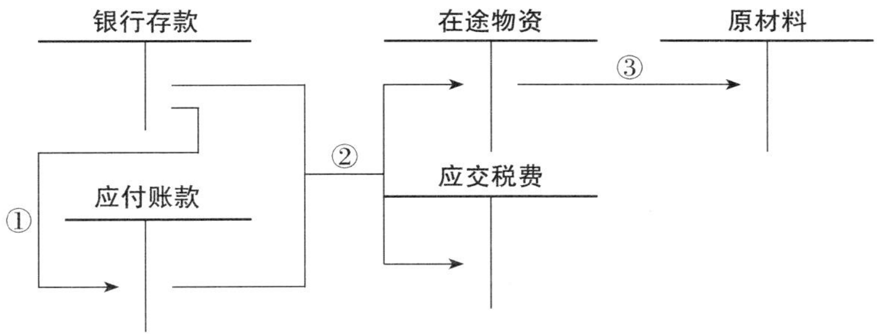

图 3-1 材料采购业务核算各账户之间的关系

注：经济业务①表示偿还前欠供应单位货款；

经济业务②表示现购或赊购各种物资；

经济业务③表示结转入库材料成本。

二、材料采购业务的核算举例

继续以浔庐股份有限公司为例，说明股份公司采购业务的核算。

假定浔庐股份有限公司2017年12月发生如下经济业务：

【例3-5】从异地新达公司购入甲材料1 500件，每件30元，价款共计45 000元，增值税税额7 200元，已收到对方开来的增值税专用发票。价税款已通过银行转账支付，材料尚未运达公司。

材料买价是构成其采购成本的组成部分。由于所购材料尚未运达，材料的实际采购成本还无法确定，所以应将买价记入“在途物资”账户的借方。浔庐股份有限公司购进材料时除支付价款和采购费外，还应按现行税法规定正确核算其进项税额，并根据供应单位开来的增值税专用发票上注明的增值税税额记入“应交税费——应交增值税（进项税额）”账户的借方。另外，材料款已用银行存款付清，说明公司银行存款减少，记入“银行存款”账户的贷方。其会计分录如下：

借：在途物资——甲材料　　45 000

　　应交税费——应交增值税（进项税额）　　7 200

　贷：银行存款　　52 200

【例3-6】上述甲材料运达企业，尚未验收入库。同时，采购部门交来该批材料的运杂费单据1 200元，以现金支付。

材料已运达公司但尚未验收入库，采购过程还不能确定已完成，因此，会计分录编制如下：

借：在途物资——甲材料　　　　　　　　　　　　　1 200

　贷：库存现金　　　　　　　　　　　　　　　　　　1 200

【例3–7】从新达公司采购乙材料10 000千克，单价6元/千克，价款60 000元，增值税9 600元；采购丙材料15 000千克，单价11元/千克，价款165 000元，增值税26 400元。材料尚未验收入库。增值税专用发票已收到，价款尚未支付。

这笔业务反映两项会计信息：一是公司购入两种材料；二是这批材料款尚未支付。对于第一项会计信息，由于材料尚未验收入库，采购过程尚未最后完成，各项材料的采购成本不能最后确定，因此，应先记入“在途物资”账户的借方，增值税的处理同【例3–5】；对于第二项会计信息，尚未支付的价款形成公司的一项负债，应按债权人类别记入“应付账款”账户的贷方。会计分录编制如下：

借：在途物资——乙材料　　　　　　　　　　　60 000

　　　　　　——丙材料　　　　　　　　　　165 000

　　应交税费——应交增值税（进项税额）　　　36 000

　贷：应付账款——新达公司　　　　　　　　　　　261 000

【例3–8】以银行存款支付上例乙、丙材料市内运杂费2 500元。

该项经济业务发生的2 500元运杂费，是为运输乙、丙两种材料共同发生的，应分配计入乙、丙材料的采购成本中，经分配，乙材料应承担1 000元，丙材料应承担1 500元（具体计算方法见第六章），即运杂费计入乙材料采购成本的为1 000元，计入丙材料采购成本的为1 500元。会计分录编制如下：

借：在途物资——乙材料　　　　　　　　　　　　1 000

　　　　　　——丙材料　　　　　　　　　　　　1 500

　贷：银行存款　　　　　　　　　　　　　　　　　2 500

【例3–9】期末材料均已到达并验收入库，结转所购材料的实际成本。

材料采购过程的完成，必须是各项费用开支全部入账。在实际工作中，企业一般在期末对当月所采购的材料成本进行结转，将已记入“在途物资”账户的各种材料的采购成本转入“原材料”账户，以反映原材料的收入数。会计分录编制如下：

借：原材料——甲材料　　46 200
　　　　——乙材料　　61 000
　　　　——丙材料　　166 500
　贷：在途物资——甲材料　　46 200
　　　　　——乙材料　　61 000
　　　　　——丙材料　　166 500

第五节　企业生产加工业务的核算

生产加工过程是制造业企业生产经营的中心环节，是紧接着供应过程而进行的。在这一阶段，劳动者借助机器设备等劳动资料将劳动对象（原材料）加工成劳动产品。因此，企业的生产加工过程既是产品的制造过程，又是物化劳动（劳动资料和劳动对象）和活劳动的耗费过程。

为生产产品，企业需要消耗各种原材料，支付生产工人和管理生产的工人的职工薪酬，发生机器设备、厂房的磨损及其他为生产而发生的费用。这些耗费，称为生产费用，要按一定的标准进行归集和分配，计入所生产产品的成本中。因此，各项生产费用的发生、归集和分配，产品成本的形成以及完工产品的入库，是生产加工过程中的主要业务。生产加工阶段会计核算和监督的主要任务是：核算和监督各项生产费用并进行合理分配；计算产品生产成本，考核成本计划的完成情况，进行成本分析。

一、生产加工过程核算应设置的主要账户

根据生产加工业务核算的要求，主要应设置以下账户：

（一）“生产成本”账户

“生产成本”账户属于成本类账户，用来核算企业进行工业性生产，包括生产各种产品（产成品、自制半成品等）所发生的各项生产费用，以确定产品成本。其借方登记当期发生的、应计入产品成本的直接材料、直接人工和制造费用，贷方登记期末结转的完工产品的生产成本，期末如有余额，应在借方，表示仍处于生产过程中尚未完工的各项

在产品的生产成本。该账户应按所生产的产品品种、类别等设置明细账户，并按规定的成本项目设置专栏，进行明细核算。“生产成本”账户的结构如下：

借方　　　　　　　　　　　　**生产成本**　　　　　　　　　　　　贷方

为生产产品所发生的各项生产费用	结转的完工入库产品的生产成本
期末余额：在产品的生产成本	

（二）“制造费用”账户

“制造费用”账户属于成本类账户，用来核算企业为生产车间（部门）生产产品和提供劳务而发生的各项间接生产费用，包括部门管理人员职工薪酬，机器设备等生产用固定资产的折旧费，车间办公费、水电费等不能直接计入某种产品成本的生产费用。其借方登记月份内发生的各种制造费用，贷方登记期末分配结转的应由各受益产品负担的制造费用，期末一般无余额。该账户应按不同的生产车间（部门）设置明细账户，并按费用项目设置专栏，进行明细核算。“制造费用”账户的结构如下：

借方　　　　　　　　　　　　**制造费用**　　　　　　　　　　　　贷方

按车间归集所发生的各项制造费用	期末分配结转“生产成本”账户的制造费用

（三）“管理费用”账户

“管理费用”属于损益类账户，核算企业为组织和管理生产经营活动而发生的各项管理费用，包括企业在筹建期间内发生的开办费、董事会和行政管理部门在企业的经营管理中发生的应由企业统一负担的公司经费（包括行政管理部门职工工资及福利费、物料消耗、办公费和差旅费等）、工会经费、董事会费、诉讼费、业务招待费、咨询费等。本账户借方登记月份内发生的各项管理费用，贷方登记期末转入“本年利润”账户的管理费用，期末无余额，本账户应按费用项目设置明细账，进行明细核算。“管理费用”账户的结构如下：

借方	管理费用 贷方
发生的各项管理费用	期末转入“本年利润”账户的管理费用

（四）“库存商品”账户

“库存商品”账户属于资产类账户，用来核算企业库存的各种商品的成本。其借方登记已完工并验收入库的各种产品的成本（由“生产成本”账户转入），贷方登记发出的各种产品的生产成本，期末如有余额，应在借方，表示库存商品的成本。该账户应按商品的品种、规格、名称或类别设置明细账户，进行明细核算。“库存商品”账户的结构如下：

借方	库存商品 贷方
完工入库产品的生产成本	结转的已发出产品的生产成本
期末余额：库存商品的成本	

（五）“应付职工薪酬”账户

“应付职工薪酬”账户属于负债类账户，核算企业应付给职工的各种薪酬，包括工资、奖金、津贴、职工福利、社会保险费、住房公积金等。其贷方登记应由本期负担但尚未支付的职工薪酬，借方登记实际支付的职工薪酬，期末一般无余额；如有，一般在贷方，表示应付未付的职工薪酬。该账户按职工薪酬类别设置明细账，并按职工薪酬的组成内容分设专栏进行核算。“应付职工薪酬”账户的结构如下：

借方	应付职工薪酬 贷方
实际支付的职工薪酬	按规定计算分配的职工薪酬
	期末余额：应付未付的职工薪酬

生产过程的核算，除了需要设置和运用以上一些账户外，还需要设置并运用一些其他账户，如“累计折旧”等，对此将在讲述有关经济业务中加以说明。以上各账户间的关系如图3-2所示。

二、生产加工业务核算举例

继续以浔庐股份有限公司为例，说明股份公司生产加工业务的核算。

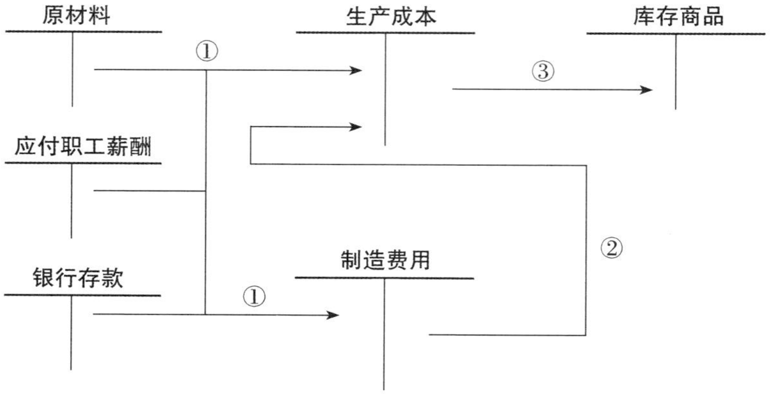

图3-2　生产加工过程核算各账户间的关系

注：经济业务①表示发生各项生产费用，计入所生产产品的成本中；

经济业务②表示分配结转制造费用；

经济业务③表示产品完工入库，结转完工产品成本。

2017年12月，浔庐股份有限公司发生生产加工业务如下：

【例3-10】仓库发出材料一批，材料领用情况如下：

生产A产品领用甲、乙材料，材料共计42 900元，生产B产品领用甲、丙材料，材料共计116 750元，车间和厂部行政管理部门分别领用甲材料，价款分别为15 750元和9 450元，经计算，材料耗用情况是：甲材料共耗用3 800千克，计119 700元；乙材料共耗用2 000千克，计11 400元；丙材料共耗用5 000千克，计53 750元。

这笔经济业务的发生，一方面使库存材料减少；另一方面材料投入生产使用及为公司行政管理部门耗用，使费用增加。原材料的减少，应记入“原材料”账户贷方，仓库发出的材料，应按不同用途，分别记入不同的账户。因此，会计分录编制如下：

借：生产成本——A产品　　42 900

　　　　　　——B产品　　116 750

　　制造费用　　15 750

　　管理费用　　9 450

　贷：原材料——甲材料　　119 700

　　　　　　——乙材料　　11 400

贷：原材料——丙材料　53 750

【例3-11】结算本月应付职工工资180 000元，其中生产A产品的生产工人工资60 000元，生产B产品的生产工人工资90 000元，车间管理人员工资10 000元，厂部行政管理人员工资20 000元。

这笔经济业务，一方面表明公司本月应付工资增加了180 000元，另一方面表明公司的工资费用也增加了180 000元。应付工资增加，应记入"应付职工薪酬"账户贷方，工资费用增加，应按不同的部门记入不同的账户中进行反映。其中，生产A、B产品的生产工人工资能够直接归属于A、B产品，是直接人工费用，可以直接记入"生产成本"账户的借方，车间管理人员工资，是为组织管理A、B两种产品的生产而发生的共同性费用，属于间接费用，应记入"制造费用"账户的借方，厂部行政管理人员工资属于期间费用，应记入"管理费用"账户的借方。因此，会计分录编制如下：

借：生产成本——A产品　60 000
　　　　　　——B产品　90 000
　　制造费用　10 000
　　管理费用　20 000
　贷：应付职工薪酬　180 000

【例3-12】按工资总额的14%列支福利费。

职工福利费是用于职工困难补助等方面的支出。这笔经济业务的发生，一方面使公司职工薪酬费用增加，另一方面表明公司应付福利费用也增加。列支的福利费用，应按工资费用的归属分别记入"生产成本""制造费用""管理费用"等账户的借方，应付福利费用的增加应记入"应付职工薪酬"账户的贷方。因此，会计分录编制如下：

借：生产成本——A产品　8 400
　　　　　　——B产品　12 600
　　制造费用　1 400
　　管理费用　2 800
　贷：应付职工薪酬　25 200

【例3-13】以银行存款支付本月的机器设备保险费1 500元。

机器设备保险费应记入"制造费用"账户。这笔经济业务一方面使制造费用增加了1 500元，应记入“制造费用”账户的借方；另一方面银行存款减少，应记入“银行存款”账户贷方。因此，会计分录编制如下：

借：制造费用　　　　　　　　　　　　　　1 500

　贷：银行存款　　　　　　　　　　　　　　　1 500

【例3-14】用现金支付车间办公费1 550元。

车间使用的办公费应计入制造费用。因此，会计分录编制如下：

借：制造费用——办公费　　　　　　　　　1 550

　贷：库存现金　　　　　　　　　　　　　　　1 550

【例3-15】期末，按规定计提本月固定资产折旧费10 000元，其中车间生产用固定资产折旧费3 000元，厂部管理部门用固定资产折旧费7 000元。

所谓固定资产折旧，是指机器设备、厂房等固定资产在生产经营过程中，因使用发生损耗而转移到所生产产品成本或经营费用中去的那部分价值。这部分已损耗的价值也是企业发生的耗费，应按照固定资产的用途分别记入不同的账户：生产车间用于生产产品而发生的折旧费，应计入有关产品成本，但是，一般情况下在发生当时不能直接确定应归属于哪一种产品，所以先记入“制造费用”账户的借方；企业行政管理部门发生的折旧费，应作为期间费用记入“管理费用”账户的借方。同时，计提固定资产折旧意味着固定资产价值的减少，由于固定资产在使用过程中始终保持其原有的实物形态，所以，会计上对固定资产因逐渐磨损而逐步转入有关成本费用类账户的损耗值，不直接冲减固定资产价值，而通过“固定资产”账户的备抵账户——“累计折旧”账户来反映，以保持固定资产的原始价值，体现企业的总体生产能力和经营规模。

“累计折旧”账户属于资产类账户，用来核算固定资产因磨损而减少的价值。其贷方登记按期计提的固定资产折旧额，借方登记固定资产减少时转销的累计折旧额，期末贷方余额表示固定资产已计提折旧的累计数额，本账户可按固定资产的类别或项目进行明细核算。

因此，该笔会计分录编制如下：

借：制造费用　　　　　　　　　　　　　　　3 000

　　管理费用　　　　　　　　　　　　　　　7 000

　贷：累计折旧　　　　　　　　　　　　　　　　10 000

【例3-16】期末用银行存款支付本月产品负担的水电费1 800元。

水电费属A、B产品共同负担的费用，应记入“制造费用”账户，不能直接记入“生产成本”账户。因此，会计分录编制如下：

借：制造费用　　　　　　　　　　　　　　　1 800

　贷：银行存款　　　　　　　　　　　　　　　　1 800

【例3-17】期末汇总并结转本月发生的制造费用35 000元，其中计入A产品的制造费用为14 000元，计入B产品的制造费用为21 000元。

将【例3-10】至【例3-16】发生的制造费用汇总可知，本月发生制造费用共35 000元。制造费用是为生产产品而发生的间接生产费用，同样是构成产品成本的组成部分，最终也应由受益产品负担。期末应将月份内归集的各种制造费用汇总，并按照一定标准结转分配到各产品成本中去，分配的标准可选择生产工人工资比例、机器工时比例、耗用直接材料比例等（具体分配方法见第六章）。

因此，其会计分录编制如下：

借：生产成本——A产品　　　　　　　　　　14 000

　　　　　　——B产品　　　　　　　　　　21 000

　贷：制造费用　　　　　　　　　　　　　　　　35 000

【例3-18】从银行提取现金180 000元，并发放职工工资。

从严格意义上说，这是两笔经济业务。第一笔是从银行提取现金，使公司银行存款减少，现金增加；第二笔是将现金发给职工，使公司现金减少，应付职工薪酬减少。因此，会计分录分别编制如下：

借：库存现金　　　　　　　　　　　　　180 000

　贷：银行存款　　　　　　　　　　　　　　　180 000

借：应付职工薪酬　　　　　　　　　　　180 000

　贷：库存现金　　　　　　　　　　　　　　　180 000

【例3-19】本月生产A产品500件，B产品1 000件，全部完工入库，期末汇总其生产成本，其中A产品成本总额为125 300元，B产品成本总额为240 350元。

产品的实际生产成本是根据其明细账户的记录计算确定的。由【例3-10】、【例3-11】、【例3-12】、【例3-17】可知，构成A产品生产成本的直接材料、直接人工及分配来的制造费用分别是42 900元、68 400元（60 000+8400）和14 000元，共计125 300元，构成B产品生产成本的直接材料、直接人工及分配来的制造费用分别是116 750元、102 600元（90 000+12 600）和21 000元，共计240 350元。

这笔业务一方面说明产品已全部生产完工并验收入库，表示库存商品增加，应记入“库存商品”账户的借方；另一方面表示产品生产完成应按实际成本转账，记入“生产成本”账户的贷方。其会计分录编制如下：

借：库存商品——A产品　　125 300
　　　　　　——B产品　　240 350
　贷：生产成本——A产品　　　　125 300
　　　　　　　——B产品　　　　240 350

实际上，产品成本的计算比本节所举例子要复杂，对这一问题的详细讨论见第六章。

第六节　企业商品销售业务的核算

销售过程是股份公司制造业生产经营过程的最后阶段。在上一阶段，企业通过产品生产，生产出了可供对外销售的产品，形成了商品存货，在这一阶段，企业要将商品销售出去，收回货币资金以补偿生产时耗用在商品上的资金耗费，以保障企业再生产的正常进行。

在销售过程中，主要经济业务是：商品从仓库发出并销售出去；发生所售商品的各种销售费用（如包装费、运输费、展览费和广告费等）；销售货款的结算，销售税费的计算和缴纳等。销售阶段会计核算和监督的主要任务是：确认主营业务收入的实现，反映与购买单位的货款结算，以掌握企业的资金回收情况；结转主营业务成本；支付销售商品所发生的销售费用；计算并缴纳应由已售商品负担的税费等。

一、商品销售过程应设置的主要账户

根据销售业务核算的要求，应设置以下主要账户：

（一）“主营业务收入”账户

“主营业务收入”账户属于损益类账户，用来核算企业在销售商品、提供劳务等主营业务中取得的收入。其贷方登记取得的主营业务收入，借方登记期末转入“本年利润”账户的金额，结转后期末无余额。该账户按主营业务的种类设置明细账户，进行明细核算。“主营业务收入”账户的结构如下：

借方　　　　**主营业务收入**　　　　贷方

借方	贷方
（1）由于销售退回或折让减少的主营业务收入 （2）期末转入“本年利润”账户的净收入	已经实现的主营业务收入

（二）“主营业务成本”账户

“主营业务成本”账户属于损益类账户，核算企业因确认销售商品、提供劳务等主营业务收入时应结转的成本。其借方登记销售产品、提供劳务等发生的实际成本，贷方登记期末转入“本年利润”的金额，结转后无余额，该账户按主营业务的种类设置明细账户，进行明细核算。“主营业务成本”账户的结构如下：

借方　　　　**主营业务成本**　　　　贷方

借方	贷方
发生的主营业务成本	（1）由于销售退回或折让减少的主营业务成本 （2）期末转入“本年利润”账户的主营业务成本

（三）“税金及附加”账户

“税金及附加”账户属于损益类账户，核算企业经营活动发生的消费税、城市维护建设税、资源税、教育费附加、房产税、城镇土地使用税和印花税等相关税费。其借方登记按规定计算确定的与经营活动相关的税费，贷方登记期末转入“本年利润”账户的数额，结转后无余额。“税金及附加”账户的结构如下：

借方	税金及附加 贷方
发生的各项税金及附加	期末转入“本年利润”账户的税金及附加

（四）“销售费用”账户

“销售费用”账户属于损益类账户，核算企业在销售商品和材料、提供劳务的过程中发生的费用，包括在销售过程中发生的运输费、广告费、展览费等及为销售本企业商品而专设的销售机构的职工薪酬、业务费、折旧费等经营费用。其借方登记发生的各种销售费用，贷方登记期末转入“本年利润”账户的数额，结转后期末无余额。本账户按费用项目设置明细账户，进行明细核算。“销售费用”账户的结构如下：

借方	销售费用 贷方
发生的各项销售费用	期末转入“本年利润”账户的销售费用

（五）“应收账款”账户

“应收账款”账户属于资产类账户，用来核算企业因销售商品、提供劳务等应向购货单位或接受劳务单位收取的款项。其借方登记发生应收账款时形成的应收而未收的款项，贷方登记已收回的账款，余额一般在借方，表示期末尚未收回的账款，如在贷方表示企业预收的账款。该账户按购货单位或接受劳务的单位设置明细账户，进行明细核算。“应收账款”账户的结构如下：

借方	应收账款 贷方
发生的各项应收账款	收回的各项应收账款
期末余额：尚未收回的应收账款	期末余额：预收的账款

二、商品销售过程主要经济业务核算举例

继续以浔庐股份有限公司为例说明股份公司商品销售业务的核算。

【例3-20】浔庐股份有限公司向东明公司销售A产品800件，每件售价600元，价款共计480 000元，增值税76 800元，产品已发出，货款尚未收到。

这笔经济业务的发生，一方面表明公司销售产品实现了主营收入，应记入“主营业务收入”账户的贷方，同时，增值税销项税额增加，应

记入“应交税费”账户的贷方；另一方面，这笔款项并未同时收到，使公司的应收账款增加，应记入“应收账款”账户的借方。因此，会计分录编制如下：

借：应收账款——东明公司　　556 800

　贷：主营业务收入——A产品　　480 000

　　应交税费——应交增值税（销项税额）　　76 800

【例3-21】向明光厂销售B产品500件，单价800元/件，价款共计400 000元，增值税64 000元，产品已发出，货款已收到，存入银行。

这笔经济业务，一方面表明公司主营业务收入和应交税费增加，另一方面表明银行存款增加。因此，会计分录编制如下：

借：银行存款　　464 000

　贷：主营业务收入——B产品　　400 000

　　应交税费——应交增值税（销项税额）　　64 000

【例3-22】以银行存款支付上述所售产品运费10 000元。

这笔经济业务使公司销售费用增加，银行存款减少。因此，会计分录编制如下：

借：销售费用　　10 000

　贷：银行存款　　10 000

【例3-23】15天后收到东明公司前欠货款，存入银行。

这笔经济业务一方面说明公司银行存款增加，另一方面说明应收账款减少。因此，会计分录编制如下：

借：银行存款　　556 800

　贷：应收账款——东明公司　　556 800

【例3-24】计算并结转已售库存商品应缴纳的消费税3 665元。

企业将商品销售出去，实现了商品的销售，就应按税法规定缴纳各种税金及附加，这些税金及附加一般是在当月根据当月销售额或应税额，按规定的税率计算，在下月初缴纳。因此，一方面，企业发生了一项费用；另一方面，又形成了一项负债。这笔经济业务的发生，一方面表明应由主营业务承担的税金及附加增加，应记入“税金及附加”账户的借方；另一方面，因为税费尚未缴纳，形成公司的一项负债，应记入“应交税费”账户的贷方。因此，会计分录编制如下：

借：税金及附加　3 665

　贷：应交税费——应交消费税　3 665

【例 3-25】期末结转本期已售产品的成本，其中已售A产品的总成本为216 160元，B产品的总成本为120 175元。

本期共售出A产品800件，B产品500件，所售产品均已实现销售，并且已经确认了收入，但当时并未相应确认其成本。分析这笔经济业务，一方面说明公司库存商品减少，应记入“库存商品”账户的贷方；另一方面，根据权责发生制原则，在确认收入的同期应确认已售产品的成本，这使得主营业务成本增加，应记入“主营业务成本”账户的借方。因此，会计分录如下：

借：主营业务成本——A产品　216 160

　　　　　　　　——B产品　120 175

　贷：库存商品——A产品　216 160

　　　　　　　——B产品　120 175

需要说明的是，在实际工作中已售产品成本的结转并非在收入实现的同时进行，而是一般在期末汇总后一次结转。此外，计算确定已售商品成本时，应考虑发出商品的计价方法，对这一问题的详细讨论见第六章。

第七节　企业经营成果业务的核算

利润是企业在一定会计期间的经营成果，它是反映企业一定时期获利能力的综合性指标，表现为盈利或亏损。确认和计量利润，是以企业生产经营过程中所实现的收入和发生的费用的确认和计量为基础的，同时还应将由于对外投资而产生的投资收益或投资损失，以及与生产经营活动无直接关系的收益和支出（即营业外收入和营业外支出）等包括在内。因此，经营成果包括三个层次：营业利润、利润总额和净利润。有关利润的计算公式如下：

1.
$$\text{营业利润}=\text{营业收入}-\text{营业成本}-\text{税金及附加}-\text{销售费用}-\text{管理费用}-\text{研发费用}-\text{财务费用}-\text{资产减值损失}+\text{其他收益}+\text{投资收益}+\text{公允价值变动收益}+\text{资产处置收益} \tag{3-7}$$

其中：

营业收入=主营业务收入+其他业务收入　（3-8）

营业成本=主营业务成本+其他业务成本　（3-9）

2. 利润总额=营业利润+营业外收入-营业外支出　（3-10）

营业外收入是指与企业正常的生产经营没有直接关系的各项收益，是一项纯收入，企业为此并没有付出代价，没有与其相对应的费用发生。因此，发生营业外收入时，按实际发生数额进行核算，直接增加企业的利润。

营业外支出是指与企业正常的生产经营没有直接关系的各项支出，发生营业外支出时，没有获得相对应的收入。因此，发生营业外支出时，按实际发生数额直接冲减企业的利润，不能以营业外收入直接冲减营业外支出。

3. 净利润=利润总额-所得税费用

所得税费用是企业享受政府所提供的各种服务而向政府应尽的义务，是根据企业的所得额征收的（亏损企业不缴纳该项税收）。对企业而言，向国家缴纳了所得税，意味着企业经济利益的减少，因此所得税符合费用要素的定义。

企业在计算应缴纳的所得税时，要以税法规定的应税所得为依据。应当注意的是，应税所得和会计所得是两个不同的概念。会计所得是按照会计准则的规定将确认的收入和费用进行比较计算得出的税前会计利润，而应税所得是根据税法规定的收入和准予扣除的费用进行比较计算得出的应纳税所得额。由于会计法规和税法是经济领域中两个不同的范畴，它们服务于不同的目的，遵循不同的原则和方法，因此在收入、费用等项目的认定上存在一定的差异，因而对同一个企业的同一个会计期间来说，计算出的会计所得和应税所得也可能不一致。当然，在绝大多数项目上，会计准则与税法是一致的。出于简化，在学习本课程时，通常假定会计所得和应税所得之间不存在差异。

经营成果核算的主要经济业务是准确计算企业利润，并按规定对已实现的净利润进行分配。企业利润分配一般按以下顺序进行：弥补以前年度亏损；提取法定盈余公积，给股东分配股利。

我们在生产和销售的核算过程中已经对构成利润的部分项目的经济内容作了阐述，下面将对其他未作介绍的主要部分进行介绍，以便说明利润的形成，并进一步解析利润分配的核算。

一、经营成果核算应设置的主要账户

（一）“其他业务收入”账户

“其他业务收入”账户属于损益类账户，核算企业确认的除主营业务活动以外的其他经营活动实现的收入，包括出租固定资产、出租无形资产、出租包装物和商品、销售材料等实现的收入。其贷方登记取得的其他业务收入，借方登记期末转入“本年利润”账户的数额，结转后无余额。本账户按其他业务的种类设置明细账户，进行明细核算。“其他业务收入”账户的结构如下：

借方　　　　**其他业务收入**　　　　贷方

借方	贷方
期末转入“本年利润”账户的其他业务收入	本期实现的各项其他业务收入

（二）“其他业务成本”账户

“其他业务成本”账户属于损益类账户，核算企业除主营业务活动以外的其他经营活动所发生的支出，包括销售材料等而发生的相关成本、出租固定资产的折旧额、出租无形资产的摊销额、出租包装物的成本或摊销额等。其借方登记发生的其他业务成本，贷方登记期末转入“本年利润”账户的数额，结转后无余额。本账户按其他业务的种类设置明细账户，进行明细核算。“其他业务成本”账户的结构如下：

借方　　　　**其他业务成本**　　　　贷方

借方	贷方
本期发生的各项其他业务成本	期末转入“本年利润”账户的其他业务成本

（三）“投资收益”账户

“投资收益”账户属于损益类账户，核算企业因对外投资所确认的投资收益或投资损失。其贷方登记增加的投资收益或期末结转的投资损失，借方登记发生的投资损失或期末结转的投资收益，结转后无余额。本账户可按投资项目设置明细账户，进行明细核算。

（四）“营业外收入”账户

“营业外收入”账户属于损益类账户，核算企业发生的与其生产经营无直接关系的各项营业外收入，主要包括非流动资产处置利得、政府补助、捐赠利得等。其贷方登记发生的营业外收入，借方登记期末转入“本年利润”账户的数额，结转后无余额。本账户按营业外收入项目设置明细账户，进行明细核算。“营业外收入”账户的结构如下：

借方 **营业外收入** 贷方

期末转入“本年利润”账户的营业外收入	本期发生的各项营业外收入

（五）“营业外支出”账户

“营业外支出”账户属于损益类账户，核算企业发生的与其生产经营无直接关系的各项营业外支出，包括非流动资产处置损失、公益性捐赠支出、非常损失、盘亏损失等。其借方登记发生的营业外支出，贷方登记期末转入“本年利润”账户的数额，结转后无余额。本账户按支出项目设置明细账户，进行明细核算。“营业外支出”账户的结构如下：

借方 **营业外支出** 贷方

本期发生的各项营业外支出	期末转入“本年利润”账户的营业外支出

（六）“本年利润”账户

“本年利润”账户属于所有者权益类账户，是一个过渡性账户，核算企业在本年度内累计实现的净利润（或发生的净亏损）。其贷方登记期末由“主营业务收入”“其他业务收入”“营业外收入”等账户转入的利润增加项目的金额，借方登记期末由“主营业务成本”“其他业务成本”“税金及附加”“销售费用”等账户转入的利润减少项目的金额，借方余额表示截至本期末发生的亏损，贷方余额表示截至本期末实现的利润。年末将本年实现的净利润由该账户借方转入“利润分配”账户的贷方，或将本年发生的净亏损从该账户的贷方转入“利润分配”账户的借方，年度结转后，本账户无余额。“本年利润”账户的结构如下：

借方　　　　**本年利润**　　　　贷方

期末转入的各项费用和损失 年末结转的净利润	期末转入的各项收入和收益 年末结转的净亏损

（七）“所得税费用”账户

“所得税费用”账户属于损益类账户，核算企业确认的应从本期利润总额中扣除的所得税费用，其借方登记当期发生的所得税费用，贷方登记期末转入“本年利润”账户的费用金额，期末结转后无余额。“所得税费用”账户的结构如下：

借方　　　　**所得税费用**　　　　贷方

计算出的所得税费用	期末转入“本年利润”账户的所得税费用

（八）“利润分配”账户

“利润分配”账户属于所有者权益类账户，核算企业利润的分配（或亏损的弥补）和历年分配（或弥补亏损）后的积存余额。其贷方登记本年实现的净利润等转入的数额，借方登记本年发生净亏损转入的数额及按规定分配出去的利润（如提取盈余公积、给股东分发股利等）。若余额最终在贷方，表示企业历年积存的未分配利润，若余额最终在借方，表示历年积存的未弥补亏损。该账户一般按所分配项目设置明细账户，进行明细核算。“利润分配”账户的结构如下：

借方　　　　**利润分配**　　　　贷方

（1）年末从“本年利润”账户转入的亏损额 （2）已分配的利润额	年末从“本年利润”账户转入的净利润
年末余额：未弥补亏损额	年末余额：未分配利润额

以上各账户间的关系如图3-3所示。

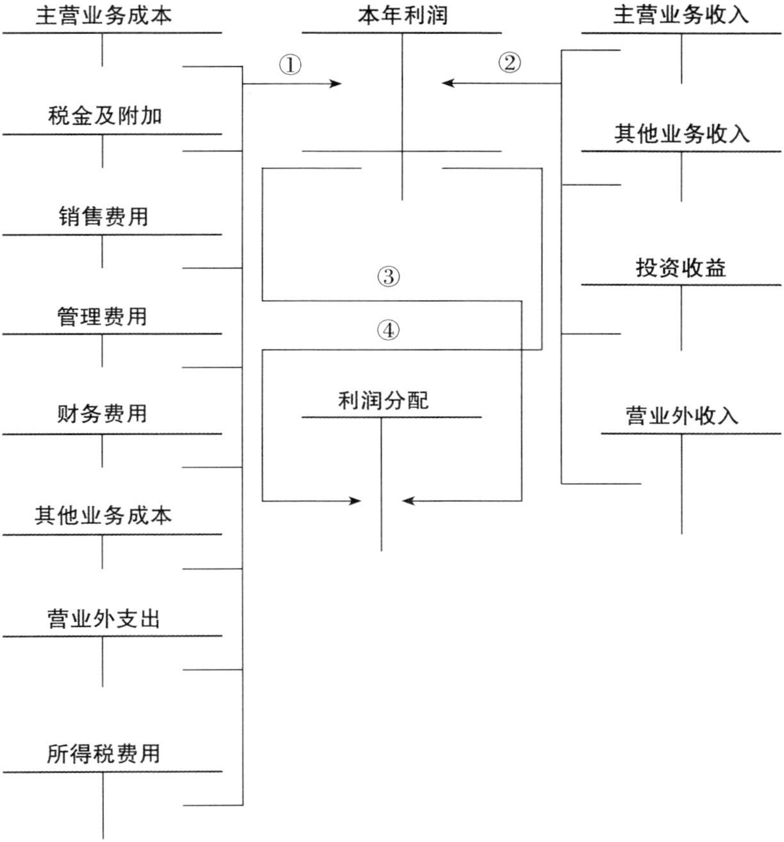

图3-3　商品销售过程各账户之间的关系

注：经济业务①表示结转本期发生的各项成本、费用和损失；
　　经济业务②表示结转本期发生的各项收入和收益；
　　经济业务③表示结转本期累积发生的利润数额；
　　经济业务④表示结转本期累积发生的亏损数额。

二、经营成果业务核算示例

继续以浔庐股份有限公司为例说明股份公司经营成果业务的核算。

【例3-26】出售乙材料一批，价值40 000元，应交增值税6 400元，款已收，存入银行。

这笔业务属于公司主营业务以外的其他销售，应记入“其他业务收入”“应交税费——应交增值税（销项税额）”账户的贷方，同时银行存款增加，应记入“银行存款”账户的借方。因此，会计分录编制如下：

借：银行存款　　46 400

　贷：其他业务收入——材料销售　　40 000

　　应交税费——应交增值税（销项税额）　　6 400

【例3-27】期末结转上述材料的实际成本25 000元。

这笔业务一方面说明公司库存材料减少，应记入“原材料”账户的贷方；另一方面，根据权责发生制原则，应将这部分已售材料的成本在确认本期已实现的其他业务收入的同期确认为费用，使公司其他业务成本增加，应记入“其他业务成本”账户的借方。因此，会计分录编制如下：

借：其他业务成本——材料销售　　25 000

　贷：原材料——乙材料　　25 000

【例3-28】收到一笔职工的罚款5 000元，存入银行。

这笔业务一方面说明公司银行存款增加；另一方面该笔罚款与公司的正常生产经营活动无直接关系，应作为营业外收入处理，记入“营业外收入”账户的贷方。因此，会计分录编制如下：

借：银行存款　　5 000

　贷：营业外收入　　5 000

【例3-29】向青少年基金会捐赠10 000元，已通过银行转账支付。

通常情况下交易是双向的，比如，支付一定的银行存款，收到相应数量的材料。对外捐赠则不同，其目的不是取得某项收益，是一项与正常生产经营没有直接关系的支出，应当作为营业外支出处理，记入“营业外支出”账户的借方。因此，会计分录应编制如下：

借：营业外支出——捐赠支出　　10 000

　贷：银行存款　　10 000

【例3-30】计算利润总额，结转各损益类账户。

期末在结转各损益类账户之前，本期实现的各项收入或收益以及与之相关的成本费用是分散反映在不同账户中的。为使本期的收入（收益）与成本费用相抵，计算出本期的利润数或亏损数，确认本期经营成果，应将各收入（收益）、成本费用账户的余额结转入“本年利润”账户，结清各损益类账户。

如前所述，利润总额的计算如下：

营业利润=营业收入−营业成本−税金及附加−销售费用−管理费用−财务费用−资产减值损失+公允价值变动收益+投资收益

=（480 000+400 000+40 000）−（216 160+120 175+25 000）−3 665−10 000−39 250−5 750

=500 000（元）

利润总额=营业利润+营业外收入−营业外支出

=500 000+5 000−10 000=495 000（元）

会计分录编制如下：

（1）借：主营业务收入——A产品	480 000	
——B产品	400 000	
其他业务收入——材料销售	40 000	
贷：本年利润		920 000
借：营业外收入	5 000	
贷：本年利润		5 000
（2）借：本年利润	420 000	
贷：主营业务成本——A产品		216 160
——B产品		120 175
其他业务成本——材料销售		25 000
税金及附加		3 665
销售费用		10 000
管理费用		39 250
财务费用		5 750
借：本年利润	10 000	
贷：营业外支出——捐赠支出		10 000

【例3-31】按利润总额495 000元计算并结转本年所得税费用（所得税税率为25%），经计算，所得税费用为123 750元。

企业的生产经营所得和其他所得，依照有关法律规定需要向国家缴纳所得税。假设浔庐股份有限公司不存在调整事项，其应缴纳的所得税费用就为：495 000×25%=123 750（元）。这笔经济业务有两层含义：一是表明公司所得税费用增加，应记入“所得税费用”账户的借方；二是该项税费实际尚未缴纳，表明公司应交所得税费用增加，应记入“应交税费”账户的贷方。因此，会计分录编制如下：

（1）借：所得税费用　　123 750

　　贷：应交税费——应交所得税　　123 750

“所得税费用”账户也是损益类账户，期末应进行结转。结转会计分录编制如下：

（2）借：本年利润　　123 750

　　贷：所得税费用　　123 750

【例 3-32】结转“本年利润”账户余额。

以上我们可以看出，浔庐股份有限公司“本年利润”账户最终为贷方余额，表示公司实现了净利润，年末应将该账户结清，转入“利润分配”账户的贷方，使新年度账务重新开始。

借：本年利润　　371 250

　贷：利润分配　　371 250

【例 3-33】年末经董事会决定，按当年净利润的20%提取盈余公积，10%分配给股东。

盈余公积是企业为今后扩大生产等需要从净利润中提取的，是利润分配的一个项目，这部分盈余公积的提取和使用，应通过设置“盈余公积”账户加以反映，该账户贷方登记已提取但尚未使用的盈余公积；借方登记已使用的盈余公积，期末余额在贷方，表示企业提取的盈余公积余额，该账户应按盈余公积的种类设置明细账户，进行明细核算。给投资者（股东）分配股利，是企业付给投资者的“使用费”，也是利润分配的一个项目，一般通过设置“应付股利”账户加以反映，该账户贷方登记经股东大会或类似机构审议批准的已确认分配但尚未支付的现金股利或利润，借方登记实际支付的现金股利或利润，如有余额，一般在贷方，表示尚未支付的现金股利或利润。该账户可按投资者设置明细账户，进行明细核算。

提取盈余公积和向股东分配利润，使公司可供分配的利润减少，应记入“利润分配”账户的借方，同时公司盈余公积增加，应记入“盈余公积”账户的贷方，另外，宣告分派但尚未实际支付的股利，形成公司的一项负债，应记入“应付股利”账户的贷方。因此，会计分录编制如下：

借：利润分配　　111 375

　贷：盈余公积　　74 250

　　　应付股利　　37 125

第八节　企业其他业务的核算

企业除从事供应、生产和销售业务以外，还开展其他一些经济业务，比如，进行长期投资、购入固定资产和无形资产、发行债券等。因此，企业必须设置“长期股权投资”“固定资产”“无形资产”“应付债券”等账户，来核算和监督上述经济业务的发生。本节只简要介绍固定资产及无形资产的核算。

一、固定资产的核算

固定资产是指同时具有以下特征的有形资产：

1. 为生产商品、提供劳务、出租或经营管理而持有的；

2. 使用寿命超过1个会计年度。

固定资产具有四个主要特点：使用期限长，一般超过1年或1个营业周期；占用资金多，价值大，以折旧方式转移其价值；使用寿命有限，在寿命期内，其服务潜力随着资产的使用而逐渐降低以至消失；取得固定资产不是为了销售，而是为了利用其进行生产经营，给企业带来长期的利益。

继续以浔庐股份有限公司为例说明股份公司其他业务的核算。

【例3-34】浔庐股份有限公司购入一台不需安装的机器设置，价款200 000元，款项已通过银行付清（不考虑增值税）。

这笔业务涉及“固定资产”账户，该账户属于资产类账户，核算企业固定资产原价的增减变动。其借方登记企业固定资产原价的增加数，贷方登记固定资产原价的减少数，期末余额应在借方，表示企业现有固定资产的原始价值。这项经济业务的发生，一方面使公司固定资产的原始价值增加了200 000元，应记入“固定资产”账户的借方；另一方面使银行存款减少200 000元，应记入“银行存款”账户的贷方。因此，会计分录编制如下：

借：固定资产　　200 000

　贷：银行存款　　200 000

二、无形资产的核算

【例3-35】浔庐股份有限公司购入专利权，价款80 000元，已通过银行转账支付。

这笔业务涉及“无形资产”账户，该账户属于资产类账户，核算企业的专利权、非专利技术、土地使用权和商标权等无形资产价值。借方登记企业无形资产价值的增加数，贷方登记企业处置的无形资产价值，期末余额在借方，表示企业无形资产的成本。

这笔经济业务的发生，一方面使公司无形资产价值增加，另一方面使公司银行存款减少。因此，会计分录编制如下：

借：无形资产　　80 000

　贷：银行存款　　80 000

本章小结

●本章在讲述复式记账的原理——会计基本等式的基础上，进一步对复式记账法进行了阐述。复式记账法是一种科学的记账方法，是指对每一项经济业务都以相等的金额，同时在两个或两个以上相互联系的账户中进行登记的记账方法。我国在计划经济时期曾使用过复式记账法中的增减记账法和收付记账法，目前我国各行业均采用借贷记账法。制造业是极具代表性的行业，其生产经营活动主要是供应、生产和销售，因此，本章结合股份有限公司制造业对复式记账进行系统阐述。

习　题

（一）单项选择题

1.会计等式反映了（　　）之间在数量上的必然联系。

A.会计要素　　B.会计对象

C.会计科目　　D.会计内容

2.下列交易或事项的发生，会使资产和负债同时增加的是（　　）。

A.以现金发放工资　　B.领用工程物资

C.盈余公积补亏　　D.收到预付款，存入银行

3.设计资产负债表结构的理论依据是（　　）。

A.资产=负债+所有者权益

B.资产-负债=所有者权益

C.资产=负债+所有者权益+（收入-费用）

D.资产+费用=负债+所有者权益+收入

4.下列经济业务的发生，不会引起会计等式两边金额发生变化的是（　　）。

A.取得借款存入银行　　B.用银行存款发放职工工资

C.收到应收账款存入银行　　D.用银行存款发放现金股利

5.复式记账法对每项经济业务都以相等的金额，在（　　）中进行登记。

A.一个账户　　B.两个账户

C.两个或两个以上的账户　　D.全部账户

6.对某项经济业务标明应借、应贷账户名称及其金额的记录称为（　　）。

A.记账凭证　　B.会计分录

C.会计方法　　D.记账方法

7.编制试算平衡表的基本依据是（　　）。

A.复式记账原理　　B.会计等式

C.会计要素划分　　D.记账规则

8.企业收到投资人投入、按面值计算的资本，应贷记（　　）账户。

A.“银行存款”　　B.“实收资本”

C.“固定资产”　　D.“原材料”

9.企业结转入库材料的实际采购成本时，应借记（　　）账户。

A.“在途物资”　　B.“制造费用”

C.“生产成本”　　D.“原材料”

10.企业分配工资费用时，生产管理部门人员的工资应借记（　　）

账户。

A.“管理费用”　　B.“生产成本”

C.“制造费用”　　D.“应付职工薪酬”

11.年终结转后，“利润分配”账户的贷方余额表示（　　）。

A.实现的利润　　B.未分配利润

C.发生的亏损　　D.未弥补亏损

12.浔庐股份有限公司原材料总账借方本期发生额32 000元，贷方本期发生额30 000元。所属明细账本期发生额分别为：甲材料本期借方发生额7 000元，贷方发生额9 000元；乙材料本期借方发生额21 000元，贷方发生额18 000元；丙材料本期（　　）。

A.借方发生额27 000元，贷方发生额28 000元

B.借方发生额2 000元，贷方发生额4 000元

C.借方发生额4 000元，贷方发生额3 000元

D.不知期初余额，无法计算

（二）多项选择题

1.下列有关资金运动规律的说法，可以成立的有（　　）。

A.一项资产增加，一项所有者权益增加

B.一项资产增加，一项负债增加

C.一项负债增加，另一项负债减少

D.一项所有者权益减少，一项负债增加

2.在借贷记账法下，账户的借方登记（　　）。

A.资产的增加　　B.费用的增加

C.收入的增加　　D.所有者权益的减少

3.复合会计分录可以集中、全面地反映企业经济活动的全貌，一般表现为（　　）。

A.一借多贷　　B.一贷多借

C.多借多贷　　D.一借一贷

4.下列有关借贷记账法试算平衡公式的表述，正确的有（　　）。

A.资产账户借方发生额合计=负债账户贷方发生额合计

B.全部账户的本期借方发生额合计=全部账户的本期贷方发生额合计

C.全部账户借方期末余额合计=全部账户贷方期末余额合计

D.资产账户借方发生额合计=资产账户贷方发生额合计

5.制造企业的主要经济业务包括（　　）。

A.资金筹集业务　　B.购进业务

C.生产和销售业务　　D.利润形成及分配业务

6.“生产成本”账户的借方登记（　　）。

A.直接材料　　B.直接工资

C.折旧费用　　D.分配计入的制造费用

7.与“主营业务收入”账户相匹配的成本、费用是指（　　）。

A.管理费用　　B.税金及附加

C.财务费用　　D.主营业务成本

8.企业发生的应通过“应交税费”科目核算的税金有（　　）。

A.增值税　　B.消费税

C.印花税　　D.所得税

9.企业按月计提固定资产折旧费用时，应借记（　　）账户，贷记“累计折旧”账户。

A.“财务费用”　　B.“管理费用”

C.“销售费用”　　D.“制造费用”

10.下列属于营业外支出的有（　　）。

A.固定资产盘亏　　B.处置固定资产净损失

C.罚款支出　　D.非常损失

（三）判断题

1.会计等式揭示了各会计要素之间的关系，是设置账户、复式记账和编制会计报表等会计核算方法建立的理论依据。（　　）

2.不论发生什么样的经济业务，会计等式两边会计要素总额的平衡关系都不会被破坏。（　　）

3.复式记账法可以反映经济业务的来龙去脉。（　　）

4.通过试算平衡表可检查账户记录是否正确，如果借贷平衡，就说明记账没有错误。（　　）

5.“长期借款”账户期末贷方余额，表示企业尚未偿还的各种长期借款本金。（　　）

6. 材料采购成本就是供货单位开具的发票金额。 (　　)

7. “制造费用”账户的借方发生额应于期末转入“本年利润”账户，结转后该账户无余额。 (　　)

8. “营业外收入”账户期末一般无余额。 (　　)

9. 营业利润是主营业务利润减去期间费用加上营业外收入后确定的。 (　　)

10. 5月31日，企业的“本年利润”账户有贷方余额250 000元，表示5月份实现净利润250 000元。 (　　)

（四）业务处理题

1. 西湖股份有限公司2017年12月31日有关资产负债表情况见表3-4。

表3-4　西湖股份有限公司2017年12月31日有关资产负债表情况　　单位：元

资产	金额	负债及所有者权益	金额
库存现金	5 000	短期借款	250 000
银行存款	240 000	应付票据及应付账款	40 000
应收票据及应收账款	35 000	应付职工薪酬	60 000
原材料	350 000		
固定资产	820 000	股本	1 100 000
合　计	1 450 000	合　计	1 450 000

该公司2018年1月份发生下列经济业务：

（1）收到国家按股票面值投资500 000元并存入银行。

（2）以银行存款购入机器设备一台，价值100 000元。

（3）赊购价值66 700元的材料，已办理完毕入库手续。

（4）以银行存款偿还前期购货欠款54 000元。

（5）以银行存款偿还短期借款150 000元。

（6）收到客户偿还的前期货款15 000元。

（7）出具2个月到期的银行承兑汇票偿还所欠货款12 000元。

（8）从银行提取现金60 000元，备发工资。

（9）以现金发放职工工资60 000元。

要求：（1）根据该公司2018年1月份发生的经济业务，编制会计分录。

（2）假设在2018年1月该公司仅发生上述9笔经济业务，请编制科目汇总表工作底稿、科目汇总表。

（3）根据该公司2017年12月31日有关资产负债表情况，开设2018年总分类账户，结转总账期初数；登记总账，结出账户的本期发生额及余额，并进行本月编报前的科目余额试算平衡。

2.保洁有限责任公司在2018年1月份发生下列经济业务：

（1）收到华联公司投入款项一笔40 000元（折股30 000股，面值1元/股），已存入本公司银行存款账户。

（2）收到发明人杨君平投入专利权一项，确认价值30 000元（折股30 000股，面值1元/股）。

（3）收到华润集团公司投入新设备一台，价值28 000元（折股20 000股，面值1元/股），设备已交付使用（不考虑增值税）。

（4）从中国建设银行取得6个月流动资金80 000元，年利率4%，已存入本公司银行存款账户。

（5）从某银行借入3年期款项1 000 000元，准备用于建造办公室用房，年利率5%，该笔款项已转入本公司存款账户。

（6）本月归还到期的周转借款30 000元，支付利息500元（利息以前均未计提）。

要求：编制上述经济业务的会计分录。

3.大华化工厂2018年2月份发生下列经济业务：

（1）从阳光公司购入A原材料一批并已验收入库，价款50 000元，增值税税率为16%，款项已全部用银行存款支付。

（2）从华阳公司购入B原材料一批，买价75 000元，增值税税率为16%，另外用银行存款支付运杂费、保险费800元，材料已验收入库。月末，货款及税款尚未支付。

要求：分别计算两种原材料的采购成本，并编制相关的会计分录。

4.星火工厂2017年10月份发生下列经济业务：

（1）生产甲产品领用A材料5 000千克，单价12元/千克；领用B

材料3 000千克，单价5元/千克。仓库已发料。

（2）生产乙产品领用C材料6 000千克，单价15元/千克，仓库已发料。

（3）生产车间领用D材料2 000千克，单价10元/千克，用于生产设备日常维修，仓库已发料。

（4）从银行提取现金128 000元，备发工资。

（5）以库存现金发放本月职工工资128 000元。其中：生产甲产品工人工资53 000元，生产乙产品工人工资36 400元，车间管理人员工资27 000元，行政管理部门人员工资11 600元。

（6）开出转账支票支付电费38 790元。其中：动力用电27 980元（甲产品用电16 800元，乙产品用电11 180元），车间照明用电6 480元，行政管理部门用电4 330元。

（7）月末，按工资总额的14%列支本月职工福利费。

（8）按规定，计提本月固定资产折旧64 800元。其中：生产车间计提48 925元，管理部门计提15 875元。

（9）月末，汇总并结转本月发生的制造费用106 185元。其中：计入甲产品的制造费用为70 790元，计入乙产品的制造费用为35 395元。

（10）本月生产甲产品200件、乙产品100件，全部完工并验收入库，均无期末在产品。计算并结转完工产品的实际成本。

要求：编制上述经济业务的会计分录。

5.润达工厂2018年3月份发生下列经济业务：

（1）销售给乐宏公司产品180件，每件售价90元，增值税税率为16%，货款已收到并存入银行。

（2）销售给永久工厂产品100件，每件售价90元，增值税税率为16%，货款及税款尚未收到。

（3）收到永久工厂支付的货款和增值税合计款，款项已存入银行。

（4）结转已销售产品的实际生产成本15 700元。

（5）以银行存款支付销售费用1 000元。

（6）假设经计算，本期应缴增值税7 000元，开出支票全部缴纳，并按应交增值税的7%和3%计算应交城市维护建设税和教育费附加。

要求：根据上述业务编制会计分录。

6.华伟公司2017年12月份发生下列经济业务：

（1）本月销售产品160 000元，增值税税率为16%，收到货款140 000元，已存入银行，余额尚未收到。

（2）收到职工罚款2 000元，已存入银行。

（3）销售材料一批，价值3 000元，增值税税率为16%，款项已收存入银行；该批材料实际成本为2 000元。

（4）本月盘亏固定资产一台，价值11 200元，已提折旧10 000元，经批准作营业外支出处理。

（5）结转本月产品销售成本110 000元。

（6）本月发生管理费用3 000元，销售费用2 000元，财务费用500元（均以银行存款支付）。

（7）结转各损益类账户。

（8）假设该公司2017年1—11月份“本年利润”账户余额454 700元，本公司适用的所得税税率为25%；公司股东大会决定按本年净利润的10%计提法定盈余公积，按本年净利润的20%发放现金股利。

要求：根据上述业务进行相关计算并编制会计分录。

第四章

会计凭证

第一节　会计凭证的意义和种类

一、会计凭证的含义

会计凭证是指记录经济业务，明确经济责任，据以记账的书面证明。填制和审核会计凭证是会计核算的基础环节，也是会计监督的一种专门方法。

会计记录必须真实可靠。当某一会计主体发生经济业务时，由执行、完成该项业务的有关人员从外部取得或自行填制会计凭证，以书面形式反映经济业务的发生或完成情况。会计凭证须载明经济业务的内容、数量、金额并签名或盖章，以明确对该项经济业务的合法性、真实性、准确性所负的责任。一切会计凭证都应经过专人进行严格的审核，只有经过审核无误的凭证，才能作为记账的依据。

二、填制和审核会计凭证的意义

（一）提供经济活动的原始资料，传递经济信息

会计凭证既是取得数据的手段，又是传递信息的载体。填制和审核会计凭证，可以为记账、算账提供真实、可靠的数据资料，从而保证会计核算基础的准确性，为进行会计核算和传递信息提供重要依据。

（二）实行会计监督的依据

填制和审核会计凭证，可以检查和监督经济业务活动的合理性、合法性，充分发挥会计的监督作用。会计凭证记录了经济业务的全过程，通过对会计凭证的严格审核，可以检查每笔经济业务是否合理、合规和合法，以严肃财经纪律，防止各种违法行为，充分发挥会计的监督作用。

（三）可用来明确经济责任，加强经济管理

由于经济业务发生时，都要填制或取得相应的会计凭证，并由有关部门和有关人员签章，从而确定了经办单位及经办人员的责任，强化了相关部门和个人的经管责任。

三、会计凭证的种类

会计凭证种类繁多，按其填制程序和用途不同，可以分为原始凭证和记账凭证两大类。

（一）原始凭证

1.原始凭证的概念

原始凭证是在经济业务发生或完成时取得或编制的，是记录经济业务的发生或完成情况的书面证明。它是组织会计核算的原始资料和重要依据。

2.原始凭证的种类

（1）原始凭证按其取得来源不同，划分为外来原始凭证和自制原始凭证。

外来原始凭证是在经济业务发生或完成时从外单位或个人直接取得的原始凭证，如增值税专用发票（一般格式见表4-1）、增值税普通发票（一般格式见表4-2）、铁路运输部门的火车票、对外支付款项时取得的收据（一般格式见表4-3）等都是外来原始凭证。

表 4-1

增值税专用发票

发票联　　　　No.

开票日期：　　年　月　日

购买方	名　　称： 纳税人识别号： 地 址、电 话： 开户行及账号：					密码区	(略)	
货物或应税劳务、服务名称	规格型号	单位	数量	单　价	金　额	税率	税 额	
合　　计								
价税合计（大写）						（小写）		
销售方	名　　称： 纳税人识别号： 地 址、电 话： 开户行及账号：					备注		

收款人：　　复核：　　开票人：　　销售方：(章)

第三联：发票联　购买方记账凭证

表 4-2

增值税普通发票

发票联　　　　No.

开票日期：　　年　月　日

购买方	名　　称： 纳税人识别号： 地 址、电 话： 开户行及账号：					密码区	(略)	
货物或应税劳务、服务名称	规格型号	单位	数量	单　价	金　额	税率	税 额	
合　　计								
价税合计（大写）						（小写）		
销售方	名　　称： 纳税人识别号： 地 址、电 话： 开户行及账号：					备注		

收款人：　　复核：　　开票人：　　销售方：(章)

第二联：发票联　购买方记账凭证

表4-3　　　　　　　　　　　　**收　　据**

年　月　日　　　　　　　　　№

付款单位＿＿＿＿＿＿＿＿ 收款方式＿＿＿＿＿＿＿＿	第
人民币(大写)＿＿＿＿＿＿＿＿ ￥＿＿＿＿＿＿＿＿	
收款事由＿＿＿＿＿＿＿＿＿＿＿＿＿＿＿＿	联

收款单位：（盖章）　　审核：　　经手：　　出纳：

自制原始凭证是指本单位内部具体经办业务的部门和人员，在办理某项经济业务时自行填制的凭证，如收料单（一般格式见表4-4）、领料单（一般格式见表4-5）、产品入库单（一般格式见表4-6）等。

表4-4　　　　　　　　　　　　**收料单**

供货单位：　　　　　　　　　　　　　　　　　　№

发票号码：　　　　年　月　日　　　　收料仓库：

材料编号	材料规格及名称	计量单位	数量		价格	
			应收	实收	单价	金额
备注						

第　联

仓库负责人：　　记账：　　仓库保管：　　收料：

表 4-5　　　　　　　　　　**领料单**

领料部门：　　　　　　　　　　　　　　　　　　　　№

用　　途：　　　　　　　　年　月　日　　　　发料仓库：

材料编号	材料规格及名称	计量单位	数量		价格	
			请领	实领	单价	金额
合计						
备注						

第　联

记账：　　　　发料：　　　　审批：　　　　领料：

表 4-6　　　　　　　　　　**产品入库单**　　　　　　　　　　№

交库单位：　　　　　　　　年　月　日　　　　产品仓库：

产品编号	产品名称	规格	单位	入库数量	检验结果		实收数量	备注
					合格	不合格		
合计								

第　联

记账：　　　　检验：　　　　车间负责人：　　　　制单：

（2）原始凭证按其格式不同，可以分为通用凭证和专用凭证两种。

通用凭证是指由有关部门统一印制、在一定范围内具有统一格式和使用方法的凭证。这里的一定范围，可以是全国范围，也可以是某省、某市、某地区或某系统，如全国统一使用的“银行承兑汇票”、某一地区统一印制的“收款收据”等。

专用凭证是指由单位自行印制、仅在本单位内部使用的原始凭证。这类凭证仅供本单位使用，如“折旧费用计算分配表”、“零星费用报销单”和“制造费用分配表”等。

（3）原始凭证按其填制的手续不同，可以划分为一次凭证和累计凭证。

一次凭证是指填制手续是一次完成的原始凭证。它反映一笔经济业务或同时反映若干同类经济业务的内容。日常的原始凭证多属此类，如“现金收据”“发票”等。另外，外来原始凭证一般均属一次凭证。

累计凭证是指一定时期内记载同类重复发生的经济业务，填制手续是在一张凭证中多次进行才能完成的原始凭证。它一般为自制原始凭证。为简化手续，平时应随时登记发生的经济业务，并计算累计数，期末计算总数后作为记账的依据。最有代表性的是“限额领料单”（一般格式见表4-7）。

表4-7　　　　**限额领料单**

领料部门：　　　　　　　　　　　　　　　编号：

用　　途：　　　　　年　月　日　　　　发料仓库：

<table>
<tr><td>材料类别</td><td colspan="2">材料编号</td><td>材料名称及规格</td><td>计量单位</td><td>领用限额</td><td>实际领用</td><td>单价</td><td>金额</td><td>备注</td></tr>
<tr><td></td><td colspan="2"></td><td></td><td></td><td></td><td></td><td></td><td></td><td></td></tr>
<tr><td></td><td colspan="2"></td><td></td><td></td><td></td><td></td><td></td><td></td><td></td></tr>
<tr><td rowspan="2">日期</td><td colspan="2">数量</td><td rowspan="2">领料人</td><td rowspan="2">发料人</td><td rowspan="2">扣除代用数量</td><td colspan="3">退料</td><td rowspan="2">退料结余</td></tr>
<tr><td>请领</td><td>实发</td><td>数量</td><td>收料人</td><td>退料人</td></tr>
<tr><td></td><td></td><td></td><td></td><td></td><td></td><td></td><td></td><td></td><td></td></tr>
<tr><td></td><td></td><td></td><td></td><td></td><td></td><td></td><td></td><td></td><td></td></tr>
<tr><td></td><td></td><td></td><td></td><td></td><td></td><td></td><td></td><td></td><td></td></tr>
</table>

在实际工作中，对业务内容相同、发生笔数极多的经济业务，可按照一定的要求加以汇总，编制原始凭证汇总表，如“发出材料汇总表”（见表4-8）。

表4-8 **发出材料汇总表**

年 月 日

会计科目	领料部门	原材料	燃料	合计
基本生产成本	一车间			
	二车间			
	小计			
辅助生产成本	供电车间			
	锅炉车间			
	小计			
制造费用	一车间			
	二车间			
	小计			
合　计				

会计负责人： 复核： 制表：

（二）记账凭证

1.记账凭证的概念

记账凭证是财务人员根据审核无误的原始凭证填制的，用以记载经济业务的简要内容，确定会计分录作为记账依据的书面证明。

由于企业原始凭证内容、格式不同，种类繁多，数量大，业务的对应关系不直观，因此，在会计编制记账凭证时把原始凭证作为附件，附于记账凭证之后，再据以记账，以保证记账工作的质量。

2.记账凭证的种类

（1）记账凭证按其反映的经济内容不同，划分为收款凭证、付款凭证和转账凭证。

收款凭证是用来记录现金和银行存款收入业务的记账凭证。它是根据有关现金和银行存款收入业务的原始凭证填制的。收款凭证是登记库存现金日记账、银行存款日记账、明细账和总账等有关账簿的依据，同时也是出纳人员收入款项的依据。其格式见表4-9。

表4-9　　　　　　　　　　　　**收款凭证**

借方科目：　　　　　　　　年　月　日　　　　　　　　收字第　号

摘要	贷方科目		金额	记账
	一级科目	二级或明细科目		
合　计				

附件　张

会计主管：　　　记账：　　　出纳：　　　审核：　　　制单：

付款凭证是用来记录现金和银行存款付出业务的记账凭证。它是根据有关现金和银行存款付出业务的原始凭证填制的。付款凭证是登记库存现金日记账、银行存款日记账、明细账和总账等有关账簿的依据，同时也是出纳人员付出款项的依据（其一般格式见表4-10）。

转账凭证是不涉及现金和银行存款收付业务的其他转账业务所用的记账凭证（其一般格式见表4-11）。

表4-10　　　　　　　　　　　　**付款凭证**

贷方科目：　　　　　　　　年　月　日　　　　　　　　付字第　号

摘要	借方科目		金额	记账
	一级科目	二级或明细科目		
合　计				

附件　张

会计主管：　　　记账：　　　出纳：　　　审核：　　　制单：

表 4-11　　　　　　　　　　**转账凭证**

年　月　日　　　　　　转字第　号

摘要	一级科目	二级或明细科目	借方金额	贷方金额	记账
合　计					

附件　张

会计主管：　　记账：　　出纳：　　审核：　　制单：

（2）记账凭证按其用途不同，划分为分录凭证、汇总凭证和联合凭证。

分录凭证是直接根据原始凭证，载明会计科目、记账方向和金额的凭证，如收款凭证、付款凭证和转账凭证等。分录记账凭证能够完整、清晰地反映每项经济业务的情况，但登记账簿的工作量相对较大。

汇总凭证是对分录凭证加以汇总，据以登记总分类账的记账凭证，如“记账凭证汇总表”（其一般格式见表 4-12）、“汇总收款凭证”等。汇总记账凭证可简化记账工作，但不能清晰地反映各账户的对应关系。

表 4-12　　　　　　　　　　**记账凭证汇总表**

凭证第　号至　号　　　年　月　日至　日　　　汇总字第　号　附件　张

会计科目	借方金额	贷方金额	总账页数	记账
合　计				

会计主管：　　记账：　　审核：　　制单：

联合凭证是既有原始凭证或原始凭证汇总表的内容，同时又具备记账内容的凭证。例如，在自制原始凭证或原始凭证汇总表上同时印有对应科目，用以代替记账凭证，作为记账的依据。

（3）记账凭证按其编制的方式不同，划分为单式记账凭证和复式记账凭证。

单式记账凭证是在每张凭证上只填列一个账户名称，而对应的名称仅作参考，不据以记账。填列借方账户的称为借项记账凭证，填列贷方账户的称为贷项记账凭证。一项经济业务涉及几个账户，就分别填制几张凭证，并采用一定的编号方法将它们联系起来。单式记账凭证的优点是内容单一，便于记账工作的分工，也便于按科目汇总，并可以加速凭证的传递。其缺点是填制凭证的工作量大，不能在一张凭证上反映经济业务的全过程，内容分散，故需加强凭证的复核、装订和保管工作。其格式见表4-13和表4-14。

表4-13

借项记账凭证

对方科目：　　　　年　月　日　　　　编号：

摘要	一级科目	二级或明细科目	金额	记账
合　计				

附件　张

会计主管：　　记账：　　出纳：　　审核：　　制单：

表4-14

贷项记账凭证

对方科目：　　　　年　月　日　　　　编号：

摘要	一级科目	二级或明细科目	金额	记账
合　计				

附件　张

复式记账凭证是在每张凭证上填列一笔会计记录的全部账户名称。其优点是能完整地反映一笔经济业务的全貌，即经济业务所涉及的全部账户及其对应关系，且填写方便，附件集中，便于凭证的查核。其缺点是不便于分工记账和科目汇总。在实际工作中，会计凭证一般都是采用复式记账凭证。例如，前面列举的收款凭证、付款凭证和转账凭证都是复式记账凭证。一般通用的复式记账凭证格式见表4-15。

表4-15 **记账凭证**

年 月 日 第 号

摘要	一级科目	二级或明细科目	借方金额	贷方金额	记账
合 计					

附件 张

会计主管： 记账： 出纳： 审核： 制单：

第二节 会计凭证的填制和审核

一、原始凭证的填制和审核

（一）原始凭证的基本内容

由于经济业务是多种多样的，因此记录经济业务的原始凭证所包括的具体内容也各不相同，各有不同的要求和特点。例如，现金、银行存款的收入和付出，产成品、材料的采购等，都要有真实记录这些经济业务内容的原始凭证。但无论采用何种原始凭证都应正确、及时、完整地反映经济业务的本来面貌，都必须明确有关单位、部门及人员的经济责任。这些共同的要求，决定了种种原始凭证都必须具备以下7个方面的基本内容：

1.原始凭证的名称；

2.填制凭证的日期和凭证号码；

3.填制凭证单位的名称及经办人员的签名或盖章；

4.经济业务的内容；

5.经济业务的数量、计量单位、单价和金额；

6.接受凭证的单位名称；

7.原始凭证的附件（如与业务有关的经济合同、费用预算等）。

上述基本内容，除第7条外，一般不得缺少；否则，就不是具有法律效力的书面证明。

（二）原始凭证的填制

为了保证原始凭证能够正确、及时、清晰地反映各项经济业务活动的真实情况，原始凭证的填制必须符合以下基本要求：

1.记录真实、手续完备。就是要实事求是地记录各项经济业务的实际发生或完成情况，要真实地填写原始凭证的基本内容。

2.内容完整、书写清楚。要求严格按规定的格式和内容逐项填写经济业务的完成情况。所有的项目必须填写齐全，不得漏填。凭证上的文字，字迹要工整、清楚、易于辨认，不使用未经国务院颁布的简化字；阿拉伯数字逐个填写，不得连写。凭证填写发生错误，应按规定的方法更正。不得涂改或刮挖擦补，现金和银行存款等收付凭证填写错误，不能在凭证上更正，应按规定的手续注销留存，另行重新填写。

3.连续编号、及时编制。各种凭证都必须连续编号，以备考查。一些事先印好编号的重要凭证作废时，在作废的凭证上应加盖“作废”戳记，连同存根一起保存，不得随意撕毁。所有经办业务的有关部门和人员，在经济业务实际发生或完成时，必须及时填制原始凭证，做到不拖延、不积压，按规定的程序及时将原始凭证送交会计部门。

（三）原始凭证的审核

为了正确反映经济业务的发生和完成情况，保证原始凭证的合理性、合法性和真实性，会计人员必须严格地审核原始凭证。原始凭证的审核一般应包括以下四个方面：

1.审核原始凭证的真实性，即原始凭证是否反映了经济业务的本来面貌，是否具备成为本单位合法会计凭证的条件。例如，凭证上未写明接受单位或名称不符合的；凭证联次不符的；未经领导批准的借据；不能证实业务是否已经完成的通知凭证等。

2.审核原始凭证的合法性，即原始凭证是否符合政策法令和规章制度。有的凭证虽然在形式和手续上都很完备，但是从凭证所反映的经济业务来看，有违反计划（或预算）和财经法规的情况。

3.审核原始凭证的合理性。有的原始凭证虽然符合制度和手续，但从政策上来衡量，经济业务并不合理。例如，是否符合计划的要求；是否符合节约的原则；是否符合费用开支标准等。

4.审核原始凭证的正确性。在对原始凭证所反映的经济内容进行了实质性审查后，就应进一步对凭证的填写进行形式上的检查，借以确定凭证的编制是否符合要求。例如，各个项目是否填写齐全，书写是否清楚，计划是否正确，有关人员是否签名盖章等。

根据《中华人民共和国会计法》和有关规定，办理会计事项，必须取得或者填制原始凭证，并及时送交会计机构，以保证会计核算工作得以顺利进行。同时为了保证原始凭证记录的真实性，对原始凭证不能涂改、挖补，如果发现原始凭证有错误的，应当由开出单位重新开出或者更正，更正处应加盖开出单位的公章。原始凭证一般应当记载凭证的名称、填制凭证的日期、接受单位名称或者填制人的姓名、经办人员的签名或者盖章以及经济业务的内容、数量、单价和金额等。对填制、取得原始凭证不符合规定的，应按《中华人民共和国会计法》有关条例的规定进行处罚。

原始凭证的审核是一件十分复杂而又严肃的工作，会计人员必须坚持原则、坚持制度、履行责任。在审核时，对内容不完整、手续不齐全、书写不清、计算有错的原始凭证，应退回有关部门和人员，及时补办手续或者更正；对违反国家统一的财政、财务、会计制度规定的财务收支，不予制止和纠正，又不向单位领导人提出书面意见的，也应当承担责任；对严重违法损害国家和社会公众利益的收支应当向主管单位或者财政、审计、税务机关报告，接到报告后有关部门应当负责处理。

为了做好原始凭证审核工作，审核人员不仅要熟悉国家的政策、法规和法令，而且要熟悉本单位的经济业务和各部门的工作情况。

二、记账凭证的填制和审核

（一）记账凭证的基本内容

编制记账凭证的基本目的在于根据经济业务的性质、数量和记账的要求，确定所应编制的会计分录，即确定借贷方向、会计科目（包括明细科目）及其金额，据此在各个不同的账户中进行登记，以避免差错的产生并加强对经济业务的审核与控制。根据上述因素的要求，记账凭证应包括的基本内容如下：

1.记账凭证的名称；

2.记账凭证的填制日期和编号；

3.经济业务的摘要；

4.应借、应贷会计科目（包括明细科目）的名称及金额；

5.记账凭证的符号；

6.所附原始凭证的张数；

7.会计主管、复核、记账、编制人员的签章。

（二）记账凭证的填制要求

对原始凭证进行审核后，会计人员应当根据审核无误的原始凭证编制记账凭证。按照现行国家统一会计准则规定，编制记账凭证应符合下列要求：

1.填制记账凭证，应对记账凭证进行连续编号。连续编号的目的是分清会计事项处理的先后顺序，便于记账凭证与会计账簿核对，确保记账凭证完整无缺。编号的方法可以分别以现金收入、现金支出、银行存款收入、银行存款支出和转账五类进行编号。各单位应当根据本单位业务繁简程度和人员多寡、分工的情况，来选择便于记账、查账、内部稽核的简单严密的编号方法。无论采用哪一类编号方法，都应当按月顺序编号，即每月从第1号编起，顺序编至月末。一笔经济业务需要填制两张或者两张以上记账凭证的，可以采用分数编号，如1号会计事项分录需要填制三张记账凭证，即可编成1-1/3号、1-2/3号、1-3/3号。

2.记账凭证可以根据每一张原始凭证填制或者根据若干张同类原始凭证汇总填制在一张记账凭证上，否则，经济业务的具体内容不清楚，难以填写摘要，会计科目因没有明确的对应关系而不清楚经济业务的来龙去脉。这样填制记账凭证不仅凭证本身不清楚，也容易造成会计账簿记录的错误，给记账、算账人员带来困难。

3.除结账和更正的记账凭证可以不附原始凭证外，其他记账凭证必须附原始凭证，并注明所附原始凭证的张数。所附原始凭证张数的计算，一般应以原始凭证的自然张数为准。凡是与记账凭证中的经济业务记录有关的每一张证据，都应作为原始凭证的附件。如果记账凭证附有原始凭证汇总表，应该把所附的原始凭证和原始凭证汇总表的张数一起计入附件张数之内。但对于报销差旅费等零散票券，可以粘贴在一张纸上，作为一张原始凭证。如果一张原始凭证涉及几张记账凭证，可以把原始凭证附在一张主要的记账凭证后面，并在其他记账凭证上注明附有该原始凭证的编号或者原始凭证复印件。

4. 与其他单位共同负担费用的情况下，保存原始凭证的主办单位应当给其他应当负担部分费用支出的单位开具原始凭证分割单，以证明支出了费用。这种原始凭证分割单必须具有原始凭证的基本内容，具体包括凭证名称、填制凭证的日期、填制凭证单位名称或者填制人姓名、经办人员的签名、金额和费用分摊情况等。

5. 如果在填制记账凭证时发生错误，可以用红字注销法进行更正，如果会计科目没有错误，只有金额错误，可以将正确数字与错误数字之间的差额，另编一张调整的记账凭证。如果发现以前年度记账凭证有错误，应当用蓝字填制一张更正的记账凭证。

6. 记账凭证填制完经济业务事项后，如有空行，应当自最后一笔金额数字下的空行处至合计数上空行处划线注销。这样做的目的是堵塞漏洞，严密会计手续。

7. 实行会计电算化的单位，机制记账凭证应当符合记账凭证的一般要求，打印出来的机制凭证要加盖制单人员、审核人员、记账人员及会计机构负责人（会计主管人员）的印章或者签字，以加强审核，明确责任。

（三）记账凭证的填制

记账凭证是根据经过审核无误的原始凭证或原始凭证汇总表填制的，其填制顺序如下：

1. 审核原始凭证所记载的经济业务是否符合国家的有关政策和规定，内容是否完整，数字是否准确，如需要编制原始凭证汇总表，还要将业务相同的原始凭证加以归类并据以编制原始凭证汇总表。

2. 根据原始凭证或原始凭证汇总表，编制会计分录，确定应借、应贷的会计科目及金额。

3. 按记账凭证的内容、格式及填制方法，填制记账凭证。

4.填制的记账凭证送审核人员审核后，转交记账人员记账。填制人员、记账人员及会计主管人员应予以签章，收款凭证、付款凭证还应由出纳人员签章，以明确经济责任。

现分别说明收款凭证、付款凭证和转账凭证的填制方法：

（1）收款凭证是根据有关现金和银行存款收入业务的原始凭证填制的。左上方“借方科目”栏，应填列“库存现金”“银行存款”科目，“贷方科目”栏，应填列与上述“库存现金”“银行存款”科目相对应的一级科目及其明细科目。各一级科目的应贷金额，应填入与本科目同一行的“一级科目金额”栏中。所属明细科目应贷金额应填入与各明细科目同一行的“明细科目金额”栏中，各一级科目应贷金额应等于所属各明细科目应贷金额之和。“借方科目”应借金额应为“合计”行的合计金额。“账页”栏注明记入总账或日记账、明细账的页次，也可以注明“√”符号，表明已登记入账。其一般格式见表4-16。

表4-16　　　　**收款凭证**　　　　总字第117号

借方科目：银行存款　　　　2018年4月15日　　　　收字第90号

摘要	贷方科目		金额	记账
	一级科目	二级或明细科目		
收到投资款	股本	华强集团	150 000.00	√
合　计			150 000.00	

附件2张

会计主管：李明　记账：张华　出纳：赵亮　审核：王军　制单：胡强

（2）付款凭证是根据有关现金、银行存款付款业务的原始凭证填制的。付款凭证的填制方法与收款凭证基本相同。左上方“贷方科目”应填列“库存现金”“银行存款”科目，在“借方科目”栏中填列与上述“库存现金”“银行存款”相对应的科目。其一般格式见表4-17。

表4-17　　付款凭证　　总字第118号

贷方科目：银行存款　　2018年4月15日　　付字第65号

摘要	借方科目		金额	记账
	一级科目	二级或明细科目		
偿还购货款	应付账款	升华工厂	12 600.00	√
合　计			12 600.00	

附件1张

会计主管：李明　记账：张华　出纳：赵亮　审核：张军　制单：胡强

对于现金和银行存款之间的相互划转业务，只编付款凭证，不编收款凭证。例如，从银行提取现金时，只编银行存款付款凭证；以现金存入银行时，只编现金付款凭证。在过账时，根据付款凭证同时记入“库存现金”及“银行存款”账户。

（3）转账凭证是根据转账业务的原始凭证填制的。转账凭证的“会计科目”栏应分别填列应借、应贷的一级科目和所属的明细科目，借方科目应记金额，在借方科目同一行的“借方金额”栏填列。贷方科目应记金额，在贷方科目同一行的“贷方金额”栏填列。“借方金额”栏合计数与“贷方金额”栏合计数相等。其一般格式见表4-18。

表4-18　　转账凭证　　总字第300号

2018年4月30日　　收字第87号

摘要	一级科目	二级或明细科目	借方金额	贷方金额	记账
材料验收入库	原材料	甲材料	2 000.00		√
		乙材料	3 000.00		√
	材料采购	甲材料		2 000.00	√
		乙材料		3 000.00	√
合　计			5 000.00	5 000.00	

附件2张

会计主管：李明　记账：王华　出纳：赵亮　审核：张军　制单：李强

（四）记账凭证的审核

为了保证账簿记录的准确性，记账前必须对已编制的记账凭证进行复核，由专人进行认真、严格的审核。审核的内容主要包括以下几个方面：

1.按原始凭证审核的要求，对所附的原始凭证进行复核。

2.记账凭证所附的原始凭证是否齐全，是否与所附的原始凭证内容相符，金额是否一致等。

3.凭证中的会计科目使用是否准确，应借、应贷的金额是否一致。账户对应关系是否清晰，核算的内容是否符合会计制度的规定等。

4.记账凭证所需填写的项目是否齐全，摘要是否简明扼要，有关人员是否已签章等。在审核中如发现记账凭证有记录不齐全或错误，应重新填制或按规定办理更正手续。只有经过审核无误的记账凭证，才能据以登记账簿。

第三节　会计凭证的传递和保管

一、会计凭证的传递

会计凭证的传递程序包括从取得或填制原始凭证开始到最终将会计凭证归档为止，在企业内部各有关部门和人员之间传递、停留的全过程。原始凭证的传递一般涉及企业的业务部门、管理部门和会计部门，传递程序较为简单。无论是原始凭证还是记账凭证的传递程序，都应本着贯彻内部控制制度、加强岗位责任制、分工明确、互相协作和提高工作效率的原则，充分考虑企业机构的设置、人员的分工、业务的特点等因素，做到需经过的部门和人员不能绕过，不需经过的坚决不过，各个岗位环节都要相互牵制、各负其责，充分发挥会计信息的作用，满足经济管理的需要。

二、会计凭证的保管

1.各种记账凭证，连同所附原始凭证和原始凭证汇总表，要分类按顺序编号，定期（每天、每五天、每旬或每月）装订成册，并加具封面、封底，注明单位名称、凭证种类、所属年月和起止日期、起讫号码、凭证张数等。为防止任意拆装，应在装订处贴上封签，并由经办人员在封签处加盖骑缝章。

2.对一些性质相同、数量很多或各种随时需要查阅的原始凭证，可以单独装订保管，在封面上写明记账凭证的日期、编号、种类，同时在记账凭证上注明“附件另订”。

3.各种经济合同和重要的涉外文件等凭证，应另编目录，单独登记保管，并在有关原始凭证和记账凭证上注明。

4.其他单位因有特殊原因需要使用原始凭证时，经本单位领导批准，可以复制，但应在专门的登记簿上进行登记，并由提供人员和收取人员共同签章。

5.会计凭证装订成册后，应有专人负责分类保管，年终应登记归档。会计凭证的保管期限和销毁手续，应严格遵守会计制度的有关规定。

6.会计凭证在归档后，应按年分月顺序排列，以便查阅。对已归档凭证的查阅、调用和复制，都应得到批准，并办理一定的手续。会计凭证在保管中应防止霉烂破损和鼠咬虫蛀，以确保其安全和完整。

本章小结

● 会计凭证是记录经济业务，明确经济责任，据以记账的书面证明。审核和填制会计凭证是会计核算的基础环节，也是会计监督的一种专门方法。会计凭证种类繁多，按其填制程序和用途不同，可以分为原始凭证和记账凭证两大类。原始凭证、记账凭证要按要求进行填制和审核，其传递和保管都应本着贯彻内部控制制度、加强岗位责任制、明确分工、互相协作和提高工作效率的原则。

习　题

（一）单项选择题

1.公司差旅费报销单属于（　　）。

A.记账凭证　　B.累计凭证

C.外来原始凭证　　D.自制原始凭证

2.某企业销售一批产品，部分款项收存银行，部分款项尚未收到，该企业应填制（　　）。

A.收款凭证和付款凭证

B.收款凭证和转账凭证

C.付款凭证和转账凭证

D.两张转账凭证

3.记账凭证与其所附原始凭证的金额（　　）。

A.可能相等　　B.一般不等

C.必须相等　　D.有时相等，有时不相等

4.记账凭证的填制是由（　　）完成的。

A.会计人员　　B.出纳人员

C.会计主管　　D.稽核会计

5.企业装订成册的会计凭证通常是按照（　　）排列的。

A.时间顺序　　B.总账科目

C.金额大小　　D.借贷方向

6.对于经济业务简单、收付款业务不多的单位，可能采用（　　）来记录所有经济业务。

A.汇总凭证　　B.原始凭证

C.累计凭证　　D.通用记账凭证

7.企业会计凭证是（　　）的依据。

A.业务活动　　B.编制报表

C.登记账簿　　D.原始凭证

8.企业经济业务发生或完成时取得或填制的凭证是（　　）。

A.原始凭证　　B.记账凭证

C.收款凭证　　D.付款凭证

9.从银行提取现金，一般应填制的记账凭证是（　　）。

A.现金收款凭证

B.银行付款凭证

C.转账凭证

D.分别填制银行付款凭证和现金收款凭证

10.在下列凭证中，不能作为记账依据的原始凭证是（　　）。

A.仓库领料单　　B.工资结算单

C.出差车票　　　　　　　　D.购销合同

11.原始凭证金额出现错误，应当采用（　　）。

A.红字更正法更正

B.划线更正法更正

C.蓝字更正法更正

D.由出具单位重开

12.会计凭证传递的起止点为（　　）。

A.会计凭证的填制到登记账簿止

B.会计凭证的填制或取得到归档止

C.会计凭证审核后到归档止

D.会计凭证审核后到登记账簿止

13.会计凭证的保管期限和销毁手续必须严格执行会计制度的规定，（　　）。

A.任何人无权自行随意销毁

B.批准后可以随意销毁

C.可以自行销毁

D.至少保存10年以上，有的须永久保存

14.企业原始凭证一般（　　）外借。

A.可以

B.不得

C.可以复印

D.经本单位会计机构负责人批准，可以

15.企业销售产品一批，产品已发出，发票已交达对方企业，货款尚未收到。对此项经济业务，会计人员根据有关原始凭证编制（　　）。

A.收款凭证　　　　　　　　B.付款凭证

C.汇总凭证　　　　　　　　D.转账凭证

（二）多项选择题

1.原始凭证按其格式不同，可分为（　　）。

A.一次凭证　　　　　　　　B.累计凭证

C.通用凭证　　　　　　　　D.专用凭证

2.下列属于自制原始凭证的有（　　）。

A.收料单　　　　B.领料单

C.工资结算单　　　　D.付款凭证

3.下列属于汇总原始凭证的有（　　）。

A.限额领料单　　　　B.收料汇总表

C.工资结算表　　　　D.付款凭证

4.记账凭证按其反映的经济内容不同，可分为（　　）。

A.收款凭证　　　　B.累计凭证

C.付款凭证　　　　D.转账凭证

5.下列属于复式记账凭证的有（　　）。

A.转账凭证　　　　B.收款凭证

C.付款凭证　　　　D.通用记账凭证

6.记账凭证编制的依据有（　　）。

A.原始凭证　　　　B.收款凭证

C.有关账簿　　　　D.原始凭证汇总表

7.原始凭证的内容包括（　　）。

A.凭证的名称、日期、编号

B.接受单位或个人名称

C.业务内容及数量、单价和金额

D.填制单位及有关人员签名或者盖章

8.记账凭证应具备的基本内容包括（　　）。

A.填制单位和记账凭证的名称

B.凭证的填制日期和编号

C.有关人员的签章

D.业务的内容摘要和所附原始凭证的张数

9.收、付款凭证左上角可填制的会计科目有（　　）。

A.“库存现金”　　　　B.“应收账款”

C.“银行存款”　　　　D.“实收资本”

10.以下会计凭证中，属于一次原始凭证的有（　　）。

A.收料单　　　　B.工资结算单

C.销售发票　　　　D.限额领料单

11.对于（　　）原始凭证按规定暂缓办理会计手续。

A. 文字不正确　　　　　　B. 手续不完备

C. 伪造　　　　　　　　　D. 内容不齐全

12. 除记录（　　）业务的记账凭证可以不附原始凭证外，其他记账凭证必须附有原始凭证。

A. 收款　　　　　　　　　B. 更正错账

C. 结账　　　　　　　　　D. 账项调整

（三）判断题

1. 只有经过审核无误的原始凭证，才能作为登记账簿的依据。（　　）

2. 无论是外来原始凭证还是自制原始凭证，一般是在经济业务发生时取得或填制的。（　　）

3. 记账凭证是依据原始凭证或原始凭证汇总表填制的，它具有法律效力。（　　）

4. 在采用收款凭证、付账凭证和转账凭证的情况下，涉及库存现金、银行存款之间的划转业务，按规定只填制付款凭证。（　　）

5. 对于经济业务简单，尤其是收付款业务不多的单位，可以不分收款、付款及转账凭证，而采用统一格式的通用记账凭证记录所有经济业务。（　　）

6. 所有记账凭证均要附有原始凭证。（　　）

7. 收款凭证的借方科目可能是库存现金，也可能是银行存款。（　　）

8. 转账凭证通常是一种用于不涉及货币资金收付业务的记账凭证。（　　）

9. 在设置单式记账凭证记录经济业务时，如果一笔会计分录同时运用到几个会计科目，那就需要填制同样张数的记账凭证。（　　）

10. 会计凭证是重要的经济档案资料，必须妥善保管，不得随意丢弃或销毁。（　　）

（四）业务处理题

1. 表4-19显示了制造业经常发生的经济活动。

表4-19　　　　　　　　**制造业经常发生的经济活动**

序号	经济活动	原始凭证
1	现金购买原材料	
2	赊购材料	
3	原材料验收入库	
4	生产产品领用材料	
5	以现金支付职工工资	
6	计提固定资产折旧	
7	开出转账支票，购买办公用品	
8	完工产品验收入库	
9	销售商品，收到转账支票，存入银行	
10	缴纳销售税费	

要求：将各项经济活动可能涉及的相关原始凭证填入表内空格处。

2. 日美股份有限公司在2017年6月份发生以下经济业务：

（1）6月6日，财务开出转账支票，支付向西华工厂购入材料所欠4 640元，开户银行为工商银行静华办事处。

（2）6月10日，企业向中原商店销售产品一批，收到对方签发的一张9 280元的转账支票，企业财务科立即填制一张进账单一起交给开户行工行普叶办事处。

（3）6月14日，企业向风华工厂销售甲产品400千克，每千克5元，共计2 000元，增值税税率为16%，企业开出增值税专用发票一张。

（4）6月20日，企业购入A材料1 000千克，每千克3元，共计3 000元，增值税税率为16%，材料已验收入库，为此填制收料单。

要求：根据相关原始凭证的样式，填制转账凭证、进账单、发票和收料单。

3. ABC公司于2017年7月发生以下与货币资金收付有关的经济业务：

（1）向银行取得短期借款10 000元存入银行。

（2）购买生产设备1台，价值80 000元，增值税税率为16%，款项以银行存款支付。

（3）以银行存款支付前欠购货款5 000元。

（4）从银行提取现金200 000元，并发放工资。

（5）收到捐助人赞助现金10 000元。

（6）以企业现金支付厂部办公用品费5 000元。

（7）以银行存款预付第二季度订阅厂部报纸杂志费12 000元。

（8）企业将多余的现金2 800元存入银行。

要求：根据上述经济业务，编制相关会计分录，并完成相关收、付款记账凭证的填制工作。

4.XYZ股份有限公司2017年6月发生以下经济业务：

（1）6月1日，向银行借入长期借款100 000元，存入银行。

（2）6月2日，接受其他企业捐赠生产设备一台，价值50 000元，已投入使用。

（3）6月3日，从银行提取现金500元备用。

（4）6月4日，用银行存款支付上月购货欠款3 510元。

（5）6月10日，从仓库领用材料150元，用于总部一般修理。

（6）6月15日，以银行存款支付销售佣金8 000元。

（7）6月18日，收到上月销售欠款9 280元，存入银行。

（8）6月28日，采购员张新报销差旅费450元，剩余50元退回现金。

（9）6月30日，将盈余公积20 000元转增资本。

要求：编制会计分录，并确定要填制的会计凭证。

第五章

会计账簿

第一节　会计账簿的意义和种类

一、会计账簿的意义

填制与审核会计凭证，可以将每天发生的经济业务进行如实、正确地记录，明确其经济责任，但会计凭证数量繁多，信息分散，缺乏系统性，不便于会计信息的整理与报告。为了适应日益复杂的管理的需要，全面、系统、连续地核算和监督单位的经济活动及其财务收支情况，应设置会计账簿。

会计账簿，简称账簿，是由许多具有一定格式的账页组成，以会计凭证为依据，全面、系统、连续、分类地记录各项经济业务的簿籍。设置和登记账簿，是编制会计报表的基础，是联结会计凭证与会计报表的中间环节，在经济管理中发挥着重要作用。

《中华人民共和国会计法》第一章总则第三条规定："各单位必须依法设置会计账簿，并保证其真实、完整。"

设置和登记会计账簿的意义有以下几方面：

1.通过账簿记录能全面、系统、连续地反映各项经济业务及其引起资金运动的情况。按照一定的程序，对会计凭证进行分类、整理和归纳，把各项经济业务集中登记入账，通过账簿形成全面、系统、连续反映企业经济活动及其结余的综合资料，这样，企业的资产、负债、所有者权益等增减变化情况，就可集中表现于账簿之中，为企业的经营者及时利用有用的会计信息提供了便利的条件。

2.通过账簿记录可以正确地计算费用、成本和利润。账簿全面、系统地记录了企业在生产经营过程中消耗的各项生产费用，产品成本的形成，产品销售、成本和利润情况，便于考核费用、成本和利润计划的完成情况及其原因，挖掘潜力制定措施，促使企业改善经营管理，提高经济效益。

3.账簿记录是编制会计报表的主要依据。根据会计凭证登记账簿，进行总分类核算和明细分类核算，可取得总括和明细的核算资料，这些都是编制会计报表的重要依据。会计报表的数字是否真实，编制和报送是否及时，都与账簿设置和登记密切相关。

4.账簿记录是会计检查和会计分析的重要依据。通过对账簿记录的检查与分析，可以发现企业贯彻执行党和国家的方针、政策以及遵守财经制度、财经纪律的情况，可以考核各项计划的执行与完成情况，分析资金的使用是否恰当，费用支出是否合理，经济效益有无提高等，从而发现问题，提出措施，促使企业改善经营管理，提高经济效益。

二、会计账簿的种类

会计账簿的种类多种多样，按照不同的标准可分为不同的类别。会计账簿分类如图5-1所示。

（一）按用途分类

会计账簿按其用途可分为序时账簿、分类账簿、联合账簿和备查账簿。

1.序时账簿。它是指按照经济业务发生和完成时间的先后顺序，逐日逐笔进行登记的账簿，又称为日记账。按其记录内容不同又分为普通日记账和特种日记账。用来登记全部经济业务的日记账称为普通日记账；用来登记某一类经济业务的日记账称为特种日记账，如库存现金日记账和银行存款日记账。

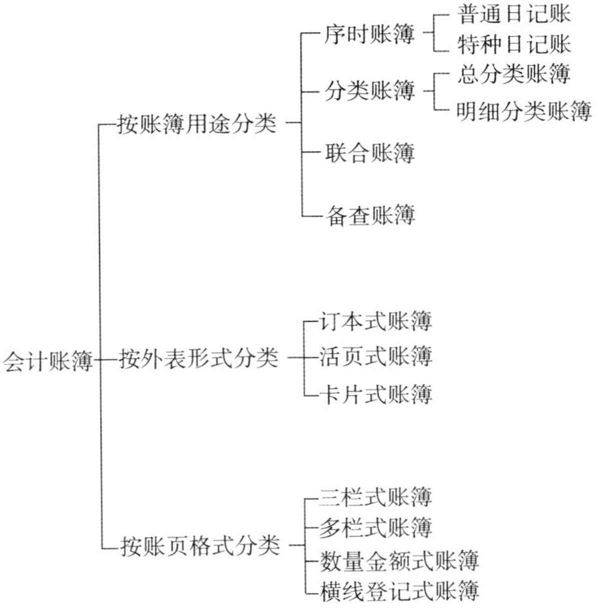

图5-1 会计账簿分类

2. 分类账簿。它是指按照总分类账户和明细分类账户分类记录经济业务的账簿。分类账簿按照反映指标的详细程度划分，分为总分类账簿和明细分类账簿。总分类账簿又称总账，是根据总分类科目开设账户，用来分类记录全部经济业务，提供总括核算指标的分类账簿。它对明细分类账簿具有统驭和控制作用。明细分类账簿又称明细账，是根据总分类科目所属二级或明细科目开设账户，用来分类记录某类经济业务，提供比较详细的核算指标的分类账簿。它对总分类账簿具有辅助和补充作用。

总分类账簿与明细分类账簿各有其特点，两者相辅相成，互为补充。

3. 联合账簿。它是指兼有序时账簿和分类账簿两种用途的账簿。这种账簿对每项经济业务既进行序时登记，又进行分类登记。例如，日记总账就是兼有日记账和总分类账作用的联合账簿。

4.备查账簿。它是指对某些在序时账簿和分类账簿中未记录或记录不全的经济业务进行补充登记的账簿，它可以对某些经济业务的内容提供必要的详细参考资料，如应收票据备查簿、应付票据备查簿、委托加工物资登记簿、代管商品物资登记簿、租入固定资产登记簿等。这种账簿属于备查性质的辅助账簿，与其他账簿之间不存在严密的依存、钩稽关系。它没有固定的格式，可根据实际需要进行设计。

（二）按外表形式分类

会计账簿按其外表形式可分为订本式账簿、活页式账簿和卡片式账簿。

1.订本式账簿，又称订本账。它是指在启用前就把编有序号的若干账页固定装订成册的账簿。这种账簿的主要优点是能够避免账页散失和防止非法抽换；主要缺点是账页数量及位置固定，不便于分工记账，使用起来较死板，并且不能根据记账需要增减账页，多则浪费，少则不够，影响账户的连续登记。在实际工作中，一些重要的账簿，如总分类账簿、库存现金日记账和银行存款日记账都采用订本账。

2.活页式账簿，又称活页账。它是指账页数量不固定、可随时取放、放置于账夹之内的账簿。这种账簿的主要优点是可以根据需要增减或重新排列账页，便于归类汇总，并且有利于分工记账，提高会计工作效率；主要缺点是容易散失和容易被抽换。为了克服这一缺点，在使用活页账之前，应按页顺序编号，并由记账员或会计主管人员签章，在会计期末加上目录并装订成册。活页账适用于各种明细分类账。

3.卡片式账簿，又称卡片账。它是指以专门格式、不装订的卡片作为账页所组成的账簿。这种账簿通常存放在卡片箱内，使用灵活，可以随时抽换，跨年度使用。在登记完毕或更换新账页后，应封扎存档，妥善保管。它适用于记载内容比较复杂的财产物资明细账，如固定资产登记卡、低值易耗品登记卡等。

（三）按账页格式分类

会计账簿按其账页格式分类，可分为三栏式账簿、多栏式账簿、数量金额式账簿、横线登记式账簿等。

1.三栏式账簿。它是指由设置三个金额栏的账页组成的账簿。它适用于总分类账、日记账，也适用于只需要进行金额核算而不需要数量核算的债权、债务结算账户的明细分类账，如应收账款、应付账款、其他应收款、其他应付款、应交税费等。

2.多栏式账簿。它是指由三个以上金额栏的账页所组成的账簿。这种账簿根据经济业务的特点和经营管理需要，把同一个一级账户所属的明细账户，集中在一张账页上设置专栏，反映各有关明细账户的核算资料。它适用于成本账户、收入账户、费用账户和利润账户等，既可按借、贷分别设专栏，又可只设借方专栏，贷方内容在相应的借方专栏内用红字登记，表示冲减。

3.数量金额式账簿，亦称三大栏式账簿。它是指在每一大栏内，又设置由数量、单价、金额等小栏目的账页组成的账簿。这种账簿适用于既要进行金额核算，又要进行实物数量核算的各种财产物资账户，如固定资产、原材料、库存商品等账户的明细分类核算。

4.横线登记式账簿。它是指利用平等式账页，将同一经济业务的若干内容在同一横行进行详细登记的账簿。该种账簿一般用于在途物资、其他应收款等明细分类账。但是，这种格式的账簿在实务中已很少见。

第二节　会计账簿的设置和登记

一、账簿设置的原则

由于企业、事业等单位生产经营活动的内容不同，会计工作上的账簿设置也不完全一样。但根据会计工作的要求，各单位在设置账簿时一般应遵循以下原则：

第一，账簿设置应能保证全面、系统地反映和监督经济活动情况，为经营管理提供系统和分类的会计核算资料。

第二，账簿体系要组织严密、层次分明，账簿与账簿之间要相互衔接、相互补充、相互制约，既要便于登记，又要便于检查核对。

第三，应结合各单位的经济活动特点，按所记录的经济业务内容和所提供的核算指标的要求设置会计账簿，使之有利于会计分工，并在满足实际需要的前提下，力求简明实用。

二、会计账簿的基本内容

各种账簿记录的经济业务内容不同，提供核算资料的详细程度不一样，格式也可以多种多样。但各种账簿应具备下列基本内容，通常也称账簿要素：

（一）封面

封面上写明账簿名称和记账单位名称。

（二）扉页

扉页上填列账簿的启用日期、截止日期、页数、册次，经管人员一览表和签章，会计主管人员签章，账户目录等。扉页的一般格式见表5-1、表5-2。

表5-1　　　　账户目录（科目索引）

页码	会计科目	页码	会计科目	页码	会计科目	页码	会计科目

表5-2　　　　账簿启用及交接表

<table>
<tr><td colspan="4">单位名称</td><td colspan="4"></td><td colspan="2">公章</td></tr>
<tr><td colspan="4">账簿名称</td><td colspan="4"></td><td colspan="2" rowspan="4"></td></tr>
<tr><td colspan="4">账簿编号</td><td colspan="4"></td></tr>
<tr><td colspan="4">账簿页数</td><td colspan="4">本账簿共计　页</td></tr>
<tr><td colspan="4">启用日期</td><td colspan="4">年　月　日</td></tr>
<tr><td rowspan="9">经管人员及交接记录</td><td colspan="3">单位负责人</td><td colspan="2">主管会计</td><td colspan="2">记账人员</td><td colspan="2">复核人员</td></tr>
<tr><td>姓名</td><td colspan="2">盖章</td><td>姓名</td><td>盖章</td><td>姓名</td><td>盖章</td><td>姓名</td><td>盖章</td></tr>
<tr><td></td><td colspan="2"></td><td></td><td></td><td></td><td></td><td></td><td></td></tr>
<tr><td>年</td><td>月</td><td>日</td><td colspan="2">交出人盖章</td><td colspan="2">接管人盖章</td><td colspan="2">监交人盖章</td></tr>
<tr><td></td><td></td><td></td><td colspan="2"></td><td colspan="2"></td><td colspan="2"></td></tr>
<tr><td></td><td></td><td></td><td colspan="2"></td><td colspan="2"></td><td colspan="2"></td></tr>
<tr><td></td><td></td><td></td><td colspan="2"></td><td colspan="2"></td><td colspan="2"></td></tr>
<tr><td></td><td></td><td></td><td colspan="2"></td><td colspan="2"></td><td colspan="2"></td></tr>
<tr><td></td><td></td><td></td><td colspan="2"></td><td colspan="2"></td><td colspan="2"></td></tr>
<tr><td>备注</td><td colspan="9"></td></tr>
</table>

（三）账页

账页是构成账簿的主要部分，格式因记录和反映的经济业务内容不同而有很大的区别，但均应具备下列基本内容：

1.账户名称，包括一级、二级或三级科目；

2.日期栏；

3.凭证种类和号数栏；

4.摘要栏；

5.金额栏，包括借、贷方发生额及相应的余额栏；

6.总页数和分户页次。

三、会计账簿的启用和登记规则

（一）账簿的启用规则

为了保证账簿记录的合法性，明确记账规则，每本账簿启用时，应在账簿的扉页填列账簿启用及交接表（活页式账簿和卡片式账簿应在装订成册后填列），详细载明以下内容：单位名称、账簿名称、账簿编号、账簿页数、启用日期、经管人员情况，并加盖经管人员签章和单位公章。调换记账人员时，应办理交接手续，在表内注明交接日期、交出人员、接管人员和监交人员的姓名，并由双方签字或盖章。“账簿启用及交接表”格式见表5-2。

（二）账簿的登记规则

账簿是重要的会计档案，登记账簿是会计核算工作的一项重要内容，为了保证账簿记录的正确、完整和及时性，各种账簿应由记账人员按规定的记账方法，根据审核无误的记账凭证进行登记。登记账簿时，应遵循以下基本规则：

1.登记账簿必须以审核无误的会计凭证为依据。记账时，将会计凭证的日期、编号、摘要、金额等逐项及时地记入账内。为了防止重记、漏记和便于查对，凡已记账的会计凭证应注明已登账的符号，如“√”，并由记账人员在会计凭证中相应的项目旁签名或盖章。

2.记账时，必须使用蓝黑墨水书写，不得使用铅笔或圆珠笔（银行的复写账簿除外），红色墨水只能在结账划线、改错和冲账时使用。

3.各种账簿必须按编定的页数连续登记，不得隔页跳行，如遇空页、空行，应以红色笔划斜线注销，加注“作废”字样。

4.摘要栏要力求简明扼要。金额数字要清楚，易辨认，字体大小以占格2/3为宜，以便改错时重写，账簿记录发生错误时应按规定的方法更正，不得任意涂抹、刮擦。

5.每张账页登记完毕，应在末行结出自本月初至本页末止的发生额合计数和余额，并在摘要栏注明“过次页”字样；同时在下页首行摘要栏注明“承前页”字样。将前页末行的发生额合计和余额如数记入，然后再登记新发生的经济业务。

四、会计账簿的登记方法

（一）日记账的登记

实际工作中被广泛采用的日记账，主要有库存现金日记账和银行存款日记账。应用库存现金日记账和银行存款日记账，能够逐日反映库存现金和银行存款收入的来源、支出的方向或用途以及每日结存余额，有利于对货币资金的管理、使用以及现金管理制度的执行情况进行严格的日常监督。因此，每一个会计核算单位都必须设置库存现金日记账和银行存款日记账。

库存现金日记账和银行存款日记账又可分为三栏式和多栏式两种。下面以库存现金日记账为例，分别说明。

1.三栏式库存现金日记账

三栏式库存现金日记账是按照库存现金的收入、支出和结余在日记账中分别设置借方栏、贷方栏和余额栏。其格式和登记方法见表5-3。

库存现金日记账是由出纳员根据与现金有关的收款凭证和付款凭证，按时间先后逐日逐笔顺序登记的。其“借方”栏根据现金收款凭证登记，“贷方”栏根据现金付款凭证登记，但对于从银行提取现金的收入数，由于已填制银行存款付款凭证，所以应根据银行存款付款凭证登记。在登记三栏式库存现金日记账过程中，不仅要将收入（或支出）的金额记入借方（或贷方）栏内，还要将对应的会计账户记入“对应账户”栏内。每日现金收付业务登记完毕后，应在余额栏内结算出现金余额，以便同现金实有数核对。

表 5-3　　**库存现金日记账（三栏式）**

20×8年		凭证字号	摘要	对方科目	借方	贷方	结存
月	日						
4	1		期初余额				1 800
	4	银付3	提现（发工资）	银行存款	20 000		21 800
	5	现付1	发放工资	应付职工薪酬		20 000	1 800
	9	银付5	提现（备用）	银行存款	5 000		6 800
	14	现付2	王某暂借差旅费	其他应收款		2 000	4 800
	19	现付3	代垫运杂费	应收账款		800	4 000
	23	现付4	支付办公费	管理费用		500	3 500
	26	现收1	王某报销差旅费	其他应收款	100		3 600
			本月合计		25 100	23 300	

三栏式日记账的优点不仅在于解决了分工记账的问题，而且把大量重复发生的同类经济业务（如上例的现金收、付业务）都集中在一本账中予以序时地反映。这样就可以全面监督这些经济业务的发生或完成情况，这对加强某些业务的管理是十分有益的。其不足之处是不能把对应账户分类汇总地加以反映。

2.多栏式库存现金日记账

为了克服三栏式日记账的缺点，会计工作又进一步发展出多栏式日记账。多栏式库存现金日记账是按照与现金收入相对应的贷方账户和与现金支出相对应的借方账户分别设置专栏，用以序时地、分类地反映与现金收支有关的经济业务。其格式见表5-4。

表 5-4　　　　　　　　　　**库存现金日记账（多栏式）**

20×8年		凭证号	摘要	对应账户		现金收入合计	对应账户（借方）				现金支出合计	余额
月	日			银行存款	其他业务收入		材料采购	应付职工薪酬	管理费用	其他应收款		
4	1		期初余额									200
	2	5	提现备发工资	10 000		10 000						10 200
	4	6	发放工资					10 000			10 000	200
	8	11	支付搬运费				30				30	170
	15	25	出租会场收入		50	50						220
	21	39	支付办公费						150		150	70
	25	45	提取现金备用	300		300						370
	28	56	预支差旅费							100	100	270
			本月合计	10 300	50	10 350	30	10 000	150	100	10 280	

在登记多栏式库存现金日记账时，现金收入要按对应账户将金额记入“对应账户（贷方）”栏内，同时记入“现金收入合计”栏内；现金支出时，要按对应账户将金额记入“对应账户（借方）”栏内，同时记入“现金支出合计”栏内，每天现金收付业务登记完毕之后应在“余额”栏内结出余额。

（二）总分类账的登记

总分类账是按照总分类账户来分类登记各项经济业务的账簿，它能够全面、总括地反映经济活动和财务收支情况，并可为编制会计报表提供所需的资料，因此任何单位都要设置总分类账。

在总分类账中，应按照会计科目的编码顺序分设账户，为每个总分类账预留若干账页。总分类账账页的一般格式是：把金额分为借方发生额、贷方发生额和余额三栏，简称三栏式总账；有的设“对方科目”栏，目的是便于了解经济业务内容，也便于查对账目。总分类账的一般格式见表5-5。在这里，我们以生产成本账户为例，说明其登记方法。

总分类账可以直接根据记账凭证逐笔登记，也可以通过其他方式分次或按日一次汇总登记。一般来说，总分类账的格式及登记方法同企业应用的会计核算的形式有关。

表5-5　　　　　　　　　　　　**总账**

账户名称：生产成本　　　　　　　　　　　　　　　　　第58页

20×8年		凭证号数	摘要	借方		贷方		借或贷	余额
月	日			金额	对方科目	金额	对方科目		
2	1		期初余额					借	103 500
	28	银付汇1		6 000	银行存款			借	109 500
	28	汇转2		30 000	应付职工薪酬			借	139 500
	28	汇转4		100 000	原材料			借	239 500
	28	汇转5		35 000	制造费用			借	274 500
	28	汇转9				158 000	产成品	借	116 500
			本月合计	171 000		158 000			

（三）明细分类账的登记

明细分类账是按照二级科目或明细科目开设账户，用来分类、连续地记录和反映有关资产、负债、所有者权益、收入、费用和利润的明细情况的账簿，应用明细分类账对于加强监督财产的收发和保管、资金的使用和管理、往来款项的结算、收入的取得以及费用的开支等都起着重要的作用。因此，每个企业在按照一级科目设置总分类账的基础上，必须按照明细科目设置固定资产、材料、商品、债权债务、业务收入、费用开支以及其他各种必要的明细分类账。

明细分类账可根据经济业务的繁简和经营管理上的实际需要，根据记账凭证、原始凭证或原始凭证汇总表逐笔登记或逐日、定期汇总登记。固定资产、债权债务等明细分类账，应当逐笔登记；库存商品、材料物资明细分类账可以逐笔登记，也可以逐日汇总登记；业务收入、费用开支等明细分类账可以逐笔登记，也可以逐日或定期汇总登记。各种明细分类账在每次登记完毕后，都应结算出余额，为了便于事后检查和核对账目，在明细分类账的摘要栏内必须将有关经济业务的简要内容填写清楚。明细分类账的格式是多种多样的，其通用格式有以下三种：

1.三栏式明细分类账。这种格式适用于“应收账款”“应付账款”等结算类科目的明细分类核算，其格式和登记方法见表5-6。

表5-6 **应付账款明细账**

二级科目或明细科目：乙工厂 第75页

20×8年		凭证号数	摘要	借方	贷方	借或贷	余额
月	日						
2	1		月初余额			贷	40 000
	28	4	偿还部分货款	20 000		贷	20 000
			本月合计	20 000			

2.数量金额式明细分类账。这种格式适用于“原材料”“库存商品”等盘存类科目的明细分类核算，由于这些科目的明细分类核算既要核算金额，又要核算数量，所以在这种格式明细分类账的“借方”“贷方”“结存”三栏中，除须登记金额外，还须登记数量。此外，在这种格式账页的上端，还应根据实际需要，设置和登记一些必要的项目，如产品、材料物资的类别、名称和规格、计量单位、计划单价、最高和最低储备量等。根据这种格式的明细分类账的记录，应能取得关于各种产品、材料物资的管理资料，对其使用进行日常监督。数量金额式明细分类账的格式以及登记方法见表5-7。

3.多栏式明细分类账。这种格式适用于“管理费用”“生产成本”“制造费用”等账户的明细分类核算。采用多栏式明细分类账，对于属于同级科目或二级科目的明细账户可以合并在一张账页上进行登记，即在这种格式的“借方发生额”“贷方发生额”下分别设置若干金额栏，分栏登记各个明细科目的数额，在实际工作中，“材料采购”“生产成本”“制造费用”等科目的明细分类账可以只按借方发生额设置账户，贷方发生额由于每月只发生一笔或几笔，可以在有关栏内用红字登记，表示从借方发生额中冲减。多栏式明细账的格式和登记方法见表5-8。

表5-7 **原材料明细账**

类　　别：金属　　　　名称和规格：角铁

计量单位：千克　　　　材料编号：104607

计划单价：1元/千克　　最高储备量：45 000千克

存放地点：第四号仓库　最低储备量：30 000千克

第35页

20×8年		凭证号数	摘要	借方		贷方		结存	
月	日			数量	金额	数量	金额	数量	金额
2	1		月初结存					40 000	40 000
	3	7	向金星厂购入	2 000	2 000			42 000	42 000
	4	10	第一车间领用			5 000	5 000	37 000	37 000
	5	78	第一车间退还	1 000	1 000			38 000	38 000
	28		本月合计	3 000	3 000	5 000	5 000		

表5-8 **生产成本明细账**

二级账户名称：甲产品　　第15页

20×8年		凭证号数	摘要	借方（成本项目）				贷方	借或贷	余额
月	日			直接材料	直接人工	制造费用	合计			
4	1	1	领用材料	2 900			2 900		借	2 900
	2	2	人工工资		3 000		3 000		借	5 900
	30	80	分配制造费用			3 000	3 000		借	8 900
		83	结转产品成本					8 900	平	0
			本月合计	2 900	3 000	3 000	8 900	8 900		

（四）备查账簿的登记

备查账簿又称辅助账簿或辅助登记簿，属临时登记，具有备查性质。备查账簿没有固定的格式，各单位可根据实际需要自行设计其内容、格式和登记方法。

第三节　结账、对账和错账更正方法

一、结账

结账是指把一定时期内发生的经济业务，在全部登记入账的基础上，结算出各账户本期发生额和余额，并将其余额结转下期或转入新账簿内的账务工作。通过结账，可以了解各个会计期间（月、季、年）的经济活动及其结果，并为编制会计报表及时提供资料。结账工作包括月结、季结和年结三种。

（一）结账前的准备工作

办理结账前，应做好如下工作：

1.查明在这个时期内所发生的经济业务是否都已全部取得凭证，并记入有关的账簿。所有已经发生的债权、债务，已经生产完工的产成品的成本，通过财产清查而发现的财产物资的盘盈盘亏等，都应当在结账前全部登记入账。

2.对于采用权责发生制的单位，为了正确计算当期的成本，考核经营成果，应检查是否已将所发生的全部收入、费用作了账项调整并登记入账。

3.检查各种收入、费用、成本账户的余额是否都已在有关账户之间进行了结转，如将“制造费用”账户的余额（一般等于借方发生额）转入“生产成本”账户；将损益类账户的余额转入“本年利润”账户等。

（二）结账的内容

结账工作通常包括两项内容：

1.结算收入、费用类账户。对于收入和费用两类账户，会计期末应将其余额结平，据以计算确定本期的利润或亏损，将经营成果在账面上揭示出来，为编制利润表提供有关依据。

2.结算资产、负债和所有者权益类账户。对于资产、负债和所有者权益三类账户，会计期末应分别结出其总分类账户和明细账户的本期发生额及期末余额，并将期末余额结转为下期的期初余额，为编制资产负债表提供有关依据。

（三）结账的主要程序

1.检查在本期内发生的所有经济业务是否已经全部根据会计凭证记入有关账簿。不能为赶编会计报表而提前结账，也不能先编制会计报表后结账。

2.调整账项。对于应由本期负担尚未支付的费用，应按规定的标准预提计入本期费用；对于属于本期的应收收入和预收收入，也应按规定标准确认，计入本期收入。

3.本期发生的收入、费用类账户余额，期末结转转入“本年利润”账户，以计算和确定企业单位最终的经营成果。

4.计算资产、负债和所有者权益类账户的本期发生额和期末余额，以反映企业本期的财务状况。

（四）结账的方法

会计期末结账主要采用划线结账法，即期末结出各账户的本期发生额和期末余额后，加以划线标记，将期末余额结转下期。划线的具体方法在月结、季结和年结中有所不同。

1.月结

期末要在各账户的最后一笔记录的同一行结出月末余额，并在“借或贷”栏注明“借”或“贷”，以表明余额方向。如果账户没有余额，则在“借或贷”栏写“平”字，并在“余额”栏的元位上以“0”表示。然后在各账户的最后一笔记录下一行的“摘要”栏写明“本月合计”字样，并计算、记录当月发生额，最后在“本月合计”的上端和下端各划一道通栏红线。

对月内未发生数额变化的账户，不进行月结。

需要结出累计发生额，还应逐月计算自年初起至本月止的累计发生额，登记在“本月合计”的下一行，在“摘要”栏注明“累计”、“本月累计”或“本年累计”字样（均表示本年1月1日至本月末的累计发生额），并在下面划一条通栏红线。

12月份的“本年累计”下面，应划双红线，表示封账，不能再继续登账。

“本月合计”、“本月累计”和“本年累计”行的“余额”栏不必书写，因为所谓“余额”指的是期末最后一笔经济业务的余额。

2. 季结

季结的结账方法与月结相同，但在“摘要”栏注明“本季合计”或“本季发生额”字样。

3. 年结

年终在将各账户的年末余额结转到下一年度时，在“本年累计”行的下一行“摘要”栏内，注明“结转下年”字样，将余额记入该行的“余额”栏并注明余额方向，即将本年年末余额及其方向记入该行（“结转下年”行）的“余额”栏和“借或贷”栏（不在该行下端划一通栏红线）；在下一会计年度新建有关会计账簿的第一行“余额”栏和“借或贷”栏内填写上年结转的余额及其方向，并在“摘要”栏注明“上年结转”字样。

结账方法举例见表5-9。

表5-9 **总账**

账户名称：原材料

20×8年		凭证号数（略）	摘要	借方	贷方	借或贷	余额
月	日						
1	1		上年结转			借	10 000
	8		购入	30 000			
	15		领用		35 000		
	23		购入	20 000		借	25 000
	31		本月合计	50 000	35 000		
2	⋮		⋮	⋮	⋮	借	10 000
	29		本月合计	20 000	35 000		
3	⋮		⋮	⋮	⋮	借	20 000
	31		本月合计	40 000	30 000		
	31		本季合计	110 000	100 000		
⋮	⋮	⋮	⋮	⋮	⋮	借	12 000
12	31		本月合计	30 000	35 000		
			本季合计	120 000	10 0000		
			本年累计	400 000	380 000		
12	31		结转下年			借	12 000

二、对账

对账是指在一定会计期间（年、月、日）终了时进行的账证、账账、账实和账表核对，以保证账簿记录的完整、正确。

为了保证各种账簿记录的完整、正确，为编制会计报表提供真实可靠的数据资料，必须做好对账工作。对账的内容主要包括以下几个方面：

（一）账证核对

账证核对是指各种账簿（总分类账、明细分类账以及日记账等）的记录同记账凭证的核对。这是保证账账相符、账实相符的基础，通过对账，应达到账证相符。

（二）账账核对

账账核对是指各种账簿之间有关记录的相互核对，主要包括：

1.总分类账中各账户期末借方余额合计数应该同期末贷方余额合计数平衡相等。

2.各总分类账户的期末余额应该与其所属各明细分类账户的期末余额合计数核对相符。

3.库存现金日记账和银行存款日记账的期末余额，应该同总分类账中各该账户期末的余额核对相符。

4.会计部门各种财产物资明细分类账的期末余额应该同财产物资保管或使用部门的有关财产物资明细账卡的余额核对相符。

（三）账实核对

账实核对是指各种财产物资的账面余额同财产物资的实存数额相核对，主要包括：

1.库存现金日记账的账面余额应同实际现金数额核对相符。

2.银行存款日记账的账面余额应同银行对账单核对相符。

3.各种财产、物资明细分类账的余额应同财产、物资实存数核对相符。

4.各种债权债务明细分类账的余额应同各有关债务人和债权人的账目核对相符。

5.账实核对要通过财产清查的方法进行。

（四）账表核对

账表核对是指财务报表中的相关指标与账簿记录相核对。

账簿记录是编制财务报表的主要依据。为保证财务报表指标的真实可靠，就必须要求账簿记录真实完整。在账证核对、账账核对、账实核对以及财产清查的基础上，根据总分类账的记录，编制总分类账户本期发生额试算表，将所有分散在各个账户的日常核算资料加以综合，并据以检查资料的正确性和完整性。只有经过核对无误的账簿记录，才能据以编制各种财务报表。

三、查错与错账更正方法

（一）查错

错账的原因是多种多样的，除了原始凭证或填制记账凭证的差错外，大多是记账时发生的差错，如漏记、重记或方向相反，科目用错以及数字颠倒等。数字用错和数字颠倒，更是常见的错误，如把5元写成50元，或写成0.50元，把1 234写成2 314等，这些虽然是记账时的疏忽大意，但它是造成错账的主要因素。因此，记账人员在记账时，必须严肃认真。当发现账目不符时，为了便于查找记账工作中发生的差错，一般可将两个不同的合计数求取它们的差额，然后根据这个差额进行分析查找，有以下两种方法：

1.除二法

除二法是根据求得的差数除以2，按取得的商数，在有关的账户和会计凭证中查找有无这个数额的方法。错账差数能用2除尽，则错账很可能是一笔分录记错了借贷方向，如3 456元，用2除以后，商数为1 728元，可先查有无1 728元这个数字的经济业务，记入账户和借贷方向有无错误。

除二法适用于查找记错借贷方向的错误，因为应记入借方的数额误记入贷方，或应记入贷方的数额误记入借方，就必然使一方的合计数恰比错记数多出1倍，所以“除二法”是一种寻找错记借贷方向的最简便方法。

2.除九法

除九法是根据求得的差数除以9，按取得的商数，去分析和查找错账的方法。如果差数除以9后，能够除尽，则其错误原因可能有两种：

一是大小数错误，就是记账时把数字记错位数，如“100”误记为“10”或“15”误记为“150”，这种位数错误，不论是大错小，或者小错大，其差数总是较小数的9倍。如上述前者相差90（100–10），后者相差135（150–15），它们都可以用9除尽，并可用其商数10（90÷9）、15（135÷9）去寻查错账是否是由于这个数的记错位所造成的。

二是邻位数颠倒，就是记账时把前后数字记颠倒，如把“45”误记为“54”，把“419”误记为“491”等。这种邻位数颠倒，也称为“前后数”错误，如上述误记，前者相差9（54–45），后者相差72（491–419），其差数可用9除尽，这就可能是由于数字中邻近的两位数字颠倒所造成的，参见表5–10。

表5–10 **邻位数字颠倒便查表**

差数	81	72	63	54	45	36	27	18	9
	09–90	19–91 08–80	29–92 18–81 07–70	39–93 28–82 17–71 06–60	49–94 38–83 27–72 16–61 05–50	59–95 48–84 37–73 26–62 15–51 04–40	69–96 58–85 47–74 36–63 25–52 14–41 03–30	79–97 68–86 57–75 46–64 35–53 24–42 13–31 02–20	89–98 78–87 67–76 56–65 45–54 34–43 23–32 12–21 01–10

上面举的例子中，后者相差72，在表5–10中表明是19–91的错误，所以对邻位数颠倒，可先查出原数的参考数，再去寻找是否属于这些数的颠倒。

同理，如果差数不但可被9除尽，而且可以被99除尽，就有可能是四位数的头尾颠倒，其余类推。

（二）错账更正方法

对于账簿记录所出现的错误，应根据其不同性质和具体情况，按规定方法进行更正。错账更正的方法一般有划线更正法、红字更正法和补充登记法三种。

1.划线更正法

在结账之前，如果发现账簿中所记文字或数字有笔误或计算错误以及过账错误，应采用这一方法更正。更正时，先将错处划一红线，以示注销。注意，数字发生错误应全部划线而不能只划个别或部分，使原有字迹仍可辨认，然后在红线上面空白处填写正确的文字或数字，并由记账人员盖章。

2.红字更正法

在过完账以后，如果发现记账凭证上应借、应贷科目或金额错误，并且已经登记入账，应采用红字更正法更正。这种更正法分两个步骤进行：第一步，先填制一张内容与原错误记账凭证完全相同的红字的记账凭证，并据以登记入账，以冲销原有的错误记录；第二步，用蓝字填制正确的记账凭证据以登记入账，并在两张记账凭证摘要栏内写明“更正××号凭证错误”字样。

【例5-1】某企业基本生产车间领用一批原材料用于制造产品，共计5 000元。填制记账凭证时，误做成如下会计分录，并已登记入账：

借：制造费用　　5 000

　贷：原材料　　5 000

当发现这种错误时，应先填制一张冲销原记录的记账凭证，其会计分录如下：

借：制造费用　　[5 000]

　贷：原材料　　[5 000]

与此同时，再用蓝字填制一张正确的记账凭证，其会计分录如下：

借：生产成本　　5 000

　贷：原材料　　5 000

根据上述两张记账凭证记入有关账户后，错误即可更正。

如果登账后发现原记账凭证中应借、应贷科目并无错误，只是实记金额大于应记金额时，可将多记的差额（即大出的部分）用红字填写一张与原科目相同的记账凭证并据以登账，以冲销多记的金额。举例如下：

【例5-2】仓库发出原材料一批，计4 000元，用于制造产品，填制记账凭证时，将金额误填为40 000元，并已登记入账，错误的会计分录为：

借：生产成本　　40 000

　贷：原材料　　40 000

为了冲销账户中多记的36 000元，应填制一张更正错误的记账凭证，凭证摘要栏中应作“更正××号凭证错误”的说明。

借：生产成本　　36 000（红字）

　贷：原材料　　36 000（红字）

根据更正的记账凭证记入各账户后，错误即可更正。

3.补充登记法

在登账以后，如果发现记账凭证中应借、应贷科目虽然没有错误，但所填金额小于应填金额，应采用补充登记法更正。更正时，应将少记的金额，用蓝字填制一张同样的记账凭证，并据以登记入账。

【例5-3】某企业收到购货单位前欠货款5 100元，存入银行，填制记账凭证时，误将金额填为1 500元。错误的会计分录为：

借：银行存款　　1 500

　贷：应收账款　　1 500

为了更正账户中少记的3 600元的错误，应用蓝字填制一张补充登记的记账凭证，摘要栏内应作“更正××号凭证错误”补记金额说明。其会计分录如下：

借：银行存款　　3 600

　贷：应收账款　　3 600

根据上述记账凭证记入有关账户中，少记金额得以补足，错误即可更正。

四、账簿的更换与保管

（一）账簿的更换

为了保持会计账簿资料的连续性、系统性和完整性，在每一会计年度终结、新的会计年度开始时，应按照会计制度的规定，进行各类账簿的更换。

总分类账、库存现金日记账和银行存款日记账以及大部分的明细分类账，均应每年更换一次，新旧账户之间余额结转，只需原额抄录，不必填制记账凭证。

订本式的账簿，如在年度中间记满需要更换新账，也与年初更换新账一样，办理同样手续。

（二）账簿的保管

会计账簿与会计凭证、会计报表一样，都是企业重要的经济档案和历史资料，必须按照国家规定的《会计档案管理办法》妥善保管，不得丢失或任意销毁。

账簿在年末结账后，应在首页前加放“账簿启用及接交表”并装订成册，而后加上封面并统一编号，与各种订本式账簿一并归档。

本章小结

●会计账簿简称账簿，是由许多具有一定格式的账页组成，以会计凭证为依据，全面、系统、连续、分类地记录各项经济业务的簿籍。设置和登记账簿，是编制会计报表的基础，是联结会计凭证与会计报表的中间环节，在经济管理中发挥着重要作用。会计账簿按不同标准可以分为不同类别，各类账簿都有相应的格式和登记方法，各企业应按照一定规则进行会计账簿的设置、启用、登记，以保证会计资料的可比性，从而有利于内部会计监督控制。会计期末还应进行账证核对、账账核对、账实核对、账表核对等对账工作，以减少记账中的错账，并在此基础之上进行会计期末的结账。对有错误的记账要及时采用相应更正办法更正，以保证会计资料的正确性。会计账簿必须按有关规定进行保管和更换。

习　题

（一）单项选择题

1.企业登记会计账簿的依据是（　　）。

A.会计分录　　　　B.会计凭证

C.经济合同　　　　D.有关文件

2.在进行序时登记的同时，又进行分类登记的会计账簿是（　　）。

A.序时账簿　　　　B.分类账簿

C.联合账簿　　　　D.备查账簿

3.在结账以前，若发现账簿记录有错误，而记账凭证无错误，应采用（　　）进行更正。

A.划线更正法　　　　B.红字更正法

C.补充登记法　　D.平行登记法

4.记账后，发现记账凭证中的应借、应贷会计科目有错误，应采用（　　）进行更正。

A.划线更正法　　B.红字更正法

C.补充登记法　　D.平行登记法

5.记账后，发现记账凭证和账簿中所记金额大于应记金额，而应借、应贷的会计科目并无错误，应采用（　　）进行更正。

A.划线更正法　　B.红字更正法

C.补充登记法　　D.平行登记法

6.记账后，发现记账凭证和账簿中所记金额小于应记金额，而应借、应贷的会计科目并无错误，应采用（　　）进行更正。

A.划线更正法　　B.红字更正法

C.补充登记法　　D.平行登记法

7.银行存款日记账通常采用（　　）账簿。

A.活页式　　B.订本式

C.卡片式　　D.任何形式

8.“应收账款”明细分类账的格式一般采用（　　）。

A.三栏式　　B.数量金额式

C.多栏式　　D.横线登记式

9.“库存商品”明细账通常采用（　　）账簿。

A.三栏式　　B.数量金额式

C.多栏式　　D.横线登记式

10.“管理费用”明细分类账应采用的格式是（　　）。

A.三栏式　　B.数量金额式

C.多栏式　　D.横线登记式

11.（　　）的目的是保证账簿记录的真实与完整。

A.过账　　B.转账

C.结账　　D.对账

12.为简化处理许多性质相同的经济业务，可设置（　　）。

A.明细分类账　　B.特种日记账

C.总分类账　　D.普通日记账

13.企业设置的日记账按用途分类属于（　　）。

A.序时账簿　　B.分类账簿

C.联合账簿　　D.备查账簿

14.账簿按（　　）分类，可分为订本账、活页账和卡片账。

A.用途　　B.登记方式

C.账页格式　　D.外表形式

15.新的会计年度开始，（　　）可以继续使用而不必更换新的账簿。

A.银行存款日记账　　B.应收账款明细账

C.固定资产卡片　　D.管理费用明细账

（二）多项选择题

1.会计账簿按其外表形式分类，可以分为（　　）。

A.卡片式账簿　　B.订本式账簿

C.序时账簿　　D.活页式账簿

2.任何会计主体都必须设置的账簿有（　　）。

A.总分类账　　B.明细分类账

C.日记账　　D.备查账簿

3.库存现金日记账的登记依据有（　　）。

A.现金收款凭证　　B.现金付款凭证

C.银行存款付款凭证　　D.含现金收付的转账凭证

4.在下列会计账簿中，须采用多栏式账页格式的有（　　）。

A.管理费用明细账　　B.主营业务收入明细账

C.生产成本明细账　　D.应收账款明细账

5.特种日记账能够序时、分类、详细地反映各类经济业务的情况，企业常用的特种日记账有（　　）。

A.原材料收发日记账　　B.银行存款日记账

C.固定资产备查账　　D.库存现金日记账

6.会计人员启用新的会计账簿时，应在扉页上填制“账簿启用及交接表”，详细载明（　　）等内容。

A.单位名称　　B.账簿名称

C.账簿编号、页数　　D.账簿启用日期

7.结账工作分为（　　）。

A.月结　　B.季结

C.半年结　　D.年结

8.对账就是核对账目，保证账簿记录的真实可靠，对账的主要内容包括（　　）。

A.账证核对　　B.账账核对

C.账实核对　　D.账表核对

9.在登记账簿工作中，红色墨水可用于（　　）。

A.冲销错误记录

B.结账

C.在不设借贷栏的多栏式账页中登记减少额

D.对账

10.为了便于查找记账工作中发生的差错，一般可求取两个不同合计数的差额，如果差数能够被9除尽，则其错误原因可能是（　　）。

A.数字记错位数　　B.错记借贷方向

C.邻位数颠倒　　D.用错科目

11.如果发生了记账错误，应按规定方法予以更正，常用的更正方法有（　　）。

A.划线更正法　　B.红字更正法

C.补充登记法　　D.平行登记法

12.新的会计年度开始，不可以继续使用而要启用新账的有（　　）。

A.库存现金日记账　　B.银行存款日记账

C.原材料明细账　　D.总分类账

（三）判断题

1.账簿是以会计凭证为依据，由具有一定格式又相互联系的账页组成，用来全面、系统、连续记录和反映经济业务的簿籍。（　　）

2.按用途分类，会计账簿可以分为订本账、活页账和卡片账。（　　）

3.登记账簿时不得使用铅笔书写，但可以用蓝黑墨水或圆珠笔书写。（　　）

4.卡片式账簿的优点是可以跟随所记的资产进行内部转移，可以跨

年度使用。 (　　)

5.每一个会计核算单位都必须设置库存现金日记账和银行存款日记账。 (　　)

6.账簿登记中若出现空页、空行，应以红色笔划斜线注销，并加注“作废”字样。 (　　)

7.三栏式账簿主要适用于收入类、费用类和成本类账户的明细分类核算。 (　　)

8.库存现金日记账必须采用订本式账簿。 (　　)

9.新的会计年度开始时，必须更换全部账簿。 (　　)

10.登记会计账簿时，如误将6 800元记为8 600元，并已登记入账，月终结账前发现错误，更正时应采用划线更正法。 (　　)

11.账页记满时，应在该账页末行结出本月的发生额和余额，并在摘要栏注明“过次页”字样；同时在下页首行摘要栏注明“承前页”字样，如数记入前页末行的发生额和余额。 (　　)

12.在结账以前，若发现账簿记录有错误而记账凭证无错误，应采用红字更正法进行更正。 (　　)

13.简单地说，对账就是各种账簿之间有关记录的相互核对。 (　　)

14.账实核对是指将各财产物资的账面余额与实存数额进行核对，做到账实相符。 (　　)

15.在我国会计实务中，结账工作一般在月度、季度和年度终了时进行。 (　　)

（四）业务处理题

1.光辉化工厂2018年1月1日库存现金日记账的期初余额为50 860元，该厂1月份发生下列经济业务：

（1）1月3日，财务科职工张三报销差旅费110元，以现金付讫。

（2）1月6日，以现金支付总务科办公费用480元。

（3）1月10日，从银行提取现金25 000元，准备发放工资。

（4）1月12日，以现金发放本月职工工资25 000元。

（5）1月18日，从银行提取现金3 000元。

（6）1月23日，以现金代辉煌厂垫支运杂费850元。

（7）1月28日，车间技术员李四预借差旅费1 000元，以现金付讫。

要求：（1）根据资料开设库存现金日记账，登记期初余额。

（2）根据已编制的现金收款凭证、付款凭证登记三栏式库存现金日记账。

2.假定企业在记账以后发生下列错误：

（1）记账人员在登账时，将原材料账户借方的76 780元，误写为67 780元，结账前发现该错误。

（2）企业以银行存款4 000元购买材料，材料未验收入库，填制记账凭证时做下列凭证并据以入账，登记日记账时发现。

借：在途物资　　4 000

　　应交税费——应交增值税（进项税额）　　760

　贷：库存现金　　4 760

（3）企业预提本月长期借款利息30 000元，填制记账凭证时做下列凭证并据以入账，月末发现。

借：财务费用——利息支出　　3 000

　贷：长期借款——应付利息　　3 000

（4）车间管理人员出差回来报销差旅费2 800元，交回现金200元，填制记账凭证时做下列凭证并据以入账，月末稽核时发现。

借：管理费用　　2 800

　　库存现金　　200

　贷：其他应付款　　3 000

（5）结转本月实际完工产品的生产成本76 000元，填制记账凭证时做下列凭证并据以入账。

借：主营业务成本　　76 000

　贷：生产成本　　76 000

要求：根据以上资料选择更正错误的方法及编制相关分录。

第六章

成本计算

第一节　成本计算概述

一、成本与费用概述

（一）成本

成本是一种价值范畴，马克思指出，成本是指商品价值中已经耗费的需要在销售收入中获得补偿的那部分价值，即已经消耗的生产资料的转移价值和活劳动的消耗价值。

从其含义来看，成本有着广义和狭义之分。广义的成本泛指为取得某项资产而付出的代价，如取得固定资产的代价即固定资产成本，购买原材料付出的代价即原材料采购成本，生产产品所耗费的代价即产品的生产成本等。狭义的成本仅指产品的制造成本，或称产品的生产成本，简称产品成本（本书采用狭义成本概念）。从企业生产的角度来定义，成本是指对企业生产经营过程中各种经济资源价值消耗对象化计算的数额。企业的生产经营过程，不仅是产品的创造过程，也是企业各种经济资源的耗费过程。在这个过程中，企业为了获得一定形式的资产，就必须投入人、财、物资源，这些资源经过一定的生产经营过程转换为另一种形态的资产，即所生产的产品。为了正确确定产品的价值，就必须以产品为对象，对生产加工过程中所耗费的各种经济资源进行归集和分配，以计算出其取得成本。

（二）费用

费用是指企业为取得收入或进行其他生产经营活动而发生的人力、物力、财力上的耗费，这种耗费在会计上被称为费用，具体表现为资产的流出或负债的增加，最终导致所有者权益的减少。

企业所发生的费用按经济用途进行分类，可分为应计入产品成本的生产费用和不应计入产品成本的期间费用两大类。生产费用是指企业为生产一定产品而发生的各种耗费的货币表现，具体包括直接用于产品形成的直接费用以及为组织和管理生产而发生的间接费用。期间费用是指不能直接归属于某个特定产品成本的费用，包括销售费用、财务费用和管理费用。由于期间费用的发生与产品生产没有直接联系，为了简化成本核算工作，提高成本计算的正确性，期间费用在其发生的当期全部计入损益，直接从营业收入中进行补偿，而不计入产品成本。

（三）支出

支出是指企业的资源因耗用或偿付等原因而流出企业，从而导致可使用资源总量减少。就某一会计期间而言，支出可以是现金支出，也可以是非现金支出。前者如以现金支付材料价款，后者如对材料的耗用。

支出包括偿债性支出、资本性支出和收益性支出。偿债性支出，是企业出于偿债目的而将资源交付给其他主体的支出；资本性支出，是效益长于一个会计期间的支出；收益性支出，是效益短于一个会计期间的支出。

（四）费用与成本和支出的关系

生产费用和产品成本之间具有密切的关系。对制造业而言，生产费用的发生过程同时又是产品的创造过程，也是产品成本的发生过程，但两者又有所区别。生产费用是指在一定期间内进行生产而发生的费用，它与一定时间相关而与生产哪种产品无关。产品成本是指为生产某一产品而消耗的费用，它与一定种类、一定数量的产品有关而与发生时间无关。所以说，成本是一种对象化了的生产费用。

偿付债务和费用核算没有直接关系。资本性支出的效益长于一个会计期间，因而在发生时不能全部作为费用，只有在当前会计期间受益的部分才是费用；收益性支出是为一个会计期间而发生的，其未来的经济利益可以在一个会计期间内耗费，因而可以全额作为费用。因此，费用包括经营过程中发生的收益性支出和该会计期间内受益的资本性支出。

（五）成本计算

在第一章中我们曾经提到过，成本计算就是把企业在生产经营过程中的某一阶段所发生的费用，按各种不同的对象进行归集和分配，借以确定该对象的总成本和单位成本的一种专门方法。

在制造业企业中，供应阶段要进行材料采购成本的计算，生产阶段要进行产品成本的计算，销售阶段则要进行主营业务成本的计算。但是，从企业的生产来看，材料在完成采购后还要进入产品的生产，因此，材料采购成本的计算只是产品成本计算的必要准备，而主营业务成本本身就是已售产品的生产成本，因此主营业务成本的计算可以看成是产品成本计算的必要补充，再加上产品成本的计算是所有成本计算中最为复杂的，因此，下面对成本计算的基本原理的讨论以产品成本为主。

二、成本计算的基本原理

合理的产品成本计算应当考虑以下几个因素：

（一）确定成本计算对象

成本计算对象就是费用的受益对象。比如，在一个以生产计算机为最终产品的企业中，计算机是成本计算对象，一切成本计算方法的选择、成本计算过程的组织，都必须以能正确、合理地计算最终产品成本为出发点。如果向上追溯，将成本计算对象扩展到生产过程中的半成品，如主机、显示器、键盘等，那么就可以更加准确、合理地计算出最终产品——计算机的成本，从而能更有效地控制和管理成本。当然，增加成本计算对象必然导致成本计算工作量的增大，企业应当根据自身的生产类型、生产工艺特点、成本管理的需要、经营性质和规模等，合理确定成本计算对象。

（二）正确划分成本、费用和支出的界限

按成本计算对象归集和分配各项费用是成本计算的主要内容。为了正确计算各成本计算对象的成本，应遵循以下几点原则：

1.正确划分应计入产品成本和不应计入产品成本的费用支出界限。

制造业企业经济活动过程中的耗费多种多样，其用途也是多方面的。在成本核算过程中，要严格执行国家规定的成本、费用开支范围，划清哪些耗费应计入产品成本，哪些耗费应当计入其他资金渠道或应当作为期间费用，不得将不应计入产品成本的耗费计入产品成本。例如，企业发生的购买固定资产、无形资产和对外投资支出，管理费用、财务费用和销售费用都不能计入或一次计入产品成本。

2.正确划分各个会计期间的费用界限。

通常情况下，企业应按月进行成本计算。一般情况下，企业本月实际发生的费用不一定全部计入产品成本，而本期的产品成本也不一定都是本月实际发生的费用，因此，应根据权责发生制原则，正确划分各个月份的费用界限，以正确、合理地计算产品成本，更好地分析和考核成本费用计划的执行情况和结果。

3.正确划分各种产品应负担的费用界限。

为了正确计算各种产品的成本，必须按受益原则（即谁受益谁负担，受益多少负担多少），将发生的应由本期产品负担的生产费用在各产品间进行分配。凡是能直接认定应由某种产品负担的费用，即直接计入费用，应直接计入该种产品成本，不能直接认定而需分配计入的费用，即间接计入费用，要选择合理的分配方法分配计入。

4.正确划分产成品和在产品之间的费用界限。

通过以上费用界限的划分，确定了各成本对象本期应负担的成本费用。期末，如果某种产品都已完工，其各项成本费用之和，就是该产品的完工成本；如果某种产品均未完工，其各项成本费用之和，就是该产品的期末在产品成本；如果某种产品部分完工，部分未完工，就应采用适当的分配方法，将成本费用之和在完工产品和在产品之间进行分配，分别计算出该产品的完工产品成本和在产品成本。

由于在会计核算工作中，费用的归集和分配都是通过成本和费用明细分类账户来完成的，所以企业应按所确定的成本计算对象设置相应的成本和费用明细分类账户。

（三）确定成本项目

生产费用按经济用途分类形成的项目，称为成本项目。

产品制造成本的成本项目一般包括直接材料、直接人工和制造费用三项。

1. 直接材料：是指直接用于产品生产的各种材料消耗。

2. 直接人工：是指直接从事产品生产人员的职工薪酬。

3. 制造费用：是指企业内部的生产单位为组织和管理生产所发生的各项费用。

（四）登记有关成本、费用明细分类账户，编制成本计算单

在成本计算过程中，应首先根据各项费用核算资料分别登记在已按成本计算对象和成本项目设置好的有关成本、费用明细分类账户中。然后再根据有关成本、费用明细分类账户中的数据资料，编制各种成本计算单，以计算确定各个成本计算对象的总成本和单位成本，总括说明各种成本指标的经济构成和形成情况。最后，将成本计算单中的结果登记入账，以结转成本、费用。

第二节　企业成本计算

制造业企业生产的形式各异，但是生产过程都是以成本为核心，从供、产、销三个环节计算相关成本。

一、材料采购成本的内容和计算

（一）材料采购成本的内容

任何制造业企业从事生产经营活动，首先必须采购所需的各种材料。企业在将材料从采购地运达本企业并验收入库形成材料储备的过程中，会发生各种费用，这些费用即构成材料采购成本，包括买价和采购费用（运杂费、入库前的挑选整理费用等）。

（二）材料采购成本的计算

企业进行材料采购成本的计算，也就是把供应过程中所发生的各种买价和采购费用，按材料的品种、类型分别进行归集和分配，以计算出

各种材料的总成本和单位成本。买价一般能直接计入材料采购成本，但是采购费用不同，有的采购费用能明确是为采购哪种材料而支付的，有的则不能明确是为采购哪种材料而支付的，而是为采购两种或两种以上的材料而发生的。对于前者，应直接计入该材料的采购成本，对于后者，则应选择一定的分配标准，分配计入各受益材料的采购成本中，分配标准的选择应考虑该种费用与分配标准之间的关系是否密切。材料费用分配标准为：运杂费一般以所购材料的重量、体积、数量等比例为标准进行分配，其他费用一般以所购材料的买价比例为标准进行分配。分配时，可先计算出费用分配率，再计算出各材料应负担的采购费用金额。其计算公式如下：

$$采购费用分配率=\frac{应分配的采购费用金额}{所购材料的总重量(体积、数量、买价等)}$$

$$某种材料应负担的采购费用金额=\frac{该种材料的重量}{(体积、数量、买价等)}\times 采购费用分配率$$

【例6-1】浔庐股份有限公司2017年12月份从新达公司购入了甲、乙、丙三种材料，有关资料经整理见表6-1。

表6-1　　浔庐股份有限公司有关资料

材料名称	计量单位	数 量	单 价	买价金额（元）	运杂费（元）
甲材料	件	1 500	30.00	45 000	1 200
乙材料	千克	10 000	6.00	60 000	2 500
丙材料	千克	15 000	11.00	165 000	

从上述资料可以看出，浔庐股份有限公司此次购买甲、乙、丙三种材料所支付的买价和甲材料的运杂费，有明确的受益对象的，可直接登记在相关的材料采购成本明细分类账中。购入乙、丙材料共同支付的运杂费受益对象是两种材料，所以不能简单计入某一种材料采购成本，而应选择一定的标准分配登记在乙、丙两种材料成本明细账中。

首先计算分配乙、丙材料运杂费。

1.运杂费分配率 $=\frac{应分配的运杂费总额}{所购材料的重量之和}=\frac{2\,500}{15\,000+10\,000}=0.10$（元/千克）

2.各种材料应负担的运杂费=该种材料的重量×分配率

乙材料应负担的运杂费=10 000×0.10=1 000（元）

丙材料应负担的运杂费=15 000×0.10=1 500（元）

然后，计算甲、乙、丙三种材料的总成本。

甲材料总成本=45 000+1 200=46 200（元）

乙材料总成本=60 000+1 000=61 000（元）

丙材料总成本=165 000+1 500=166 500（元）

最后计算甲、乙、丙三种材料的单位成本。

甲材料单位成本=46 200÷1 500=30.80（元）

乙材料单位成本=61 000÷10 000=6.10（元）

丙材料单位成本=166 500÷15 000=11.10（元）

根据以上计算结果编制“材料采购成本计算表”，见表6-2。

表6-2 **材料采购成本计算表**

材料名称：甲、乙、丙材料　　　　单位：元

成本组成	甲材料		乙材料		丙材料	
	总成本（1 500件）	单位成本	总成本（10 000千克）	单位成本	总成本（15 000千克）	单位成本
买价	45 000	30.00	60 000	6.00	165 000	11.00
运杂费	1 200	0.80	1 000	0.10	1 500	0.10
合　计	46 200	30.80	61 000	6.10	166 500	11.10

二、产品生产成本的内容和计算

（一）产品生产成本的内容

制造业企业经过供应阶段进入生产阶段，在这一阶段中，企业为生产产品要发生各种人力、物力、财力上的耗费，统称为生产费用。从内容上看，主要包括：

1.劳动资料方面的耗费，如生产用的机器、厂房、设备等资产的折旧费用。

2.劳动对象方面的耗费，如生产产品所耗用的各种原材料费用。

3.活劳动方面的耗费，如企业支付给生产工人、生产管理人员、技术人员、勤杂人员等的职工薪酬。

从理论上讲，产品成本计算期应与产品的生产周期一致，但考虑到企业生产组织的特点和分期考核经营成果的要求，一般情况下，成本计

算按月进行。

（二）产品生产成本的计算

产品生产成本的计算就是按照所生产的各种产品，归集和分配各项生产费用，并分别按成本项目计算各种产品的总成本和单位成本，主要包括直接材料费用的归集和分配、直接人工费用的归集和分配、制造费用的归集和分配，以及产成品生产成本的计算等内容。

1.直接材料费用的归集和分配

构成产品成本的直接材料费用受生产产品所需材料的数量及单价的影响。其中，材料的耗用数量可通过领退料凭证取得，而所耗用材料的单价，由于本月领用的材料不一定就是本月入库的材料，企业需采用一定的方法计算取得。因此，要归集和分配材料费用首先需对所领用的材料进行计价。材料的计价通常有先进先出法、个别计价法和加权平均法等，这些计价方法将在“财务会计”和“成本会计”课程中详细阐述，本书在此仅介绍全月一次加权平均法，以此确定发出材料的平均单价。其计算公式如下：

$$全月一次加权平均单价=\frac{期初结存材料实际成本+本期收入材料实际成本}{期初结存材料数量+本期收入材料数量}$$

各产品耗用材料费用金额=该产品材料耗用量×材料平均单价

各产品发生的原材料费用，在不同的领料方式下，计入产品生产成本的方式也不一样。如果是分产品领用，所消耗的原材料费用属于直接计入费用，可根据有关领退料凭证直接计入各受益产品的生产成本，并登记入账。如果不分产品领用，且生产部门同时生产几种产品，则它们共同耗用的材料费属于间接计入费用，不能在领用时立即计入某种产品的生产成本，而应按受益原则，采用合理、简便的方法分配计入，并登记入账。一般而言，材料的耗用量与产品的产量、重量、体积等有关，所以，材料费的分配可采用受益产品的产量、重量、体积等方面的比例为标准进行。间接计入材料费用分配计算公式如下：

$$材料费用分配率=\frac{应分配的材料费用金额}{各受益产品的产量(重量、体积等)之和}$$

各受益产品应分担的材料费用=该产品的产量（重量、体积等）×材料费用分配率

现举例说明材料费用的计算。

【例 6-2】继续以浔庐股份有限公司为例进行说明。公司 2017 年 12 月初各材料结存情况见表 6-3。

表 6-3　　**浔庐股份有限公司材料结存情况**

材料名称	计量单位	数量	单价（元）	余额（元）
甲材料	件	4 500	31.7333	142 800
乙材料	千克	5 100	4.9157	25 070
丙材料	千克	5 000	9.70	48 500

本月购入材料情况见【例 6-1】。仓库本月发出材料一批，发料情况见表 6-4。

表 6-4　　**浔庐股份有限公司发料情况**

用途		甲材料（件）	乙材料（千克）	丙材料（千克）
生产产品耗用	A 产品	3 000	2 000	
	B 产品			5 000
生产车间耗用		500		
管理部门耗用		300		
合　计		3 800	2 000	5 000

月末产品产量分别为：A 产品 500 件；B 产品 1 000 件。

根据以上资料，要计算 A、B 产品所耗用的原材料费用金额，应先分别将甲、乙、丙三种材料的平均单价计算出来：

$$甲材料的加权平均单价=\frac{142\ 800+46\ 200}{4\ 500+1\ 500}=31.50（元/件）$$

$$乙材料的加权平均单价=\frac{25\ 070+61\ 000}{5\ 100+10\ 000}=5.70（元/千克）$$

$$丙材料的加权平均单价=\frac{166\ 500+48\ 500}{5\ 000+15\ 000}=10.75（元/千克）$$

然后，分别计算各领用部门不同用途的材料耗费金额。根据资料，乙、丙材料费用可直接计入 A、B 产品的生产成本中去，而甲材料是间接计入费用，所以应先将 A、B 产品共同耗用的甲材料费用按产品产量比例进行分配。

$$甲材料费用分配率=\frac{3\ 000\times 31.50}{1\ 500}=63.00（元/件）$$

A 产品应负担的材料费用=500×63+2 000×5.70=42 900（元）

B产品应负担的材料费用=1 000×63+5 000×10.75=116 750（元）

生产车间耗用的材料费用=500×31.50=15 750（元）

管理部门耗用的材料费用=300×31.50=9 450（元）

2.直接人工费用的计算

直接参加产品制造的生产工人的职工薪酬，属于直接生产费用，应计入产品的生产成本。

由于工资制度的不同，生产工人工资计入产品成本的方式也不同。在计件工资制下，生产工人工资通常是按产量和企业制定的计件单价来计算，并根据有关工资结算凭证直接计入产品成本。在计时工资制度下，企业如果只生产一种产品，生产人员工资属直接计入费用，可直接计入该种产品成本；如果生产多种产品，就需要在各种产品之间进行分配，通常以产品实用工时为标准进行分配，计算公式如下：

$$人工费用分配率=\frac{应分配的生产工人工资费用总额}{各受益产品实用工时之和}$$

某种产品应分配的工资费用=该种产品实用工时×人工费用分配率

现举例说明人工费用的计算。

【例6-3】继续以浔庐股份有限公司为例进行说明。该企业2017年12月份根据考勤记录和工时凭证支付工资费用情况如下：

生产工人工资为150 000元，车间管理人员工资为10 000元，企业行政管理人员工资为20 000元，合计180 000元。

A产品的耗用工时为2 000工时，B产品的耗用工时为3 000工时。

根据以上资料，浔庐股份有限公司该月份发生的直接人工费用无明确的受益对象，无法直接根据有关凭证计入某种产品的生产成本，而应以产品耗用工时为标准分配计入。其计算过程如下：

$$人工费用分配率=\frac{150\,000+150\,000\times 14\%}{2\,000+3\,000}=34.20（元/工时）$$

A产品应负担的人工费用=2 000×34.20=68 400（元）

B产品应负担的人工费用=3 000×34.20=102 600（元）

3.制造费用的归集和分配

企业在生产产品过程中会为组织和管理生产发生各项间接生产费用。这些费用如果是为生产一种产品而发生的，则属于直接计入费用，可根据有关凭证直接计入受益产品的生产成本，如果是为生产多种产品而发生的，则属于间接计入费用，须采用一定的分配方法分配计入各受益产品的生产成本。间接费用由于项目繁多，如果按各项目实际发生额计算分配则很麻烦，计算工作量也很大，所以发生时先按其发生的地点或部门归集到“制造费用”账户，然后再于月末按预定的费用分配标准进行分配。

制造费用通常按生产工人工资、生产工时等标准进行分配。其计算公式如下：

$$制造费用分配率=\frac{应分配的制造费用总额}{各受益产品的生产工时(或生产工人工资)之和}$$

$$某一受益产品应负担的制造费用额=\frac{该产品的生产工时数}{(或生产工人工资额)}\times 费用分配率$$

制造费用的分配一般是通过编制“制造费用分配表”来进行的。

下面举例说明制造费用的计算。

【例 6-4】继续以浔庐股份有限公司为例进行说明。2017 年 12 月份该公司共发生 35 000 元制造费用，应根据各受益产品的实用生产工时比例分配计入产品成本。

$$制造费用分配率=\frac{35\,000}{2\,000+3\,000}=7.00（元/工时）$$

A 产品应负担的制造费用=2 000×7.00=14 000（元）

B 产品应负担的制造费用=3 000×7.00=21 000（元）

4.产品成本的计算

由于产品的生产周期与产品的成本计算期不一定一致，在月末企业还可能存在尚处于加工过程中未制造完成、不能对外销售的产品，即“在产品”。因此，在一定会计期间内按成本计算对象归集的生产费用，虽已集中反映在有关产品“生产成本”明细账户中的借方，但并不一定就是本月完工产品的生产成本。要正确计算本月完工入库产成品的生产成本，须将本月发生的生产费用，加上月初在产品成本，在完工产品和月末在产品之间进行分配。其计算公式如下：

月初在产品成本+本月发生的生产费用=本月完工产品成本+月末在产品成本

本月完工产品成本=月初在产品成本+本月发生的生产费用-月末在产品成本

（1）在没有在产品的情况下，其产品本月发生的全部生产费用就是该产品的完工产品总成本，总成本除以本月生产的产品产量就是该产品的单位成本。

（2）在有在产品的情况下，生产成本明细账中所归集的生产费用还要在完工产品和在产品之间进行分配，然后才能计算出本月完工产品的成本。关于生产费用在完工产品和在产品之间的分配方法，将在“成本会计”课程中详细阐述，本书仅讨论无在产品的情况下完工产品成本的计算，即：

本月完工产品总成本=本月该产品所耗用的生产费用之和

完工产品成本的计算，通常是通过编制“产品制造成本计算单”来完成的。

【例6–5】仍以浔庐股份有限公司为例进行说明。假定浔庐股份有限公司2017年12月份投产的A产品、B产品月末全部完工，A产品完工50件，B产品完工100件，A、B产品生产成本明细账均无月初余额，也无月末余额，其他资料见【例6–2】、【例6–3】和【例6–4】。

由【例6–2】、【例6–3】和【例6–4】可知，本月生产A产品耗费的直接材料费为42 900元，直接人工费为68 400元，分配的制造费用为14 000元，总成本合计为125 300元；本月B产品耗费的直接材料费为116 750元，直接人工费为102 600元，分配的制造费用为21 000元，总成本合计为240 350元。编制产品制造成本计算单见表6–5。

表6–5 **产品制造成本计算单**

2017年12月 单位：元

成本项目	A产品（500件）		B产品（1 000件）	
	总成本	单位成本	总成本	单位成本
1.直接材料	42 900		116 750	
2.直接人工	68 400		102 600	
3.制造费用	14 000		21 000	
合　计	125 300	250.60	240 350	240.35

三、主营业务成本的内容和计算

（一）主营业务成本的内容

前文已述，产品制造完成后，需经检验入库，形成企业可供销售的商品。企业通过销售，一方面从外单位取得销售收入，另一方面发出商品形成主营业务成本。主营业务成本的内容即指已售商品的生产成本，根据已售商品的数量乘以其单位成本计算。

（二）主营业务成本的计算

如前所述，主营业务成本由已售商品数量和其单位成本两个因素决定。已售商品的数量可直接根据有关销售凭证确定，而销售发出的商品成本，则同前述领用材料一样，也要采用一定的计价方法，如先进先出法、个别计价法、全月一次加权平均法等予以计算确定。因为企业库存商品取得的来源和时间都是不同的，即使是同样一种商品，其实际成本也很可能不一致，同时，由于本期销售的商品不一定就是本期完工入库的产品，所以，对于已销售的商品，存在如何计价的问题。本书仅介绍主营业务成本计算的全月一次加权平均法，其他方法将在"财务会计"和"成本会计"课程中阐述。

现举例说明主营业务成本的计算。

【例6-6】继续以浔庐股份有限公司为例。假定2017年12月份A产品月初库存1 000件，总成本280 000元，B产品月初无库存。本月入库的A、B两种产品资料见前例。本月该公司共销售A产品800件，B产品500件（以加权平均法计算发出产品成本），则该公司本月主营业务成本计算过程如下：

1.运用加权平均法计算A、B产品的本月平均单位成本：

$$A产品平均单位成本=\frac{280\ 000+125\ 300}{1\ 000+500}=270.20（元/件）$$

$$B产品平均单位成本=\frac{0+240\ 350}{0+1\ 000}=240.35（元/件）$$

2.根据平均单位成本，计算已销售的A、B两种产品的成本：

A产品的主营业务成本=800×270.20=216 160（元）

B产品的主管业务成本=500×240.35=120 175（元）

本章小结

●成本是指对企业在生产经营过程中各种经济资源价值消耗对象化计算的数额；费用是指企业在生产经营过程中为取得收入或进行其他生产经营活动而发生的人力、物力、财力上的耗费。成本与一定种类、一定数量的产品有关而与发生时期无关；费用与一定时期有关而与生产哪种产品无关。成本计算有一定的基本原理。在掌握这些基础知识之上，才能进一步掌握材料采购成本、产品生产成本以及主营业务成本的计算。

习　题

（一）单项选择题

1. 制造业为单独核算材料采购成本而设置的账户是（　　）。

A.“应付账款”　　B.“原材料”

C.“在途物资”　　D.“生产成本”

2. 企业外购材料时支付的增值税，应在“应交税费——应交增值税（　　）”中进行核算。

A. 进项税额　　B. 销项税额

C. 已交税金　　D. 进项税额转出

3. 企业外购材料发生的采购费用，应记入（　　）账户。

A.“管理费用”　　B.“在途物资”

C.“销售费用”　　D.“原材料”

4. 在计算产品的生产成本时，不直接考虑（　　）。

A. 直接材料　　B. 制造费用

C. 直接人工　　D. 管理费用

5. 下列直接计入当期损益、不计入产品成本的费用是（　　）。

A. 期间费用　　B. 折旧费用

C. 研发费用　　D. 制造费用

6. 在编制结转已售产品销售成本会计分录时，对应“主营业务成本”账户的是（　　）。

A.“生产成本”　　B.“库存商品”

C.“制造费用”　　D.“原材料”

7. 在下列各项中，不计入在途物资成本的是（　　）。

A. 材料买价　　B. 材料运输途中的合理损耗

C. 市内采购材料的运杂费　　D. 材料在企业的仓储费

8. 本期材料采购过程中发生下列费用：材料买价 100 000 元，运输费用 5 000 元，车站临时储存费 2 000 元，采购员差旅费 600 元，则本期材料实际成本为（　　）元。

A.100 000　　B.105 000

C.102 000　　D.107 000

9.下列（　　）属于期间费用。

A.管理费用　　B.在途物资

C.制造费用　　D.生产成本

10.“材料采购”账户期末一般无余额，如有余额则表示（　　）。

A.期末库存材料成本　　B.期初库存材料成本

C.期末在途材料成本　　D.期初在途材料成本

（二）多项选择题

1.关于“在途物资”账户，正确的说法是（　　）。

A.贷方登记入库材料的实际成本

B.借方登记购入材料的买价和采购费用

C.期末如有余额在借方，表示未办理入库手续的材料成本

D.期末如有余额在借方，表示未付款、未入库在途材料的实际成本

2.材料的采购成本包括（　　）。

A.材料买价　　B.采购费用

C.市内材料运杂费　　D.采购人员差旅费

E.采购机构经费

3.“税金及附加”账户借方登记的内容有（　　）。

A.增值税　　B.所得税费用

C.消费税　　D.城建税

E.教育费附加

4.在下列账户中，月末一般应该没有余额的有（　　）。

A.生产成本　　B.制造费用

C.管理费用　　D.财务费用

E.应付职工薪酬

5.在材料采购业务核算时，与“在途物资”账户借方相对应的贷方账户可能会有（　　）。

A.应付账款　　B.应付票据

C.应交税费　　D.预付账款

E.其他应付款

6.（　　）属于期间费用。

A.制造费用　　B.管理费用

C.财务费用　　D.销售费用

E.研发费用

7.管理费用包括（　　）。

A.公司业务招待费　　B.坏账损失

C.非常损失　　D.董事会办公费

E.公司年报审计费用

8.在生产过程中，用来归集生产费用、计算产品生产成本的账户有（　　）。

A.“制造费用”　　B.“生产成本”

C.“库存商品”　　D.“管理费用”

E.“主营业务成本”

（三）判断题

1.生产费用和产品成本是同一概念的不同表述。（　　）

2.工业制造企业在供应过程中支付的各项采购费用，应计入材料采购成本。（　　）

3.企业的期间费用应于期末采用一定方法进行分配而计入产品的生产成本。（　　）

4.直接人工费是指直接从事产品生产的工人工资。（　　）

5.“制造费用”是损益类账户，所以期末没有余额。（　　）

6.制造企业购入材料时，向供货方所支付的增值税应计入所购材料的采购成本。（　　）

7.“制造费用”账户期末余额在借方，反映尚未完工产品的实际生产成本。（　　）

8.材料出售所得的收入应计入营业外收入。（　　）

（四）业务处理题

1.华联公司2018年1月20日购入A、B两种材料，共1 200千克。其中：A材料800千克，单价20元/千克；B材料400千克，单价10元/千克。两种材料共发生运费1 000元。

要求：根据上述资料计算A、B材料的采购成本，并填制材料采购成本计算表（材料运费按两种材料购买金额比例进行分配），见表6-6。

表6-6　　材料采购成本计算表

年　月　日　　单位：元

材料名称	单位	数量	单价	金额	分配率	运杂费	总成本	单位成本
A								
B								
合计								

2.华联公司生产A、B两种产品，4月份发生下列经济业务：

（1）领用材料56 000元。其中：生产A产品耗用24 000元，生产B产品耗用16 000元，车间一般耗用10 000元，厂部管理部门耗用6 000元。

（2）从银行提取现金67 000元，以备发放本月职工工资。

（3）以现金67 000元发放本月职工工资。

（4）月末，分配工资费用如下：生产A产品工人工资22 000元，生产B产品工人工资32 000元，车间管理人员工资7 400元，厂部管理人员工资5 600元。

（5）按工资总额的28%提取职工福利费和“五险一金”。

（6）厂长助理刘杰预借差旅费5 000元。

（7）以现金支票1 000元购买行政管理办公用品。

（8）月末，刘杰出差回来报销差旅费4 600元，交回现金余款400元。

（9）以银行存款支付本月水电费38 000元。其中：生产耗用28 000元（A产品20 000元，B产品8 000元），车间一般耗用4 000元，行政管理部门耗用6 000元。

要求：根据上述资料编制会计分录。

3.华联啤酒厂2018年3月份发生下列生产业务：

（1）2日，仓库发出如下材料，情况见表6-7。

（2）5日，以银行存款支付水电费30 000元。其中：行政管理部门耗用4 000元，生产耗用26 000元。

（3）8日，以现金支票支付车间办公费1 200元。

（4）10日，以银行转账方式支付职工工资40 000元。

（5）12日，收到银行通知，支付本月短期贷款利息11 500元。

表6-7　　**华联啤酒厂2018年3月2日仓库发出材料表**　　单位：元

项　目	甲材料	乙材料
A产品生产投料	23 870	3 500
B产品生产投料	2 500	1 200
生产车间一般耗用		200
动力车间耗用	500	300
行政管理部门	400	

（6）17日，生产车间机器设备发生故障，请外单位人员维修，用转账支票支付维修费用3 500元。

（7）30日，结转本月职工工资40 000元，其中：

生产A产品工人工资21 000元；

生产B产品工人工资6 000元；

动力车间工人工资3 000元；

车间管理人员工资5 200元；

行政管理人员工资4 800元。

（8）31日，计提本月固定资产折旧费7 000元。其中：生产车间固定资产应计提折旧5 200元，动力车间固定资产应计提折旧1 000元，行政管理部门固定资产应计提折旧800元。

要求：根据上述资料编制会计分录。

第七章

财产清查

第一节　财产清查的意义和种类

一、财产清查的意义

财产清查，也称盘存，是指通过实地盘点、查询、核对等方法，确定企业所拥有的各项财产物资、货币资金和往来结算款项的实际结存数，并与账面结存数核对，以查明账实是否相符的一种会计核算的专门方法。

准确地反映企业财产物资和债权、债务的真实情况，不仅是会计核算工作必须贯彻的基本原则，也是经济管理对会计核算的客观要求。企业的各项经济活动，虽然都是根据审核无误的会计凭证登记账簿来反映的，但在企业经营管理的过程中，由于多种原因并不能保证各项财产物资、货币资金和债权债务的账实相符。造成账实不符的原因主要有以下几个方面：

1.财产物资在运输、保管和收发过程中发生的自然损溢，如干耗、消蚀、升重等自然现象而发生数量或质量上的变化，这种变化在日常会计核算中是不反映的，于是出现了账实不符。

2.在收发财产物资时，由于计量、计算、检验不准确而发生的品种、数量、质量上的差错，使得所填制的凭证与实际情况不符。

3.在财产物资增减变动时，没有及时地填制凭证、登记账簿，或者在填制凭证和登记账簿时发生了计算上或登记上的错误。

4.由于管理不善或工作人员失职造成财产物资的损坏、变质或短缺，以及货币资金往来款项的差错。

5.由于不法分子贪污盗窃、营私舞弊等造成的财产物资的损失。

6.自然灾害或非常事件造成的财产物资的损失。

7.未达账项引起的账账、账实不符等。

鉴于以上原因，必须在账簿记录的基础上，运用财产清查这一专门方法，进行定期或不定期的盘点或核对，以反映企业各项财产物资、货币资金和债权债务的真实情况，为企业经营决策提供准确、可靠的会计信息。其重要意义具体表现在以下几方面：

1.保证会计资料的真实性。通过财产清查，可以查明各项财产的实存数、实存数同账存数的差异，以及发生差异的原因和责任，以便采取措施，保证账实相符和会计资料的真实可靠。

2.保护财产物资的安全完整。通过财产清查，可以查明各项财产物资的保管情况是否良好，有无损失浪费、霉烂变质和非法挪用、贪污盗窃等情况，从而查明原因，进行处理。同时要从中吸取教训，采取措施，堵住漏洞，建立健全各项物资管理制度，保护企业财产物资的安全和完整。

3.挖掘财产物资经管潜力，合理使用企业资财。通过财产清查，可以查明各种财产物资的储备、保管、使用情况，以及有无超储、积压和呆滞等情况，从而可以采取措施，充分挖掘物资潜力，加速资金周转，提高物资使用效率。

4.保证财经纪律和结算制度的贯彻执行。通过对财产物资、货币资金及往来账款的清查，可以查明单位有关业务人员是否遵守财经纪律和结算制度，有无贪污盗窃、挪用公款的情况；查明各项资金使用是否合理，是否符合党和国家的方针、政策和法律，从而使工作人员更加自觉地遵纪守法，自觉维护和遵守财经纪律。

5.促进企业对外经济往来的正常进行。通过财产清查，查明各种往来款项的结算情况，以便及时处理债权债务的长期拖欠、发出商品的无故拒付货款等现象。

二、财产清查的种类

（一）按照清查的对象和范围可分为全面清查和局部清查

1.全面清查是对属于本单位或存放在本单位的所有财产物资、货币资金和债权债务进行全面盘点和核对。全面清查的对象主要包括：库存现金、银行存款、金融资产和长期股权投资以及应收票据；材料、在产品、产成品、商品、包装物、低值易耗品和其他物资；在途材料、委托其他单位加工或保管的材料，以及委托代销或移库下放（所有权未转移）的商品；自有的固定资产（包括房屋、建筑物、机器设备、运输设备和工具等）和在建工程；各项往来结算的款项（应收、应付账款）和缴拨款项。

全面清查包括的范围广、内容多，因此，一般只在以下几种情况下才进行：在年度决算之前，为确保年度会计报表的真实可靠，需要进行一次全面清查；单位撤销、合并或改变隶属关系，为了明确经济责任和确定资产、负债的实际数额，需要进行一次全面清查；在核定资本金或进行清仓查库时，需要进行全面清查；单位主要负责人调离工作也要进行全面清查。

2.局部清查也称为重点清查，是指根据管理需要或依据有关规定，对部分财产物资、货币资金和债权债务进行盘点和核对。其一般在以下情况下进行：对于流动性较大的材料物资，如材料、在产品、产成品、商品等，除年度清查外，每季、每月还要进行轮流盘点或重点抽查；对于各种贵重物资，每月都应清查盘点一次；对于库存现金，应由出纳人员当日清点核对，每月业务终了时，出纳员自行清点实存数额与日记账结存数额是否相符；对于银行存款，每月至少要同银行核对一次；对于各种应收、应付、预收、预付的债权债务，每年至少核对一至两次。

（二）按照清查的时间不同可分为定期清查和不定期清查

1.定期清查是指按照预先计划安排或根据管理规定的时间，对财产物资、货币资金和债权债务所进行的盘点和核对。这种清查通常是在年终、季末、月末结账时进行。根据实际需要，这种清查可以是全面清查，也可以是局部清查，但一般情况下，年终决算前进行全面清查，季末和月末进行局部清查。季末清查的范围大于月末清查的范围。

2.不定期清查也称临时清查，是指事先不规定清查时间，而是根据实际情况的需要对财产物资、货币资金和债权债务所进行的临时性的盘点和核对。根据实际需要，不定期清查可以是全面清查，也可以是局部清查。这种清查一般在以下几种情况下进行：更换财产物资或现金保管人员时，要对其所保管财产物资或现金进行清查，以分清保管人员的经济责任；发生自然灾害或非常损失时，要对受损财产物资进行清查，以查明遭受损失情况；上级主管单位、财政机关、银行以及审计部门对本单位进行会计检查时，应根据检查的要求和范围进行清查；企业实行股份制、吸收外商投资、对外联营投资或合并、改组等，要对财产物资进行清查；进行临时性清产核资工作时，根据需要进行清查。

（三）按照清查的执行系统可分为内部清查和外部清查

1.内部清查是由本单位内部自行组织清查工作小组所进行的财产清查工作。

2.外部清查是由上级主管部门、审计机关、司法部门、注册会计师根据国家有关规定或情况需要对本单位所进行的财产清查。

第二节　财产清查的方法

一、财产清查的程序

财产清查是改善经营管理和加强会计核算的重要手段，也是一项涉及面广、工作量大、非常复杂细致的工作。它不仅涉及有关物资保管部门，而且涉及各基层、各职能部门。为了做好财产清查工作，使它发挥应有的积极作用，必须按照一定的程序进行。

（一）成立财产清查领导小组

为了能使财产清查工作顺利进行，在进行财产清查前要根据财产清查工作的需要组建财产清查专门小组，该小组由单位负责人以及会计、业务、保管等有关部门人员组成。其任务是：制订财产清查计划，确定财产清查的范围和进度，调配工作人员，确定清查方法，研究解决清查过程中出现的问题，提出清查结果的处理意见，出具财产清查报告。

（二）清查前的准备

1.会计部门的准备

在清查前，会计部门应该取得银行存款、银行借款和结算款项的对账单，以及债权债务的函证材料，以便查对。必须把截至清查日止所有有关账目登记入账，结出余额，并做好账证核对和账账核对工作，为资产清查提供准确、可靠的账存数额。准备好“盘存表”和“实存账存对比表”以及组织参加盘点的工作人员。

在一般情况下，会计部门应先按照账簿记录把实物的账面结存数按顺序在“实存账存对比表”中数量栏内“账存”栏中抄列，以便与“盘存表”所盘点数量进行对比，并结出盘盈、盘亏的数量和金额。

“盘存表”用来记录实物的盘点结果，是据以确定实物资产实有数额的原始凭证。其格式见表7-1。

表7-1 **盘存表**

财产类别： 编号：

存放地点： 盘点日期： 年 月 日

编号	名称	规格	单位	数量	单价	金额	备注
合 计							

盘点人： 实物保管人：（签章）

“实存账存对比表”用来确定资产实存数与账存数的差异，它是调整账簿记录的依据，也可作为分析账存数与实存数发生差异的原因、确定经济责任的原始证明材料。其格式见表7-2。

表7-2　　　　　　　　　　　　**实存账存对比表**

单位名称：　　　　　　　　　年　月　日　　　　　　　　编号：

编号	类别及名称	计量单位	数量		单价	盘盈		盘亏		备注
			实存	账存		数量	金额	数量	金额	
合计										

审核：　　　　　　　　　　　　　　　制表：

2.实物保管部门及使用部门的准备

实物保管部门及使用部门在财产清查之前，应将所要清查的财产物资分类整理，有秩序地排列，对设有保管账（卡）的物资和挂有标签的物资，保管部门应先把账（卡）和标签与实物核对，使账（卡）、标签与实物完全一致，以便在进行清查时与账簿记录核对。准备好各种必要的度量衡器具，按国家标准检查和校正，以保证计量的准确性。

（三）实施财产清查

财产清查准备工作做好后，即可根据清查对象特点及清查目的，确定清查的具体范围及时间，采用相应的清查方法实施财产清查。

（四）财产清查结果的处理

财产清查后，如发现财产短缺或溢余，应查明原因，分别处理。属于正常损耗的，应当按规定程序转销；属于相关人员责任的，应当由相关责任人承担。同时，应对内部牵制制度进行相应的评估与改进。

二、财产清查的一般方法

1.实地盘点法，是指对被清查的实物通过实地清点或用计量器进行量度（点数、量尺、过磅）来确定其实际数量的一种方法，适用于一般实物财产。

2.技术推算法，是指对被清查的实物通过计量其体积，然后用一定技术加以推算，以确定其实际数量的一种方法，适用于数量多、体积大或难以逐一清点的实物。

3.查询法，是指根据账簿记录，采取当面查对或函调方式查对，以确定财产实有数的一种方法，主要适用于委托加工、出租出借以及应收项目的清查。

4.账单核对法，是指把本单位的账簿记录或单证与对方的账、证进行核对并据以确定资产实有数的一种方法，主要适用于银行存款和应收项目的清查。

三、财产清查方法的应用

财产清查的内容包括财产物资、货币资金和应收、应付款项，由于这些内容占用形态各异，构成项目不同，其财产清查的方法也可能不同，除上述财产清查的基本方法外，还要结合其他方法。

（一）财产物资的清查

财产物资的清查是对原材料、库存商品、低值易耗品、包装物等存货和固定资产等实物资产，在数量和质量上所进行的清查。

1.财产物资的盘存制度

财产物资和货币资金、债权债务等不同，它涉及的范围广，质量、形态、性质变化大，平时账面数量记录方法与货币资金、债权债务也不同。确定财产物资账面结存数的方法有两种，即永续盘存制和实地盘存制。

（1）永续盘存制，也称账面结存制，是指平时各项财产物资的增加数和减少数都根据有关凭证连续记入有关账簿，并随时结出账面结存数。期末结存数的计算公式如下：

期末结存数=期初结存数+本期收入数-本期发出数

永续盘存制的优点是核算手续严密，能够通过账面记录及时反映各项财产物资的增减变动和结余情况，有利于加强对财产物资的管理；其缺点是核算工作量大，且期末对财产物资进行实地盘点时，有时会出现账实不符。在实际工作中，除少数情况外，一般均采用永续盘存制。

（2）实地盘存制，也称定期盘存制，是指平时根据有关会计凭证只登记财产物资的收入数，不登记发出数，月末对财产物资进行实地盘点，将盘点的实存数作为账面结存数，然后倒推出本期发出数，将其登记入账。本期发出或减少数的计算公式如下：

本期发出数=期初结存数+本期收入数-期末实地盘存数

实地盘存制的优点是核算工作比较简单，期末财产物资不会出现账实不符；其缺点是核算手续不严密，不能通过账簿记录随时反映和监督各项财产物资的增加、减少和结余情况，工作中如出现差错、毁损、盗窃、丢失等情况，均计入本期发出数，不利于加强对财产物资的管理。实际工作中，其主要适用于一些不能办理出库手续、商品质量不稳定的小型企业或经营鲜活商品的零售单位。

2.存货的清查

存货的清查，是指对商品、原材料、在产品、产成品、低值易耗品、包装物等的清查。对其清查，一般采用实地盘点法和技术推算法。需要注意的是，从范围上讲，存货还应包括在途存货和委托其他企业加工的存货，对此不可忽视。

首先，要由清查人员协同材料保管人员在现场对材料物资采用上述相应的清查方法进行盘点，确定其实有数量，并同时检查其质量情况。

其次，将盘点的结果如实登记在“盘存表”上，并由盘点人员和实物保管人员签字，以明确经济责任。

最后，根据“盘存表”填制“账存实存对比表”。

3.固定资产的清查

固定资产是企业开展经营活动的物质基础，在企业的资产总额中占有很大的比重，因此，其清查每年至少进行一次。

固定资产清查的内容是：首先，应查明固定资产的实物是否与账面记录相符，严防出现固定资产丢失；其次，要查明固定资产在保管、维护保养及核算上存在的问题，保证企业固定资产核算的正确性；最后，还要清查固定资产的使用情况，如发现长期闲置、封存或使用率不高、结构不合理、生产能力不均衡等情况，应及时反映给有关方面，作出处理，保证其合理、有效使用。

固定资产的清查，一般采用实地盘点法。具体来说，有两种不同方式：

第一，将固定资产卡片与实物进行核对。账实相符者在卡片中作出标记，账实不符者，如是固定资产盘亏或毁损情况，要查明该项固定资产的原值、已提折旧额等；如是固定资产盘盈情况，要对其估价，以确定盘盈固定资产的重置价值、估计折旧等，然后编制“固定资产盘盈盘亏报告单”。该报告单的格式、内容见表7-3。

表 7-3　　　　　　　　　　**固定资产盘盈盘亏报告单**

部门：　　　　　　　　　　　　　　　年　月　日

<table>
<tr><th rowspan="2">编号</th><th rowspan="2">固定资产名称</th><th rowspan="2">固定资产规格及型号</th><th colspan="3">盘 盈</th><th colspan="3">盘 亏</th><th colspan="3">毁 损</th><th rowspan="2">备注</th></tr>
<tr><th>数量</th><th>重置价值</th><th>累计折旧</th><th>数量</th><th>原值</th><th>已提折旧</th><th>数量</th><th>原值</th><th>已提折旧</th></tr>
<tr><td></td><td></td><td></td><td></td><td></td><td></td><td></td><td></td><td></td><td></td><td></td><td></td><td></td></tr>
<tr><td></td><td></td><td></td><td></td><td></td><td></td><td></td><td></td><td></td><td></td><td></td><td></td><td></td></tr>
<tr><td></td><td></td><td></td><td></td><td></td><td></td><td></td><td></td><td></td><td></td><td></td><td></td><td></td></tr>
<tr><td rowspan="2">处理意见</td><td colspan="4">审批部门</td><td colspan="4">清查小组</td><td colspan="4">使用保管部门</td></tr>
<tr><td colspan="4"></td><td colspan="4"></td><td colspan="4"></td></tr>
</table>

盘点：　　　　　　　　　　　　　　　实物保管：

第二，将盘点后的固定资产全部抄入固定资产“实存清单”，再将该单与固定资产卡片逐一核对，对两者之间的差异，填列“固定资产盘盈盘亏报告单”。

（二）货币资金的清查

1.库存现金的清查

库存现金的清查是通过实地盘点的方法，确定库存现金的实有数，再与库存现金日记账的账面余额进行核对，以查明余缺情况。库存现金的盘点，应由清查人员会同现金出纳人员共同负责。具体清查内容和方法如下：

（1）在盘点前，出纳人员应先将现金收、付凭证全部登记入账，并结出余额。

（2）盘点时出纳人员必须在场，现金应逐张清点，并与库存现金日记账进行核对，如发现盘盈、盘亏，必须会同出纳人员核实清楚。盘点时，除查明账实是否相符外，还要查明有无违反现金管理制度规定，有无“白条抵库”，库存现金是否超过银行核定的限额，有无坐支现金等现象。

（3）盘点结束后，应根据盘点结果，及时填制“库存现金盘点报告表”（见表 7-4），并由检查人员和出纳人员签名或盖章。此表具有双重性质，它既是盘存单，又是账存实存对比表；既是反映库存现金实存数用以调整账簿记录的重要原始凭证，又是分析发生差异原因、明确经济责任的依据。

表 7-4 **库存现金盘点报告表**

单位： 年 月 日

币别	实存金额	账存金额	盘盈额	盘亏额	备注

盘点： 出纳员：

2.银行存款的清查

银行存款的清查，采用账单核对法进行。首先，应详细检查本单位银行存款日记账的登记，保证登记正确无误；其次，将开户银行定期转来的对账单与本单位的银行存款日记账逐笔进行勾对，并核对双方的余额。通过核对，往往会发现双方账目不一致。发生这种情况的原因主要有两种：一是本单位或银行在登记账簿时出现错账或漏账；二是存在着“未达账项”。对于本单位或银行在登记账簿时出现的错账或漏账的业务，应查明原因，及时调整账簿；对于未达账项，应作如下处理：

所谓未达账项，是指对同一笔经济业务，由于办理结算手续和凭证传递的原因，导致本企业与银行的记账时间不一致，造成一方已经记账，而另一方尚未记账的会计事项。未达账项主要有以下四种情况：

第一，企业已经收款入账，而银行尚未入账；

第二，企业已经付款入账，而银行尚未入账；

第三，银行已经收款入账，而企业尚未入账；

第四，银行已经付款入账，而企业尚未入账。

以上任何一种情况的存在，都会使企业与银行双方银行存款账面余额不相等，所以，企业在接到银行转来的对账单时，应尽快与银行存款日记账核对，找出未达账项，并据以编制“银行存款余额调节表”，消除未达账项影响，以便检查双方记账有无差错，并确定企业银行存款实有数。

“银行存款余额调节表”的编制，是以银行对账单的余额和企业银行存款日记账余额为基础，各自分别加上对方收款入账而自方尚未入账的数额，减去对方已付款入账而自方尚未入账的数额，而后核对双方余额是否一致。现举例说明“银行存款余额调节表”的编制方法：

【例7-1】浔庐股份有限公司2017年11月末银行存款日记账账面余额为91 000元，银行对账单存款余额为92 000元，经过双方逐笔勾对后，找出以下未达账项：

（1）公司由于采购材料开出转账支票一张，金额2 000元，公司已作银行存款付出入账，持票人尚未向银行办理转账手续而银行尚未入账。

（2）公司因销售产品收到转账支票一张，金额为8 000元，将支票送存银行，公司已作银行存款收入入账，但银行尚未办理入账手续。

（3）公司委托银行代收外地销货款12 000元，银行已经收到入账，但公司尚未收到收款通知，因而公司未入账。

（4）银行代付水电费5 000元已入账，但公司尚未收到付款通知，因而公司未入账。

根据以上资料，编制“银行存款余额调节表”，见表7-5。

表7-5 **银行存款余额调节表**

2017年11月30日 单位：元

项目	金额	项目	金额
公司银行存款账面余额	91 000	银行对账单存款余额	92 000
加：银行已收公司未收款项	12 000	加：公司已收银行未收款项	8 000
减：银行已付公司未付款项	5 000	减：公司已付银行未付款项	2 000
调节后存款余额	98 000	调节后存款余额	98 000

从编制的“银行存款余额调节表”可以看出，在双方记账都不发生错误的前提下，调整后的存款余额一致，该数额就是企业银行存款的实有数额。如果调整后的存款数额仍不相等，就表明双方在记账方面存在错误。因此，还应根据所编制的“银行存款余额调节表”进一步查明错账原因，并及时进行更正。

需要注意的是，因为未达账项不是错账、漏账，因此不能根据调节表（不是原始凭证）作任何账务处理，双方账面仍保持原有的余额，双方必须待结算凭证到达并以其为依据填制记账凭证后，方可登记入账。

（三）应收、应付款项的清查

应收、应付款项的清查，包括应收账款、其他应收款、应付账款、其他应付款的清查。其清查应采用查询核对的方法，在保证企业单位应收、应付等往来款项账面记录正确无误的基础上，将所有往来账项按不同的对方单位，逐户编制一式两联的对账单，送交、函递对方单位进行核对。如对方单位核对无误，应盖章后退回其中一联；如核对不符，应在回单上注明不符原因后，盖章退回发出单位，以便继续查实。发出单位收到对方的回单后，对错误的账目应及时查明原因，并按规定的手续和方法加以更正。企业单位根据各对方单位的反馈情况，编制“往来款项清查表”，其格式见表7-6。

表7-6 **往来款项清查表**

总账科目： 年 月 日

明细科目	账面结存余额	对方核实数额	不符数额	不符原因分析					备注
				未达账项	拖付款项	争执款项	坏账	其他	

记账员： 清查人员：

第三节 财产清查结果的处理

一、财产清查结果处理的内容

财产清查结果处理一般是指账实不符，即发生盘盈、盘亏、毁损情况的处理。财产清查后，应对财产清查中所取得的资料，如实地盘存的各项盘存单和询证取得的对账回单等，进行整理分析，编制“实存账存对比表”作进一步检查。当实存数大于账存数时，称为盘盈；当实存数小于账存数时，称为盘亏；实存数虽与账存数一致，但库存的财产物资有质量问题，不能按正常的财产物资使用的，称为毁损。不论是盘盈，还是盘亏、毁损，都是财产清查处理的内容，都要进行账务处理。

对清查结果，必须以国家有关的政策、法令和制度为依据，严肃认真地深入分析，查明其原因，对不同性质的问题，应提出不同的处理意见。处理步骤如下：

第一，要认真查明账实不符的性质和原因，并提出处理意见。

对财产清查所发现的实存数量与账存数量的差异，先要进行对比，核定其相差数额，然后调查并分析发生差异的原因，明确其经济责任，再提出处理意见。

第二，要积极处理多余、不配套物资设备和长期拖欠款项。

财产清查的任务，不仅是核对账实，而且要通过清查，揭露经营管理中存在的问题，如果发现企业不需用或多余的物资和不配套设备，以及应收款中有长期拖欠不清的欠款等情况，应积极地提出处理意见。对长期不清的欠款，应督促业务部门负责催讨和解决。

第三，要针对管理中存在的薄弱环节，建立健全管理的规章制度。

财产清查中暴露出来的一些问题，通过分析若是由于规章不严、制度不曾落实所造成的，那就必须针对薄弱环节建立健全切实可行的规章制度，经领导核批后，付诸实施。

第四，根据清查结果，调整账簿记录，保证账实相符。

清查完毕后，要调整账簿记录。财产清查过程中所发现的盘盈、盘亏情况是复杂的，包含着多种多样的因素，如何解决，有着一定的审批权限，因此，在保证账实相符的前提下，先要保证各项财产物资账面结存数与实际结存数相一致，然后再根据盈、亏的原因和报经批准后的处理意见，作进一步的处理。

二、财产清查结果的账务处理

（一）库存现金清查结果的账务处理

在库存现金清查中，发现现金短缺或盈余时，除了设法查明原因，还应及时根据“盘点报告表”进行账务处理。

通过财产清查发现的有待查明原因的现金短缺或盈余，应通过“待处理财产损溢——待处理流动资产损溢”科目核算。该账户属于资产类账户，其借方登记短缺数和盈余数的转销，贷方登记盈余数和短缺数的转销。期末余额如果在借方，表示尚未转销的短缺数；如果在贷方，则表示尚未转销的盈余数。经过上述账务处理后，保证了库存现金的账实相符。然后，再按查明的原因和有关领导的批示意见进行相应的账务处理，转销“待处理财产损溢”科目，期末处理后，本科目应无余额。

对于财产清查中短缺的现金，属于应由责任人赔偿的部分，借记“其他应收款——应收现金短缺款（××个人）”或“库存现金”科目；属于应由保险公司赔偿的部分，借记“其他应收款——应收保险公司赔款”科目；属于无法查明的其他原因，根据管理权限，经批准后处理，借记“管理费用——现金短缺”科目。

对于财产清查中盈余的现金，如查明是多收或少付其他单位或个人的，应转入“其他应付款——应付现金溢余（××个人或单位）”科目；属于无法查明原因的，经批准后，记入“营业外收入——现金溢余”科目。

【例 7-2】浔庐股份有限公司在2017年11月末进行库存现金清查中发现短缺4 000元，根据“盘点报告表”做会计分录：

借：待处理财产损溢——待处理流动资产损溢　　4 000

　贷：库存现金　　4 000

后经反复核查，其中200元应由出纳李某负责赔偿：

借：其他应收款——应收现金短缺款（李某）　　200

　贷：待处理财产损溢——待处理流动资产损溢　　200

其中2 500元应由保险公司赔偿：

借：其他应收款——应收保险公司赔款　　2 500

　贷：待处理财产损溢——待处理流动资产损溢　　2 500

其余1 300元未查明原因，经批准处理如下：

借：管理费用——现金短缺　　1 300

　贷：待处理财产损溢——待处理流动资产损溢　　1 300

【例 7-3】浔庐股份有限公司在2017年11月末进行库存现金清查中发现盈余20 000元，根据“盘点报告表”做会计分录：

借：库存现金　　20 000

　贷：待处理财产损溢——待处理流动资产损溢　　20 000

经查，上述盈余现金中15 000元属于少付A公司的账款：

借：待处理财产损溢——待处理流动资产损溢　　　　15 000

　贷：其他应付款——应付现金溢余（A公司）　　　　15 000

其余5 000元无法查明原因，经批准处理如下：

借：待处理财产损溢——待处理流动资产损溢　　　　5 000

　贷：营业外收入——现金溢余　　　　5 000

（二）应收、应付款清查结果的处理

在财产清查中查明确实无法收回的应收款项和无法支付的应付款项，不通过“待处理财产损溢”科目进行核算。

在我国，企业会计准则规定，对应收款项应合理计提坏账准备。坏账准备属于资产类备抵账户，企业可自行确定计提坏账准备的方法，但计提方法一经确定，不得随意变更。对于财产清查中不能收回的应收款项应当查明原因，追究责任。对于确实无法收回的，按照企业管理权限，经股东大会或董事会，或经理（厂长）会议或类似机构批准作为坏账损失，冲销提取的坏账准备。经批准作为坏账的应收款项，借记“坏账准备”科目，贷记本科目。已确认并转销的坏账损失，如果以后又收回，按实际收回的金额，借记本科目，贷记“坏账准备”科目；同时，借记“银行存款”科目，贷记本科目。

对确实无法支付的应付账款，借记本科目，贷记“营业外收入”科目。

【例7-4】浔庐股份有限公司2017年12月31日应收账款账面余额为200 000元，公司已按期末应收账款余额的5%计提坏账准备。在年终财产清查中发现，有一笔B公司所欠的100 000元的应收账款账龄已达8年，经确定，此笔款项无法收回，经董事会批准，作为坏账冲销，做会计分录如下：

2017年年底计提坏账准备：

借：资产减值损失　　　　10 000

　贷：坏账准备（200 000×5%）　　　　10 000

财产清查后冲销长期不能收回的坏账：

借：坏账准备　　　　100 000

　贷：应收账款——B公司　　　　100 000

冲销坏账后，“坏账准备”有借方金额90 000元（100 000−

10 000）；根据既定的会计政策和会计估计，期末“坏账准备”应有贷方金额5 000元（（200 000-100 000）×5%）。所以，应补提“坏账准备”95 000元（90 000+5 000）。应补提坏账准备：

借：资产减值损失　　95 000

　贷：坏账准备　　95 000

【例7-5】浔庐股份有限公司长期无法支付账款2 500元，经查实对方单位已解散，经批准作销账处理：

借：应付账款——××单位　　2 500

　贷：营业外收入　　2 500

（三）存货清查结果的处理

财产清查中盘盈、盘亏和毁损的存货，报经批准以前应先通过“待处理财产损溢——待处理流动资产损溢”科目核算，该科目的贷方登记企业盘盈的各种存货的数额以及报经批准后转销的盘亏、毁损的存货数额；借方登记盘亏、毁损的各种存货数额以及报经批准后转销的盘盈存货数额。期末如为借方余额，表示尚未处理的各种存货的净损失；如为贷方余额，表示尚未处理的各种存货的净收益。期末经处理后，本科目应无余额。

对盘盈、盘亏和毁损的存货，期末应及时查明原因，并根据企业的管理权限，经股东大会或董事会或经理（厂长）会议或类似机构批准后进行处理，一般的处理办法是：属于盘盈的存货（一般由收发计量及核算上的误差等原因造成），冲减当期管理费用；盘亏或毁损的存货，在减去过失人或保险公司等的赔款和残料价值后，计入当期管理费用；由于自然灾害所造成的存货盘亏或毁损，在扣除保险公司的赔偿和残料价值后，计入当期营业外支出。

盘盈或盘亏的存货，在期末结账前尚未经批准的，在对外提供财务会计报告时先按上述规定处理，并在报表附注中说明；如果其后批准处理的金额与已处理的金额不一致，调整当期会计报表相关项目的年初数。

【例7-6】浔庐股份有限公司在财产清查中发现丙材料经过秤多出24千克，每千克15元。在批准之前，根据“实存账存对比表”做会计分录：

借：原材料——丙材料　　360

　贷：待处理财产损溢——待处理流动资产损溢　　360

经查明系收料时多收，经批准冲减管理费用：

借：待处理财产损溢——待处理流动资产损溢　　360

　贷：管理费用　　360

【例7-7】浔庐股份有限公司在财产清查中发现甲材料盘亏50千克，每千克20元。在批准之前，根据"实存账存对比表"做会计分录：

借：待处理财产损溢——待处理流动资产损溢　　1 000

　贷：原材料——甲材料　　1 000

经查明自然损耗为10千克，意外灾害造成损失15千克，过失人造成的毁损为25千克。根据批准处理意见，做会计分录：

借：管理费用　　200

　　营业外支出——非常损失　　300

　　其他应收款——××　　500

　贷：待处理财产损溢——待处理流动资产损溢　　1 000

（四）固定资产清查结果的处理

在财产清查中，发现盘盈、盘亏固定资产，通过"待处理财产损溢——待处理固定资产损溢"科目核算。盘盈的固定资产，按同类或类似固定资产的市场价格，减去按该项资产的新旧程度估计的价值损耗后的余额，借记"固定资产"科目，贷记"待处理财产损溢——待处理固定资产损溢"科目。盘盈的固定资产报经批准后，借记"待处理财产损溢——待处理固定资产损溢"科目，贷记"以前年度损益调整"科目。

盘亏的固定资产，按其账面价值，借记"待处理财产损溢——待处理固定资产损溢"科目，按已提折旧，借记"累计折旧"科目，按固定资产原值，贷记"固定资产"科目。盘亏的固定资产报经批准转销时，扣除过失人和保险公司的赔偿，借记"营业外支出——固定资产盘亏"账户，贷记"待处理财产损溢——待处理固定资产损溢"账户。

【例7-8】浔庐股份有限公司在财产清查中发现一台自行装置包装机，尚可使用5年，属于账外固定资产；估计同类固定资产市场价格为8 000元，使用寿命为10年。

在批准处理前，根据"固定资产盘盈盘亏报告表"，做会计分录：

借：固定资产 4 000

贷：待处理财产损溢——待处理固定资产损溢 4 000

经查，盘盈包装机是自制设备完工使用后未及时办理入账所致。经有关部门批准后，转作以前年度损益调整处理：

借：待处理财产损溢——待处理固定资产损溢 4 000

贷：以前年度损益调整 4 000

【例7-9】浔庐股份有限公司在财产清查中发现盘亏设备一台，账面原值为5 000元，已提折旧2 000元。批准处理前，根据“固定资产盘盈盘亏表”，做会计分录：

借：待处理财产损溢——待处理固定资产损溢 3 000

累计折旧 2 000

贷：固定资产 5 000

经查明，盘亏原因是自然灾害造成的，保险公司同意赔款2 500元，其余损失经批准列入营业外支出，做会计分录：

借：营业外支出——固定资产盘亏 500

其他应收款——保险公司 2 500

贷：待处理财产损溢——待处理固定资产损溢 3 000

本章小结

●财产清查是企业单位内部一种重要的会计核算方法，是保证企业单位财产物资、货币资金、往来结算款项账实相符的一项会计监督制度，对提供真实可靠的会计信息具有重要意义。企业单位内部应建立定期或不定期的财产清查制度，按照不同的项目，采用不同的财产清查方法，并按照企业会计制度的规定，对财产清查结果进行相应的处理，以保证会计信息的及时性和准确性。根据我国企业会计制度的规定，对于财产清查中发现的盘亏、短缺、毁损或盘盈、盈余的现金、存货、固定资产等，应通过“待处理财产损溢——待处理流动资产损溢”或“待处理财产损溢——待处理固定资产损溢”科目结转。企业单位清查的各项财产损溢，应于期末前查明原因，并根据企业的管理权限，经股东大会或董事会，或经理（厂长）会议或类似机构批准后进行处理。期末处理后，“待处理财产损溢”科目无余额。

习 题

(一) 单项选择题

1.按照清查的范围不同，财产清查可以分为（　　）。

A.定期清查和不定期清查　　B.全部清查和局部清查

C.内部清查和外部清查　　D.临时清查和集中清查

2.库存现金清查的方法为（　　）。

A.查询法　　B.技术推算法

C.实地盘点法　　D.账单核对法

3.银行存款的清查方法一般为（　　）。

A.查询法　　B.技术推算法

C.实地盘点法　　D.账单核对法

4.对于大量成堆的或难以逐一清点的实物资产，应采用的清查方法为（　　）。

A.查询法　　B.技术推算法

C.实地盘点法　　D.账单核对法

5.（　　）的清查一般采用查询法。

A.原材料　　B.机器设备

C.应收账款　　D.银行存款

6.一般情况下，企业在撤销或合并时须进行（　　）。

A.定期清查　　B.实地清查

C.局部清查　　D.全面清查

7.永续盘存制是指（　　）的一种财产物资的盘存方法。

A.平时在账簿中只登记资产的增加，不登记资产的减少

B.平时在账簿中只登记资产的减少，不登记资产的增加

C.平时在账簿中既登记资产的增加，又登记资产的减少

D.平时在账簿中既不登记资产的增加，又不登记资产的减少

8.对现金的账目管理，出纳人员要做到“日清月结”，这属于财产清查中的（　　）。

A.全面清查和定期清查　　B.全面清查和不定期清查

C.局部清查和定期清查　　D.局部清查和不定期清查

9.实存账存对比表是调整账面记录的（　　）。

A.记账凭证　　B.原始凭证

C.转账凭证　　D.累计凭证

10.对于“未达账项”，企业应当（　　）。

A.根据“银行对账单”记录的余额入账

B.根据“银行存款余额调节表”的记录入账

C.调整“银行存款日记账”的期末余额

D.待有关结算凭证到达后入账

11.在实地盘存制下，平时账簿记录中不能反映出（　　）。

A.财产物资的增加数和减少数　　B.财产物资的减少数

C.财产物资的增加数　　D.财产物资的购进业务

12.“待处理财产损溢”账户未转销的贷方余额表示（　　）。

A.尚待处理的财产盘盈数　　B.尚待处理的财产盘亏和毁损数

C.已处理的财产盘盈数　　D.已处理的财产盘盈和毁损数

（二）多项选择题

1.财产清查的内容包括（　　）。

A.货币资金　　B.存货

C.固定资产　　D.往来款项

2.财产清查按照清查的执行单位不同，可分为（　　）。

A.全部清查　　B.外部清查

C.局部清查　　D.内部清查

3.在“未达账项”中，使企业银行存款日记账账面余额小于银行对账单余额的是（　　）。

A.企业已收、银行未收的款项　　B.企业已付、银行未付的款项

C.银行已收、企业未收的款项　　D.银行已付、企业未付的款项

4.全面清查主要是在（　　）进行。

A.企业年终决算时　　B.企业关停并转时

C.企业清产核资时　　D.企业更换出纳时

5.对下列资产的清查应采用实地盘点法的有（　　）。

A.银行存款　　B.库存现金

C.原材料　　D.应收账款

E.机器设备

6.在财产清查中，可以采用查询法进行清查的资产包括（　　）。

A.银行存款　　B.应收账款

C.应付账款　　D.预付账款

E.其他应收款

7.企业进行财产清查的基本方法有（　　）。

A.实地盘点法　　B.技术推算法

C.永续盘存法　　D.查询法

E.账单核对法

8.对于盘亏的存货，经批准后须进行相关会计处理，会计分录中可能涉及的借方科目有（　　）。

A.“资本公积”　　B.“管理费用”

C.“营业外支出”　　D.“其他应收款”

E.“待处理财产损溢”

9.造成账实不符的原因有（　　）。

A.发生自然灾害

B.存在未达账项

C.财产物资在保管过程中发生自然损溢

D.记账不及时或记账错误

E.财产物资在收发过程中发生计量、计算错误

10.编制“银行存款余额调节表”时，应在银行对账单的余额基础上加（或减）的“未达账项”有（　　）。

A.银行已入账、企业未入账的收入款项

B.银行已入账、企业未入账的支出款项

C.企业已入账、银行未入账的收入款项

D.企业已入账、银行未入账的支出款项

（三）判断题

1.采用永续盘存制的企业，一般不需要对财产物资进行实地清查盘点。（　　）

2.在一般情况下，“未达账项”是造成企业银行存款账实不符的重要原因。（　　）

3.编制年度财务报告时，“待处理财产损溢”账户不应该有余额。（ ）

4.企业清查银行存款，如存在“未达账项”，应根据“银行存款余额调节表”进行调账处理。（ ）

5.企业在转销坏账损失时，不需要通过“待处理财产损溢”账户核算。（ ）

6.“未达账项”存在的原因是由于企业和银行的会计人员记账不及时。（ ）

7.在“银行存款余额调节表”中，如企业和银行的记录调节后的余额相符，说明双方记账一定无误；反之，如调节后的余额仍不相符，说明双方记账一定存在错误。（ ）

8.存货的盘盈数，经批准后应记入“管理费用”科目；存货的盘亏和毁损数，经批准后应区分不同原因分别记入“管理费用”、“营业外支出”或“其他应收款”科目。（ ）

9.固定资产的盘盈数和盘亏数，经批准后，应分别记入“营业外收入”和“营业外支出”科目。（ ）

10.对于贵重物资，企业应做到每月清查盘点一次，以保证其安全与完整。（ ）

（四）业务处理题

1.海华股份有限公司2018年年初甲材料库存800件，单价50元。1月份甲材料的收发业务资料如下：

（1）1日，购入甲材料1 000件，单价50元。

（2）3日，购入甲材料1 200件，单价50元。

（3）4日，生产领用甲材料1 500件，单价50元。

（4）8日，生产领用甲材料1 000件，单价50元。

（5）10日，购入甲材料1 800件，单价50元。

（6）15日，生产领用甲材料1 000件，单价50元。

（7）20日，购入甲材料1 400件，单价50元。

（8）25日，生产领用甲材料1 200件，单价50元。

（9）31日，实地盘点甲材料，库存1 500件，单价50元。

要求：（1）根据上述资料，采用永续盘存制，计算出1月份甲材料的本期发出数、期末结存数，确定期末账存实存差异数。

（2）采用实地盘存制，计算出1月份甲材料的本期发出数和账面结存数。

2.海华股份有限公司2018年1月31日进行银行存款的清查，发现银行存款日记账账面余额为82 055元，银行转来的对账单余额为83 945元。经过会计人员逐笔核对，发现双方存在以下不符事项：

（1）海华股份有限公司1月25日收到客户交来的一张转账支票，金额为8 000元，委托银行办理转账，并根据银行送回的收款通知单入账。但是，银行由于相关手续未办妥，尚未入账。

（2）海华股份有限公司1月26日开出金额为580元的现金支票一张，并已经根据支票存根入账。但持票人尚未到银行办理，银行未入账。

（3）海华股份有限公司1月28日向银行托收销货款5 400元，银行已经收款入账，但海华股份有限公司因未收到银行的收款通知单而尚未入账。

（4）月末，银行已从海华股份有限公司的存款账户中扣除了结算的利息费用500元，但海华股份有限公司因未接到银行的付款通知单而未入账。

（5）海华股份有限公司本月支付水电费1 548元，误记为1 458元。

（6）银行将昌华公司的存款4 500元误记入海华股份有限公司的存款账户。

要求：根据上述资料，请代海华股份有限公司计算出1月份银行存款日记账正确的期末余额，并编制1月份的“银行存款余额调节表”。

3.宏达公司在2017年12月的财产清查过程中发现以下问题：

（1）A材料盘盈500元。

（2）B材料盘亏1 200元。

（3）盘亏设备一台，账面原价为10 000元，已提折旧4 000元。

（4）发现账外机床一台，重置价值为20 000元，估计有六成新。

（5）应收外单位所欠货款3 000元，账龄已超过3年。

（6）应付外单位购料款2 800元，该单位已撤销。

（7）库存现金短缺50元。

上述问题，经查属实，报请公司上级部门审核批准，作如下处理：

（1）盘盈的A材料属收发计量错误所致。

（2）盘亏的B材料中，500元属定额内损耗，其余属意外事故所致，应由保险公司赔偿60%。

（3）盘亏的设备属意外事故造成，经批准列作“营业外支出”。

（4）盘盈的机床尚可使用，经批准列作“营业外收入”。

（5）账龄超过3年的应收款经批准列作坏账处理。

（6）确实无法支付的应付款经批准列作“营业外收入”。

（7）库存现金的短缺，经查明，系出纳人员过失造成，应追究其责任。

要求：根据以上资料，编制审批前和审批后的有关会计分录。

第八章

财务会计报告

第一节　财务会计报告概述

一、财务会计报告的含义及意义

（一）财务会计报告的含义

财务会计报告，又称财务报告，是企业对外提供的反映企业某一特定日期的财务状况和一定时期的经营成果、现金流量等会计信息的文件。

当企业发生经济业务时，业务执行人员必须填制或取得证明经济业务已经发生的原始凭证。会计人员根据原始凭证来进行会计核算并提供会计信息。会计人员首先要审核原始凭证，审核无误后才能编制记账凭证，根据记账凭证来登记总账、明细账、日记账等账簿。通过以上这些凭证和账簿，就能反映企业一定期间的经济活动的信息，但是，这些会计信息只是零星地、散乱地记录在各个账簿中，并不能总括而全面地反映企业整体的财务状况和经营成果，因此，会计人员需要进一步整理这些分散在账簿中的信息，定期编制并报送财务报告，使之条理化、系统化、综合化，全面地反映企业的财务状况和经营成果，以便更好地为会计信息使用者服务。

总之，定期编制并报送财务会计报告是会计核算工作的一个重要步骤，它以企业日常会计核算资料为基础，是日常会计核算工作的总结。

（二）财务会计报告的意义

财务会计报告是企业正式对外揭示或表述财务信息的总结性书面文件。财务会计报告的意义主要有以下几点：

1.对企业管理者而言，通过财务报告可以全面、系统、概括地了解本企业的经营活动，考核预算和计划的执行情况，为企业进行预测、决策等提供依据。

企业经营管理人员通过财务报告可以随时了解企业财务状况和经营成果，检查企业预算和财务计划的执行情况，通过实际与计划或预算的比较，发现问题，肯定成绩，以便采取有效措施，加强和改善企业经营管理，同时利用财务报告信息，预测企业发展前景，保证经营决策的科学性和正确性。

2.对投资者和债权人而言，通过财务报告可以了解企业的财务状况、经营成果和资金变动情况，据此分析企业的盈利能力、偿债能力等，为其进行投资决策和信贷决策提供依据。企业的投资者、债权人以及潜在的投资者或债权人希望通过投资或贷款而获取股息或利息，其进行投资或贷款决策之前需要分析企业的盈利能力、偿债能力等，而这些信息都可以从财务报告中分析得知。因此，财务报告为投资人和债权人进行正确的经济决策提供了依据。

3.对国家行政管理部门而言，通过财务报告，可以了解不同行业的发展状况和趋势，为制定产业政策、加强宏观调控提供依据。

由于财务报告综合地反映了企业的财务状况和经营成果，经过逐级汇总后，可以反映出某一行业、地区、部门乃至全国企业经济活动情况的信息，这些信息是国家行政管理部门了解并掌握全国各地区、各部门、各行业的经济情况，正确制定产业政策，调控国民经济运行的重要决策依据。

二、财务会计报告的组成

广义的财务会计报告应包括财务报表、审计报告和其他财务报告三部分。一般意义的财务会计报告包括财务报表和其他财务报告，本书仅从一般意义来理解财务会计报告。

（一）财务报表

财务报表是对企业财务状况、经营成果和现金流量的结构性表述。它包括会计报表及其附注两部分。

（二）其他财务报告

其他财务报告是指根据有关法律、法规的规定和外部信息使用者的信息需求而对外公布的相关信息和资料。这种财务报告既包括货币性和定量信息，又包括非货币性和定性信息；既包括历史信息，又包括预测性信息，如企业可以在财务报告中披露其承担的社会责任、对社会的贡献和可持续发展能力等信息。

三、会计报表的种类

会计报表按不同的标准可以有不同的分类。

（一）按报表所反映的经济内容进行分类，可分为财务状况报表和经营成果报表

1.财务状况报表是用来反映企业财务状况及资金运用、变动情况的报表，主要包括资产负债表、现金流量表和所有者权益变动表。

资产负债表是反映企业在某一特定日期财务状况的会计报表。

现金流量表是反映企业在一定会计期间内的现金和现金等价物流入和流出的会计报表。

所有者权益变动表是反映构成所有者权益的各组成部分当期的增减变动情况的报表。

2.经营成果报表主要是指利润表，利润表是反映企业在一定期间的经营成果的会计报表。

（二）按报表的编制期间分类，可分为中期会计报表和年度会计报表

1.中期会计报表。中期会计报表是以短于一个完整会计年度的报告期间为基础编制的会计报表，包括月报、季报、半年报等。

2.年度会计报表。年度会计报表是全面反映企业整个会计年度的经

营成果、现金流量情况及年末财务状况的会计报表。企业每年年底必须编制并报送年度会计报表。

（三）按报表反映资金运动的状态分类，可分为静态报表和动态报表

1.静态报表是反映企业在某一时点上的资金情况的报表，如资产负债表等。

2.动态报表是反映企业在某一时期资金运动变化情况的报表，如利润表、现金流量表等。

除以上分类方法外，会计报表还有其他分类方法。如按报表编制基础分类，可分为个别会计报表、汇总会计报表和合并会计报表；按报表的报送对象不同，可分为内部会计报表和外部会计报表等。

四、财务报告的编报要求

企业编制财务报告应达到以下几项基本要求：

（一）数据真实

财务报告中的各项数据必须真实可靠，如实地反映企业的财务状况、经营成果和现金流量。这是对会计信息质量的基本要求，即财务报告提供的信息对报告使用者决策的相关性是以信息的真实可靠为前提的。如果财务报告所提供的信息缺乏真实性和可靠性，甚至提供虚假的会计信息资料，不仅不能发挥财务报告的作用，反而会误导报告使用者，使其决策失误。

（二）内容完整

财务报告应当反映企业经济活动的全貌，只有全面反映企业的财务状况和经营成果，才能满足各方面对会计信息的需要。在我国，《企业会计准则应用指南》对财务报告的内容、会计报表的种类、各报表的内容和格式以及计算方法都作出了统一规定。凡是国家要求提供的会计报表，各企业必须全部编制并报送，不得错编和漏报。凡是国家统一要求披露的信息，都必须披露。

（三）计算准确

日常的会计核算以及财务报告的编制，涉及大量的数字计算，只有准确地计算，才能保证数字的真实可靠。这就要求编制财务报告必须以核对无误后的账簿记录和其他有关资料为依据，不能使用估计或推算的

数据，更不能以任何方式弄虚作假，玩数字游戏或隐瞒谎报。为保证会计报表数字的准确性，在编制报告前要进行财产清查，认真做好对账和结账工作；编制报告过程中各个指标数字的计算要细致认真，防止发生差错；编制结束后要加强表与表、表与账的核对工作，如有不符情况，应及时纠正。

（四）报送及时

及时性是信息的重要特征，财务报告信息只有及时地传递给信息使用者，才能为使用者的决策提供依据；否则，即使是真实可靠和内容完整的财务报告，如果编制和报送不及时，对报告使用者来说，也大大降低了会计信息的使用价值。因此，企业在平时要认真做好日常核算工作，做到日清月结；期末，有关会计人员应协作配合，及时编制财务报告并及时报送。

第二节　资产负债表

一、资产负债表的含义及作用

（一）资产负债表的含义

资产负债表是反映企业某一特定日期（如月末、季末、年末）财务状况的会计报表，属于静态报表。它是根据“资产=负债+所有者权益”这一会计等式，依照一定的分类标准和顺序，将企业在一定日期的全部资产、负债和所有者权益项目进行适当分类、汇总、排序后编制而成的。

（二）资产负债表的作用

资产负债表的主要作用如下：

1.资产负债表提供了企业所掌握的经济资源及其分布的情况，经营者可以据此分析企业资产分布是否合理。

2.资产负债表反映了企业的资金来源渠道和构成情况，投资者和债权人可以据此分析企业财务结构的优劣和负债经营的合理程度。

3.通过对前后期资产负债表的对比分析，可以考察企业的资本保值和增值情况。经营者、投资者和债权人可以预测企业未来的财务状况和财产安全程度。

二、资产负债表的内容和结构

（一）资产负债表的内容

资产负债表的内容包括资产、负债、所有者权益三个方面。资产项目按其流动性强弱分项列示，列示顺序为流动资产和非流动资产。负债项目按偿还期限的长短列示，先列示流动负债，后列示非流动负债。所有者权益项目则按股本（实收资本）、资本公积、盈余公积、未分配利润的顺序列示。

（二）资产负债表的结构

资产负债表由表头和表体两部分组成。表头部分包括表名、编制单位名称、编制报表日期及编表使用的货币计量单位。表体是资产负债表最重要的部分，其格式有账户式和报告式两种。

账户式资产负债表分为左右两方，左方列示全部资产项目，右方列示全部权益类项目，左方项目金额合计等于右方项目金额合计，这体现了会计等式“资产=负债+所有者权益”的平衡关系。其格式依据企业是否已执行新金融准则（财会〔2017〕7号、财会〔2017〕8号、财会〔2017〕9号及财会〔2017〕14号）和新收入准则（财会〔2017〕22号）而定，具体见表8-1、表8-2。

报告式资产负债表将所有项目竖直列示，先列示资产项目，再列示负债项目，最后列示所有者权益项目。它体现了“资产-负债=所有者权益”这一平衡关系。我国企业一般采用账户式编制资产负债表，因此，报告式资产负债表的具体格式就不介绍了。

三、资产负债表的编制方法

通常，资产负债表和各项目均需填列“期末余额”和“年初余额”两栏。“年初余额”栏内各项数字，应根据上年年末资产负债表“期末余额”栏内所列数字填列。如果本年度资产负债表规定的各个项目的名称和内容同上年度不一致，应对上年年末资产负债表各项目的名称和数字按照本年度的规定进行调整，填入表中“年初余额”栏内。“期末余额”栏内各项数字则应根据有关总分类账户和明细分类账户的期末余额填列。各项目的填列方法有以下几种：

表 8-1　　　　　　　　　　**资产负债表***　　　　　　　　　　会企 01 表

编制单位：　　　　　　　　　　年　月　日　　　　　　　　　　单位：元

资产	期末余额	年初余额	负债和所有者权益（或股东权益）	期末余额	年初余额
流动资产：			流动负债：		
货币资金			短期借款		
以公允价值计量且其变动计入当期损益的金融资产			以公允价值计量且其变动计入当期损益的金融负债		
衍生金融资产			衍生金融负债		
应收票据及应收账款			应付票据及应付账款		
预付款项			预收款项		
其他应收款			应付职工薪酬		
存货			应交税费		
持有待售资产			其他应付款		
一年内到期的非流			持有待售负债		
其他流动资产			一年内到期的非流动负债		
流动资产合计			其他流动负债		
非流动资产：			流动负债合计		
可供出售金融资产			非流动负债：		
持有至到期投资			长期借款		
长期应收款			应付债券		
长期股权投资			其中：优先股		
投资性房地产			永续债		
固定资产			长期应付款		
在建工程					
生产性生物资产			预计负债		
油气资产			递延收益		
无形资产			递延所得税负债		
开发支出			其他非流动负债		
商誉			负债合计		
长期待摊费用			所有者权益（或股东权益）：		
递延所得税资产			实收资本（或股本）		
其他非流动资产			其他权益工具		
非流动资产合计			其中：优先股		
			永续债		
			资本公积		
			减：库存股		
			其他综合收益		
			盈余公积		
			未分配利润		
			所有者权益（或股东权益）合计		
资产总计			负债和所有者权益（或股东权益）总计		

*此财务报表格式适用于尚未执行新金融准则和新收入准则的企业。

表 8-2　　　　　　　　**资产负债表***　　　　　　　　会企 01 表

编制单位：　　　　　　　　年　月　日　　　　　　　　单位：元

资　产	期末余额	年初余额	负债和所有者权益（或股东权益）	期末余额	年初余额
流动资产：			流动负债：		
货币资金			短期借款		
交易性金融资产			交易性金融负债		
衍生金融资产			衍生金融负债		
应收票据及应收账款			应付票据及应付账款		
预付款项			预收款项		
其他应收款			合同负债		
存货			应付职工薪酬		
合同资产			应交税费		
持有待售资产			其他应付款		
一年内到期的非流动资产			持有待售负债		
其他流动资产			一年内到期的非流动负债		
流动资产合计			其他流动负债		
非流动资产：			流动负债合计		
债权投资			非流动负债：		
其他债权投资			长期借款		
长期应收款			应付债券		
长期股权投资			其中：优先股		
其他权益工具投资			永续债		
其他非流动金融资产			长期应付款		
投资性房地产			预计负债		
固定资产			递延收益		
在建工程			递延所得税负债		
生产性生物资产			其他非流动负债		
油气资产			非流动负债合计		
无形资产			负债合计		
开发支出			所有者权益（或股东权益）：		
商誉			实收资本（或股本）		
长期待摊费用			其他权益工具		
递延所得税资产			其中：优先股		
其他非流动资产			永续债		
非流动资产合计			资本公积		
			减：库存股		
			其他综合收益		
			盈余公积		
			未分配利润		
			所有者权益（或股东权益）合计		
资产总计			负债和所有者权益（或股东权益）总计		

*此财务报表格式适用于已执行新金融准则和新收入准则的企业。

（一）根据有关总分类账户或明细分类账户的期末余额直接填列

例如，表8-1的资产方的“以公允价值计量且其变动计入当期损益的金融资产”项目，负债及所有者权益方的“短期借款”“其他应付款”“应交税费”“应付职工薪酬”“股本”“资本公积”“盈余公积”等项目，都是根据有关总分类账户和明细分类账户的期末余额直接填列的。

（二）根据有关总分类账户期末余额计算填列

例如，资产方的“货币资金”项目应根据“库存现金”、“银行存款”和“其他货币资金”这三个账户的期末余额计算填列；“存货”项目应根据“材料采购”“原材料”“生产成本”“库存商品”“存货跌价准备”等账户的期末余额计算填列；“应收票据及应收账款”项目，应根据“应收票据”和“应收账款”科目的期末余额，减去“坏账准备”科目中相关坏账准备期末余额后的金额填列。

（三）根据资产负债表中各项目的数量关系在表上直接计算填列

例如，资产方的“固定资产”项目是根据表中“固定资产原价”项目金额减“累计折旧”和“固定资产减值准备”项目金额的差额，以及“固定资产清理”科目的期末余额填列的。

第三节　利润表

一、利润表的含义及作用

（一）利润表的含义

利润表，也称收益表或损益表，是反映企业在一定期间（如月份、季度、年度）的经营成果的会计报表，是动态报表。它根据“收入-费用=利润”这一关系式，把一定期间的各项收入与同一会计期间的各项费用相抵，从而计算出企业一定期间的利润。

（二）利润表的作用

1.利润表提供了获利能力的指标，有利于预测企业未来的收益水平。

2.通过利润表，可以评价企业经营目标及利润计划的执行结果，分析企业利润增减变动原因。

3.利润表可以作为给投资者分配利润及政府课征所得税的依据。

二、利润表的基本要素、结构和编制方法

（一）利润表的基本要素

利润表的基本要素有收入、费用、利得和损失。其主要项目有营业收入、营业成本、税金及附加、管理费用、销售费用、财务费用、投资收益、公允价值变动损益、资产减值损失、营业外收入、营业外支出、所得税费用和净利润等。

（二）利润表的结构

利润表的结构分表头和表体两部分。表头包括报表名称、编报单位名称、编报时间和编表所采用的货币计量单位。表体包括收入、费用、利润的各个项目，体现了利润的形成过程。表体格式有单步式和多步式两种，目前我国对于企业是否执行了新金融准则和新收入准则分别采用不同的多步式财务报表格式，且各企业对不存在相应业务的报表项目可结合本企业的实际情况进行必要删减，年度利润表的具体格式见表8-3、表8-4。

表8-3　　**利润表（一）***　　会企02表

编制单位：　　年　月　　单位：元

项　目	本期金额	上期金额
一、营业收入		
减：营业成本		
税金及附加		
销售费用		
管理费用		
研发费用		
财务费用		
其中：利息费用		
利息收入		
资产减值损失		
加：其他收益		
投资收益（损失以“-”号填列）		

续表

项　　目	本期金额	上期金额
其中：对联营企业和合营企业的投资收益		
公允价值变动收益（损失以“-”号填列）		
资产处置收益（损失以“-”号填列）		
二、营业利润（亏损以“-”号填列）		
加：营业外收入		
减：营业外支出		
三、利润总额（亏损总额以“-”号填列）		
减：所得税费用		
四、净利润（净亏损以“-”号填列）		
（一）持续经营净利润（净亏损以“-”号填列）		
（二）终止经营净利润（净亏损以“-”号填列）		
五、其他综合收益的税后净额		
（一）不能重分类进损益的其他综合收益		
1.重新计量设定受益计划变动额		
2.权益法下不能转损益的其他综合收益		
……		
（二）将重分类进损益的其他综合收益		
1.权益法下可转损益的其他综合收益		
2.可供出售金融资产公允价值变动损益		
3.持有至到期投资重分类为可供出售金融资产损益		
4.现金流量套期损益的有效部分		
5.外币财务报表折算差额		
……		
六、综合收益总额		
七、每股收益：		
（一）基本每股收益		
（二）稀释每股收益		

*此财务报表格式适用于尚未执行新金融准则和新收入准则的企业。

表8-4　　**利润表（二）***　　会企02表

编制单位：　　年　月　　单位：元

项　目	本期金额	上期金额
一、营业收入		
减：营业成本		
税金及附加		
销售费用		
管理费用		
研发费用		
财务费用		
其中：利息费用		
利息收入		
资产减值损失		
信用减值损失		
加：其他收益		
投资收益（损失以“-”号填列）		
其中：对联营企业和合营企业的投资收益		
净敞口套期收益（损失以“-”填列）		
公允价值变动收益（损失以“-”号填列）		
资产处置收益（损失以“-”号填列）		
二、营业利润（亏损以“-”号填列）		
加：营业外收入		
减：营业外支出		
三、利润总额（亏损总额以“-”号填列）		
减：所得税费用		
四、净利润（净亏损以“-”号填列）		
（一）持续经营净利润（净亏损以“-”号填列）		
（二）终止经营净利润（净亏损以“-”号填列）		
五、其他综合收益的税后净额		
（一）不能重分类进损益的其他综合收益		
1.重新计量设定受益计划变动额		
2.权益法下不能转损益的其他综合收益		
3.其他权益工具投资公允价值变动		
4.企业自身信用风险公允价值变动		
……		
（二）将重分类进损益的其他综合收益		
1.权益法下可转损益的其他综合收益		
2.其他债权投资公允价值变动		
3.金融资产重分类计入其他综合收益的金额		
4.其他债权投资信用减值准备		
5.现金流量套期储备		
6.外币财务报表折算差额		
……		
六、综合收益总额		
七、每股收益		
（一）基本每股收益		
（二）稀释每股收益		

*此财务报表格式适用于已执行新金融准则和新收入准则的企业。

（三）利润表的编制方法

中期利润表中每一个项目都包括两栏数字，即“本月数”和“本年累计数”。年度利润表则设“本期金额”和“上期金额”两栏。本章只对“本月数”作简单介绍，其他栏目的填列留待“中级财务会计”课程中讲解。

利润表中“本月数”栏是以有关账户的本期发生额为基础填列的，具体填列方法有：

1.根据某一损益类账户的发生额分析填列。如“税金及附加”“销售费用”“管理费用”“财务费用”“投资收益”“公允价值变动收益”“营业外收入”“营业外支出”“所得税费用”等项目都按此法填列。

2.根据某几个相关损益类账户的发生额分析计算填列。如“营业收入”项目由“主营业务收入”与“其他业务收入”这两个账户的发生额分析计算填列。

3.根据利润表中各项目的数量关系在表上直接计算填列。如“营业利润”“利润总额”“净利润”等项目均采用此法填列。

第四节　现金流量表

一、现金流量表的含义和作用

（一）现金流量表的含义

现金流量表是指企业管理层编制的为会计报表使用者提供企业一定会计期间内的现金流入、现金流出信息，以便于报表使用者了解及评价企业获取现金流量的能力，并据以预测企业未来的现金流量的一种会计报表。它反映的是企业在一定会计期间内现金和现金等价物流入和流出的信息，是一种动态报表。

现金流量表的编制基础是现金。在这里，现金是广义的，它是现金和现金等价物的总称，具体包括库存现金、银行存款和其他货币资金以及现金等价物等。现金等价物是指企业所持有的期限短、流动性强、易于转换成已知金额现金、价值变动风险较小的短期投资。现金等价物通常指在3个月或更短期限内即到期或可转换为现金的投资。

（二）现金流量表的作用

现金流量表反映的是企业在一定会计期间内的现金和现金等价物的流入和流出信息。非特定多数利益关系人可通过现金流量表了解和评价企业获取现金和现金等价物的能力，并据以预测企业未来的现金流量。所以，现金流量表在评价企业经营业绩、衡量企业财务资源、分析企业财务风险以及预测企业未来前景方面具有重要的意义。其作用主要表现在以下三个方面：

1.提供了当期现金流量的实际数据，有助于评价企业支付能力、偿债能力和周转能力。利用现金流量表，并配合资产负债表和利润表，可计算出现金比率、每股现金流量和盈利现金比率等各种财务比率，从而使企业投资者和债权人能及时了解并评价企业的现金能否偿还到期债务、支付股利和进行必要的资产投资等内容，以便他们作出正确的投资和信贷决策。

2.有助于评价企业收益质量和财务弹性。企业经营业绩的评价主要借助利润表中所列示的净利润指标，然而利润表是按权责发生制原则编制的，它不能反映企业经营活动产生了多少现金，也不能反映企业投资活动和筹资活动对财务状况的影响。通过现金流量表，不仅可以了解企业的经营活动、投资活动和筹资活动产生的现金流量，还可以将经营活动所产生的现金流量和净利润指标相比较，从现金流量的角度去了解、评价企业净利润的质量。此外，还可以进一步分析影响现金流量的因素有哪些，从而为企业进行财务决策和预测提供信息。

3.有助于评价企业的资金流动性，预测企业未来的现金流量。通过现金流量表所反映的企业过去一定会计期间内的现金流量及其他一些生产经营指标，可以了解企业现金的来源和使用是否合理，并据以预测企业未来现金流量，从而为企业编制现金流量计划、组织现金调度等创造条件，同时为投资者和债权人评价企业未来现金流量、作出投资和筹资决策提供必要的信息。

二、现金流量的分类

通常根据企业产生现金流量的经济业务性质不同，现金流量分为以下三大类：

（一）经营活动产生的现金流量

经营活动是指企业投资活动和筹资活动以外的所有交易和事项。经营活动产生的现金流量是指因企业投资活动和筹资活动以外的所有交易和事项带来的现金流入、流出量。它包括销售商品、提供劳务、购买商品、接受劳务、支付工资、支付税费等引起的现金流量。

（二）投资活动产生的现金流量

投资活动是指企业长期资产的购建和不包括在现金等价物范围内的投资及其处置活动。这里所指的长期资产是指固定资产、在建工程、无形资产、其他资产等持有期限在1年（或超过1年的一个营业周期）以上的资产。投资活动主要包括取得和收回投资，购建和处置固定资产、无形资产和其他长期资产等。投资活动产生的现金流量不包括作为现金等价物的投资，作为现金等价物的投资属于现金自身的增减变动。

（三）筹资活动产生的现金流量

筹资活动是指导致企业资本及债务规模和构成发生变化的经济活动。这里所说的资本包括实收资本（或股本）、资本溢价（或股本溢价）、与资本有关的现金流入和流出，涉及吸收投资、发行股票、分配利润等。这里的债务是指企业对外举债所借入的各种款项，包括发行债券、向金融机构借款以及偿还债务等。

三、现金流量表的结构

现金流量表作为一种年度报表，其基本结构分为主表和补充资料两部分，具体格式见表8-5。从表8-5可以看出，现金流量表分三段从收付实现制的角度揭示了企业的现金流量情况，即经营活动产生的现金流量、投资活动产生的现金流量和筹资活动产生的现金流量。

表8-5　**现金流量表**　会企03表

编制单位：　年　月　单位：元

项　目	本期金额	上期金额
一、经营活动产生的现金流量：		
销售商品、提供劳务收到的现金		
收到的税费返还		
收到其他与经营活动有关的现金		

续表

项　目	本期金额	上期金额
经营活动现金流入小计		
购买商品、接受劳务支付的现金		
支付给职工以及为职工支付的现金		
支付的各项税费		
支付其他与经营活动有关的现金		
经营活动现金流出小计		
经营活动产生的现金流量净额		
二、投资活动产生的现金流量：		
收回投资收到的现金		
取得投资收益收到的现金		
处置固定资产、无形资产和其他长期资产收回的现金净额		
处置子公司及其他营业单位收到的现金净额		
收到其他与投资活动有关的现金		
投资活动现金流入小计		
购建固定资产、无形资产和其他长期资产支付的现金		
投资支付的现金		
取得子公司及其他营业单位支付的现金净额		
支付其他与投资活动有关的现金		
投资活动现金流出小计		
投资活动产生的现金流量净额		
三、筹资活动产生的现金流量：		
吸收投资收到的现金		
取得借款收到的现金		
收到其他与筹资活动有关的现金		
筹资活动现金流入小计		
偿还债务支付的现金		
分配股利、利润或偿付利息支付的现金		
支付其他与筹资活动有关的现金		
筹资活动现金流出小计		
筹资活动产生的现金流量净额		
四、汇率变动对现金及现金等价物的影响		
五、现金及现金等价物净增加额		
加：期初现金及现金等价物余额		
六、期末现金及现金等价物余额		

对每一个从事商品生产和销售的企业来说，经营活动范围广、业务量大、情况复杂，对现金的影响也就复杂，而且平时在会计处理上又按权责发生制的要求进行记录，所以，在编制现金流量表时，计算复杂。由于企业的投资活动和筹资活动的发生相对较少，对现金流量的影响较易确认，这两部分的现金流入与流出量相对较易界定。而在对经营活动产生的现金流量的编制上，有直接法和间接法两种处理方式可供选择，这两种方法通常也称为现金流量表的编制方法。

直接法是通过现金收入和支出的主要类别反映来自企业经营活动的现金流量，一般以利润表中的营业收入为起算点，调节与经营活动有关的项目的增减变化，然后计算出经营活动的现金流量。间接法是以本期净利润为起算点，调整不涉及现金的收入、费用、营业外收支以及有关项目的增减变动，据此计算经营活动的现金流量。

在具体编制现金流量表时，可以采用工作底稿法或T形账户法。采用工作底稿法编制现金流量表，就是以工作底稿为手段，以利润表和资产负债表数据为基础，对每一个项目进行分析并编制调整分录，从而编制出现金流量表。而T形账户法则以T形账户为手段，以利润表和资产负债表数据为基础，对每一个项目进行分析并编制调整分录，从而编制出现金流量表的一种方法。由于现金流量表编制步骤复杂，涉及问题较多，因此考虑到基础会计学的特性，本节对具体编制步骤不作进一步介绍。有兴趣的读者，可阅读中级财务会计相关内容。

第五节　所有者权益变动表

一、所有者权益变动表的作用

所有者权益变动表，或称为股东权益变动表，是反映构成所有者权益的各组成部分当期的增减变动情况的报表。所有者权益变动表反映各项交易和事项导致的所有者权益的增减变动，以及所有者权益各组成部分增减变动的结构性信息。该表体现了对所有者权益的界定，体现了企业的综合收益。

二、所有者权益变动表的格式

所有者权益变动表由表首和正表两部分组成。其中，表首说明报表名称、编制单位、编制日期、报表编号、货币名称和计量单位等；正表是所有者权益变动表的主体，反映了所有者权益的增减变动及年初、年末余额情况。一般企业所有者权益变动表的具体格式见表 8-6。其编制方法留待“中级财务会计”课程中介绍。

表 8-6　　　　**所有者权益变动表***　　　　会企 04 表

编制单位　　　　____年度　　　　单位：元

项目	本年金额										上年金额									
	实收资本（或股本）	其他权益工具			资本公积	减：库存股	其他综合收益	盈余公积	未分配利润	所有者权益合计	实收资本（或股本）	其他权益工具			资本公积	减：库存股	其他综合收益	盈余公积	未分配利润	所有者权益合计
		优先股	永续债	其他								优先股	永续债	其他						
一、上年年末余额																				
加：会计政策变更																				
前期差错更正																				
其他																				
二、本年年初余额																				
三、本年增减变动金额（减少以“-”号填列）																				
（一）综合收益总额																				
（二）所有者投入和减少资本																				
1.所有者投入的普通股																				
2.其他权益工具持有者投入资本																				
3.股份支付计入所有者权益的金额																				

续表

项目	本年金额										上年金额									
	实收资本（或股本）	其他权益工具			资本公积	减：库存股	其他综合收益	盈余公积	未分配利润	所有者权益合计	实收资本（或股本）	其他权益工具			资本公积	减：库存股	其他综合收益	盈余公积	未分配利润	所有者权益合计
		优先股	永续债	其他								优先股	永续债	其他						
4.其他																				
（三）利润分配																				
1.提取盈余公积																				
2.对所有者（股东）的分配																				
3.其他																				
（四）所有者权益内部结转																				
1.资本公积转增资本（股本）																				
2.盈余公积转增资本（股本）																				
3.盈余公积弥补亏损																				
4.设定受益计划变动额结转留存收益																				
5.其他																				
四、本年年末余额																				

*此财务报表格式适用于尚未执行新金融准则和新收入准则的企业。

第六节　会计报表附注

一、会计报表附注的作用

会计报表中所规定的内容具有一定的固定性和规定性，只能提供定量的财务信息；同时，列入会计报表的各项信息都必须符合会计要素的定义和确认标准。因此，会计报表本身所能反映的财务信息具有一定的局限性。会计报表附注是会计报表的补充，主要对会计报表中不能包括的内容或披露不详细的内容作进一步的解释。企业编制会计报表附注，有利于会计报表使用者（包括债权人、投资者以及政府有关部门等）更充分地了解企业的财务状况、经营成果和现金流量状况，以便于他们作出正确的投资决策和信贷决策。

会计报表附注的主要作用具体表现如下：

第一，会计报表附注是对会计报表中重要的数据作出解释和说明，将数据具体化。这样便于会计报表使用者正确地理解会计报表，合理利用所需的会计信息，增进了会计信息的可理解性。

第二，会计报表附注可以提高企业会计信息的可比性。由于不同行业或同一行业中不同企业的会计处理方法，可在国家会计准则和会计制度规定的范围内，根据企业自身的实际情况进行选择，因此就造成了各个企业通过会计报表所提供的会计信息存在一定的差异。而且，在某些情况下，企业可能因所采用的会计政策发生变动而导致不同会计期间的会计信息失去了可比的基础。但通过编制会计报表附注，有利于报表使用者了解会计信息存在的差异及影响的大小，从而提高会计信息的可比性。

第三，会计报表附注主要以文字说明的方式，充分披露会计报表所提供的信息，以及会计报表以外与报表使用者的决策有关的重要会计信息，有利于会计报表使用者全面掌握企业的财务状况、经营成果和现金流量等情况，从而作出正确的决策。

二、会计报表附注的基本内容

会计报表附注是对在资产负债表、利润表、现金流量表和所有者权益变动表等报表中列示项目的文字描述或明细资料，以及对未能在这些报表中列示项目的说明等。在一般情况下，企业的年度会计报表附注至少应披露以下主要内容（法律、行政法规和国家统一会计制度另有规定的，从其规定）：

1.企业的基本情况；

2.财务报表的编制基础；

3.遵循企业会计准则的声明；

4.重要会计政策和会计估计；

5.会计政策和会计估计变更以及差错更正的说明；

6.报表重要项目的说明；
7.或有事项；
8.资产负债表日后事项；
9.关联方关系及其交易。

本章小结

●财务报告是企业对外提供的反映企业某一特定日期的财务状况和一定时期的经营成果、现金流量等会计信息的文件。财务报告包括财务报表和其他财务报告，其中财务报表又包括会计报表、会计报表附注。会计报表主要包括资产负债表、利润表、现金流量表和所有者权益变动表。资产负债表是反映企业某一特定日期（如月末、季末、年末）财务状况的会计报表。利润表是反映企业在一定期间（如月份、季度、年度）的经营成果的会计报表。现金流量表是指企业管理层编制的为会计报表使用者提供企业一定会计期间内现金流入、现金流出信息，以便于报表使用者了解及评价企业获取现金流量的能力，并据以预测企业未来的现金流量的一种会计报表。所有者权益变动表，或称为股东权益变动表，是反映构成所有者权益的各组成部分当期的增减变动情况的报表。会计报表附注是对在资产负债表、利润表、现金流量表和所有者权益变动表等报表中列示项目的文字描述或明细资料，以及对未能在这些报表中列示项目的说明等。其他财务报告是指根据有关法律法规的规定和外部信息使用者的信息需求而对外公布的相关信息和资料。

习　题

（一）单项选择题

1.在下列财务报表中，属于静态或时点报表的是（　　）。

A.资产负债表　　B.现金流量表

C.利润表　　D.利润分配表

2.编制资产负债表主要根据（　　）。

A.各损益类账户的期末余额

B.资产、负债及所有者权益类各账户的期末余额

C.各损益类账户的本期发生额

D.资产、负债及所有者权益类各账户的本期发生额

3.编制利润表主要根据（　　）。

A.各损益类账户的期末余额

B.资产、负债及所有者权益类各账户的期末余额

C.各损益类账户的本期发生额

D.资产、负债及所有者权益类各账户的本期发生额

4.资产负债表中资产项目应按其（　　）程度顺序排列。

A.流动性　　B.重要性

C.变动性　　D.营利性

5.利润表是反映企业一定期间（　　）的报表。

A.经营成果　　B.财务状况

C.现金流量　　D.利润分配

6.资产负债表中“应收票据及应收账款”项目的填列依据是（　　）。

A.“应收票据总账”账户、“应收账款”总账账户的期末余额

B.“应收票据总账”账户、“应收账款”总账账户所属明细账户的期末余额

C.“应收票据总账”账户、“应收账款”与“预收账款”总账账户所属明细账户本期借方余额的合计数

D.“应收票据总账”账户、“应收账款”与“预收账款”总账账户所属明细账户本期贷方余额的合计数

7.我国企业利润表采用（　　）。

A.账户式　　B.单步式

C.报告式　　D.多步式

（二）多项选择题

1.财务报告的编制要求有（　　）。

A.数字真实　　B.内容完整

C.计算准确　　D.报送及时

2.财务报告由（　　）组成。

A.会计报表　　B.会计报表附注

C.财务情况说明书　　D.财务分析报告

3.会计报表按报送对象可分为（　　）。

A.内部报表　　　　　　　　B.外部报表

C.静态报表　　　　　　　　D.动态报表

4.资产负债表的格式有（　　）。

A.账户式　　　　　　　　　B.报告式

C.多步式　　　　　　　　　D.单步式

5.资产负债表中“货币资金”项目根据（　　）账户期末余额之和填列。

A.库存现金　　　　　　　　B.银行存款

C.其他应收款　　　　　　　D.其他货币资金

6.利润表中的会计要素有（　　）。

A.资产　　　　　　　　　　B.负债

C.所有者权益　　　　　　　D.收入

E.利润　　　　　　　　　　F.费用

7.存货从实物形态上看，包括（　　）。

A.原材料　　　　　　　　　B.在产品

C.产成品　　　　　　　　　D.机器设备

8.现金流量按经济业务性质不同，分为（　　）。

A.生产活动产生的现金流量　　B.经营活动产生的现金流量

C.投资活动产生的现金流量　　D.筹资活动产生的现金流量

9.下列属于经营活动产生的现金流量的有（　　）。

A.销售商品收到的现金　　　B.支付税金

C.支付职工工资　　　　　　D.购建固定资产所支付的现金

10.下列属于筹资活动产生的现金流量的有（　　）。

A.发行股票收到的现金

B.处置固定资产收到的现金

C.偿还短期借款所支付的现金

D.分配利润而支付的现金

（三）判断题

1.资产负债表是反映企业一定时期财务状况的会计报表，而利润表是反映企业某一日期经营成果的会计报表。（　　）

2.资产负债表中的“存货”项目应根据“库存商品”期末余额

填列。（　　）

3.企业财务报告由会计报表、会计报表附注和财务情况说明书三部分组成。（　　）

4.资产负债表中的“长期借款”项目应根据“长期借款”账户期末余额填列。（　　）

5.现金流量表所指现金一般包括库存现金和现金等价物。（　　）

6.利润表是“资产=负债+所有者权益”这一会计等式的外在表现。（　　）

7.会计报表附注主要对会计报表中不能包括的内容或披露不详细的内容作进一步的解释。（　　）

（四）业务处理题

1.新兴有限责任公司2017年8月份各账户余额见表8-7。

表8-7　**新兴有限责任公司2017年8月份各账户余额**　单位：元

账户名称	借方余额	账户名称	贷方余额
库存现金	1 400	累计折旧	1 650 000
银行存款	266 000	短期借款	42 400
应收账款	144 000	应付账款	37 262
其他应收款	1 700	其他应付款	1 800
原材料	255 000	应交税费	4 000
生产成本	128 200	应付股利	7 200
库存商品	123 000	预计负债	14 200
长期股权投资	89 800	长期借款	132 000
固定资产	4 960 000	实收资本	4 040 000
无形资产	45 000	盈余公积	61 149
利润分配	161 211	本年利润	185 300
合　计	6 175 311	合计	6 175 311

应收账款明细账余额为：

应收账款——腾飞有限公司　借方余额204 000元

——新华纺织厂　贷方余额60 000元

应付账款明细账余额为：

应付账款——荣升有限公司　贷方余额56 200元

　　　　——大华有限公司　借方余额18 938元

要求：根据以上资料编制新兴有限责任公司2017年8月份的资产负债表。

2.根据新兴有限责任公司2017年损益类账户记录分析后得到以下数据：

主营业务收入1 801 200元；

主营业务成本1 200 700元；

其他业务收入50 000元；

其他业务成本17 600元；

税金及附加90 060元；

销售费用76 000元；

管理费用140 200元；

财务费用18 460元；

营业外收入14 200元；

营业外支出6 700元；

所得税费用94 180元。

要求：根据以上资料编制新兴有限责任公司2017年度的利润表。

第九章

会计循环

第一节　会计循环的含义及步骤

一、会计循环的含义

对于企业在一定期间发生的经济业务，会计人员须按照一定的程序，采用一定的会计方法加以记录、归类、汇总、反映，直至提交财务报表，以便为财务报表使用者提供企业经济活动的综合信息。

在每一个会计期间，会计人员的工作程序总是有规律地、重复地进行着。我们把这种在各个会计期间周而复始的工作过程称为会计核算工作循环，简称会计循环。会计人员借助会计循环，可以将错综复杂的经济业务有条不紊地加以综合和汇总，从而形成系统的会计信息。

二、会计循环的基本步骤

会计循环一般包括以下7个步骤：

(一) 接受并审核原始凭证，编制记账凭证

为了记录经济业务的发生或完成情况，明确经济责任，经济业务的

执行人员应填写或取得原始凭证。原始凭证是会计核算的起点，会计人员首先要对其形式上的合规性、合法性以及内容上的真实性、合理性进行严格的审核。审核无误后，才能据其编制记账凭证。

（二）登记账簿，包括各总分类账、明细分类账和日记账

记账凭证虽反映了经济业务的内容，但这种反映只是零散的信息，为了连续、系统、全面、综合地反映和监督企业一定期间内发生的全部经济活动，必须根据记账凭证来登记账簿。登记账簿一般也称“过账”。过账后，账簿才能较系统地反映各类经济活动的综合信息。

（三）编制调整前试算平衡表

期末，为了检查日常编制的记账凭证及登记的账簿是否有数字抄写或计算错误，应根据各总分类账户的本期发生额或期末余额编制试算平衡表，这时需要计算出各账户的本期发生额和期末余额，但要注意这时并不结账。如果试算不平衡，说明账簿中有错误，应检查纠正。

（四）期末处理有关业务，编制有关记账凭证

1.编制调整分录。

根据权责发生制原则对应计收入、应计费用进行调整，编制相关记账凭证。

2.成本计算。

将本期发生的制造费用在所生产的各种产品之间进行分配，将制造费用转入生产成本，从而计算出本期所生产的各种产品的总成本及单位成本。将已完工产品的生产成本从“生产成本”账户转入“库存商品”账户，进一步计算出本期已售商品的成本。将已售商品的成本从“库存商品”账户转入“主营业务成本”账户，编制相关记账凭证。

3.计算损益及所得税费用并结转各损益类账户。

将各损益类账户的本期发生额转入“本年利润”账户，计算出利润总额，再计算所得税费用，从而算出净利润，编制相关记账凭证。

4.将“本年利润”账户余额转入“利润分配”账户，编制有关记账凭证。

5.进行利润分配，编制有关记账凭证。

（五）根据期末编制的记账凭证登记账簿

在上一步骤中编制的各记账凭证要依次登记各总账及明细账。

（六）结账并编制调整后试算平衡表

结账是指计算出各账户的本期发生额及期末余额并填写在账簿中。结账表明账簿登记工作已完成。结账后应再编制一张期末余额试算平衡表，以验证本期的登账工作有无错误。如果试算平衡，就可以编制会计报表了。

（七）编制会计报表并提交财务报表

为了向企业内部和外部信息使用者反映企业本期财务状况及经营成果等会计信息。会计人员应及时编制会计报表并提交财务报表。

会计循环的步骤如图9-1所示。

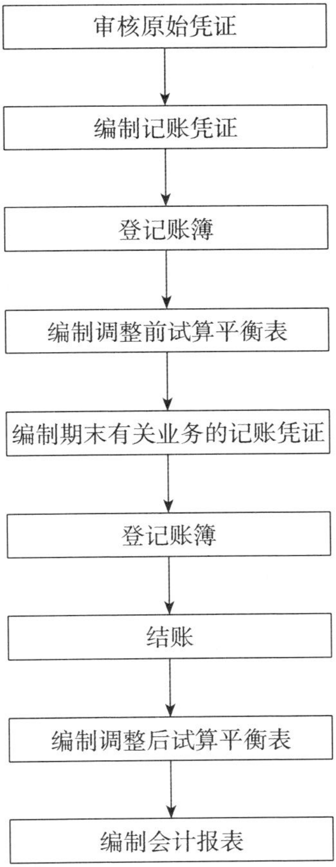

图9-1　会计循环示意图

第二节　会计循环示例

在上一节中，我们已经学习了会计循环的基本步骤，本节将通过一个实例来具体说明会计循环过程。

资料：浔庐股份有限公司2017年11月30日各总账账户余额及有关账户明细资料如下：

（1）总账账户余额（见表9-1）。

表9-1　　总账账户余额表　　单位：万元

账户名称	借方余额	账户名称	贷方余额
库存现金	5	短期借款	30
银行存款	503.363	应付账款	50
应收账款	470	应交税费	15
原材料	21.637	股本	2 000
库存商品	28	累计折旧	48
固定资产	1 572	利润分配	57
		盈余公积	400
合　计	2 600	合　计	2 600

（2）有关账户明细资料。

①“原材料”账户余额为216 370元，其中：

甲材料4 500件，单价31.7333元，共计142 800元；

乙材料5 100千克，单价4.9157元，共计25 070元；

丙材料5 000千克，单价9.7元，共计48 500元。

②“库存商品”账户余额为280 000元，系A产品，该产品共1 000件，单位成本280元，共计280 000元。

③“应收账款”账户余额为4 700 000元，系金星公司欠款。

④“应付账款”账户余额为500 000元，系欠风达工厂货款。

⑤“应交税费”账户余额为150 000元，系应交消费税。

该公司2017年12月发生的经济业务见第三章。

会计循环步骤如下：

一、接受并审核原始凭证，编制记账凭证

浔庐股份有限公司每发生一项经济业务，都应填制或取得原始凭证，根据审核无误的原始凭证来编制记账凭证。为节省篇幅，本书不附原始凭证，而记账凭证仅以会计分录代替列示如下（有关原始凭证和记账凭证的编制可参照第四章）。

1.借：银行存款	4 000 000	
贷：股本		4 000 000
2.借：银行存款	20 000	
贷：短期借款		20 000
3.借：银行存款	200 000	
贷：长期借款		200 000
4.借：财务费用	5 750	
贷：银行存款		5 750
5.借：在途物资——甲材料	45 000	
应交税费——应交增值税（进项税额）	7 200	
贷：银行存款		52 200
6.借：在途物资——甲材料	1 200	
贷：库存现金		1 200
7.借：在途物资——乙材料	60 000	
——丙材料	165 000	
应交税费——应交增值税（进项税额）	36 000	
贷：应付账款——新达公司		261 000
8.借：在途物资——乙材料	1 000	
——丙材料	1 500	
贷：银行存款		2 500
9.借：原材料——甲材料	46 200	
——乙材料	61 000	

借：原材料——丙材料　　166 500
　贷：在途物资——甲材料　　46 200
　　　　　　　——乙材料　　61 000
　　　　　　　——丙材料　　166 500

10.借：生产成本——A产品　　42 900
　　　　　　　——B产品　　116 750
　　制造费用　　15 750
　　管理费用　　9 450
　贷：原材料——甲材料　　119 700
　　　　　　——乙材料　　11 400
　　　　　　——丙材料　　53 750

11.借：生产成本——A产品　　60 000
　　　　　　　——B产品　　90 000
　　制造费用　　10 000
　　管理费用　　20 000
　贷：应付职工薪酬　　180 000

12.借：生产成本——A产品　　8 400
　　　　　　　——B产品　　12 600
　　制造费用　　1 400
　　管理费用　　2 800
　贷：应付职工薪酬　　25 200

13.借：制造费用　　1 500
　贷：银行存款　　1 500

14.借：制造费用　　1 550
　贷：库存现金　　1 550

16.借：制造费用　　1 800
　贷：银行存款　　1 800

18.（1）借：库存现金　　180 000
　　　贷：银行存款　　180 000

（2）借：应付职工薪酬　　180 000
　　贷：库存现金　　180 000

20.借：应收账款——东明公司　　556 800
　　贷：主营业务收入——A产品　　480 000
　　　　应交税费——应交增值税（销项税额）　　76 800
21.借：银行存款　　464 000
　　贷：主营业务收入——B产品　　400 000
　　　　应交税费——应交增值税（销项税额）　　64 000
22.借：销售费用　　10 000
　　贷：银行存款　　10 000
23.借：银行存款　　556 800
　　贷：应收账款——东明公司　　556 800
26.借：银行存款　　46 400
　　贷：其他业务收入　　40 000
　　　　应交税费——应交增值税（销项税额）　　6 400
27.借：其他业务成本　　25 000
　　贷：原材料——乙材料　　25 000
28.借：银行存款　　5 000
　　贷：营业外收入　　5 000
29.借：营业外支出　　10 000
　　贷：银行存款　　10 000
34.借：固定资产　　200 000
　　贷：银行存款　　200 000
35.借：无形资产　　80 000
　　贷：银行存款　　80 000

以上会计分录是根据该公司12月份发生的经济业务编制的，不包括第15、17、19、24、25、30、31、32、33笔业务，因为这些业务是在期末进行处理的。

二、登记账簿

根据以上记账凭证登记账簿，为节省篇幅，我们采用T形账户格式；为体现账户记录的连续性和完整性，我们将会计循环第四步和第五步中有关登记账簿、结账的程序也一并列示（斜体字表示）。

借方	库存现金		贷方
期初余额	50 000		
(18-1)	180 000	(6)	1 200
		(14)	1 550
		(18-2)	180 000
本期发生额	*180 000*	*本期发生额*	*182 750*
期末余额	*47 250*		

借方	银行存款		贷方
期初余额	5 033 630		
(1)	4 000 000	(4)	5 750
(2)	20 000	(5)	52 650
(3)	200 000	(8)	2 500
(21)	464 000	(13)	1 500
(23)	556 800	(16)	1 800
(26)	46 400	(18-1)	180 000
(28)	5 000	(22)	10 000
		(29)	10 000
		(34)	200 000
		(35)	80 000
本期发生额	*5 292 200*	*本期发生额*	*543 750*
期末余额	*9 782 080*		

借方	在途物资		贷方
(5)	45 000	(9)	273 700
(6)	1 200		
(7)	225 000		
(8)	2 500		
本期发生额	*273 700*	*本期发生额*	*273 700*

借方	原材料（总）		贷方
期初余额	216 370		
(9)	273 700	(10)	184 850
		(27)	25 000
本期发生额	*273 700*	*本期发生额*	*209 850*
期末余额	*280 220*		

应收账款（总）

借方		贷方	
期初余额	4 700 000		
(20)	556 800	(23)	556 800
本期发生额	*556 800*	*本期发生额*	*556 800*
期末余额	*4 700 000*		

固定资产

借方		贷方	
期初余额	15 720 000		
(34)	200 000		
本期发生额	*200 000*	*本期发生额*	
期末余额	*15 920 000*		

短期借款

借方		贷方	
		期初余额	300 000
		(2)	20 000
本期发生额		*本期发生额*	*20 000*
		期末余额	*320 000*

应付账款（总）

借方		贷方	
		期初余额	500 000
		(7)	261 000
本期发生额		*本期发生额*	*261 000*
		期末余额	*761 000*

应付职工薪酬

借方		贷方	
(18-2)	180 000	(11)	180 000
		(12)	25 200
本期发生额	*180 000*	*本期发生额*	*205 200*
		期末余额	*25 200*

长期借款

借方		贷方	
		(3)	200 000
本期发生额		*本期发生额*	*200 000*
		期末余额	*200 000*

借方	股本		贷方
		期初余额	20 000 000
		(1)	4 000 000
本期发生额		*本期发生额*	*4 000 000*
		期末余额	*24 000 000*

借方	累计折旧		贷方
		期初余额	480 000
		(15)	10 000
本期发生额		*本期发生额*	*10 000*
		期末余额	*490 000*

借方	制造费用		贷方
(10)	15 750	(17)	35 000
(11)	10 000		
(12)	1 400		
(13)	1 500		
(14)	1 550		
(15)	3 000		
(16)	1 800		
本期发生额	*35 000*	*本期发生额*	*35 000*

借方	生产成本		贷方
(10)	159 650	(19)	365 650
(11)	150 000		
(12)	21 000		
(17)	35 000		
本期发生额	*365 650*	*本期发生额*	*365 650*

借方	库存商品（总）		贷方
期初余额	280 000		
(19)	365 650	(25)	336 335
本期发生额	*365 650*	*本期发生额*	*336 335*
期末余额	*309 315*		

借方 **应交税费** 贷方

		期初余额	150 000
(5)	7 200	(20)	76 800
(7)	36 000	(21)	64 000
		(24)	3 665
		(26)	6 400
		(31-1)	123 750
本期发生额	*43 200*	*本期发生额*	*274 615*
		期末余额	*381 415*

借方 **主营业务收入（总）** 贷方

		(20)	480 000
(30-1)	880 000	(21)	400 000
本期发生额	*880 000*	*本期发生额*	*880 000*

借方 **其他业务收入** 贷方

(30-1)	40 000	(26)	40 000
本期发生额	*40 000*	*本期发生额*	*40 000*

借方 **营业外收入** 贷方

(30-2)	5 000	(28)	5 000
本期发生额	*5 000*	*本期发生额*	*5 000*

借方 **主营业务成本** 贷方

(25)	336 335	(30-3)	336 335
本期发生额	*336 335*	*本期发生额*	*336 335*

借方 **税金及附加** 贷方

(24)	3 365	(30-3)	3 365
本期发生额	*3 365*	*本期发生额*	*3 365*

借方 **销售费用** 贷方

(22)	10 000	(30-3)	10 000
本期发生额	*10 000*	*本期发生额*	*10 000*

借方 **其他业务成本** 贷方

(27)	25 000	(30-3)	25 000
本期发生额	*25 000*	*本期发生额*	*25 000*

借方　管理费用　贷方

(10)	9 450	(30-3)	39 250
(11)	20 000		
(12)	2 800		
(15)	7 000		
本期发生额	*39 250*	*本期发生额*	*39 250*

借方　财务费用　贷方

(4)	5 750	(30-3)	5 750
本期发生额	*5 750*	*本期发生额*	*5 750*

借方　营业外支出　贷方

(29)	10 000	(30-4)	10 000
本期发生额	*10 000*	*本期发生额*	*10 000*

借方　所得税费用　贷方

(31-1)	123 750	(31-2)	123 750
本期发生额	*123 750*	*本期发生额*	*123 750*

借方　本年利润　贷方

(30-3)	420 000	(30-1)	920 000
(30-4)	10 000	(30-2)	5 000
(31-2)	123 750		
(32)	371 250		
本期发生额	*925 000*	*本期发生额*	*925 000*

借方　利润分配　贷方

		期初余额	570 000
(33)	111 375	(32)	371 250
本期发生额	*111 375*	*本期发生额*	*371 250*
		期末余额	*829 875*

借方　盈余公积　贷方

		期初余额	4 000 000
		(33)	74 250
本期发生额		*本期发生额*	*74 250*
		期末余额	*4 074 250*

借方	应付股利		贷方
		（33）	37 125
本期发生额		*本期发生额*	*37 125*
		期末余额	*37 125*

三、编制调整前试算平衡表

为验证登记账簿的正确性，编制试算平衡表，见表9-2。

表9-2 **调整前试算平衡表**

2017年12月31日 单位：元

账户名称	借方余额	贷方余额
库存现金	47 250	
银行存款	9 782 080	
原材料	280 220	
应收账款	4 700 000	
库存商品	280 000	
固定资产	15 920 000	
无形资产	80 000	
生产成本	330 650	
制造费用	32 000	
累计折旧		480 000
短期借款		320 000
应付账款		761 000
应交税费		254 000
应付职工薪酬		25 200
长期借款		200 000
股本		24 000 000
盈余公积		4 000 000
利润分配		570 000
主营业务收入		880 000
其他业务收入		40 000
营业外收入		5 000
销售费用	10 000	
管理费用	32 250	
财务费用	5 750	
其他业务成本	25 000	
营业外支出	10 000	
合　计	31 535 200	31 535 200

四、期末处理有关会计事项，编制有关记账凭证

（一）编制调整分录

【例 9-1】承【例 3-15】。

计提固定资产折旧。

借：制造费用	3 000	
管理费用	7 000	
贷：累计折旧		10 000

【例 9-2】承【例 3-24】。

计算本月应交的消费税。

借：税金及附加	3 665	
贷：应交税费——应交消费税		3 665

（二）成本计算

【例 9-3】承【例 3-17】。

计算并分配制造费用。

借：生产成本——A 产品	14 000	
——B 产品	21 000	
贷：制造费用		35 000

【例 9-4】承【例 3-19】。

计算并结转完工产品成本。

借：库存商品——A 产品	125 300	
——B 产品	240 350	
贷：生产成本——A 产品		125 300
——B 产品		240 350

【例 9-5】承例【3-25】。

计算并结转已售商品成本。

借：主营业务成本——A 产品	216 160	
——B 产品	120 175	
贷：库存商品——A 产品		216 160
——B 产品		120 175

（三）计算损益及应交所得税并结转各损益类账户

1.计算利润总额

营业利润=营业收入−营业成本−税金及附加−管理费用−财务费用−销售费用−资产减值损失+公允价值变动收益+投资收益

=（480 000+400 000+40 000）−（216 160+120 175+25 000）−3 665−39 250−5 750−10 000=500 000（元）

利润总额=营业利润+营业外收入−营业外支出=500 000+5 000−10 000=495 000（元）

（以上有关数据来源于各损益类账户）

2.结转各损益类账户

【例 9-6】承【例 3-30】。

结转各损益类账户。

（1）借：主营业务收入——A 产品	480 000	
——B 产品	400 000	
其他业务收入——材料销售	40 000	
贷：本年利润		920 000
（2）借：营业外收入	5 000	
贷：本年利润		5 000
（3）借：本年利润	420 000	
贷：主营业务成本——A 产品		216 160
——B 产品		120 175
其他业务成本——材料销售		25 000
税金及附加		3 665
销售费用		10 000
管理费用		39 250
财务费用		5 750
（4）借：本年利润	10 000	
贷：营业外支出——捐赠支出		10 000

3.计算并结转所得税费用（假定期初与期末的递延所得税资产、递延所得税负债没有变化）

该公司所得税税率为25%，计算应交所得税。

应交所得税=495 000×25%=123 750（元）

【例9-7】承【例3-31】。

结转所得税费用。

（1）借：所得税费用　　123 750

　　贷：应交税费——应交所得税　　123 750

（2）借：本年利润　　123 750

　　贷：所得税费用　　123 750

（四）将“本年利润”账户余额转入“利润分配”账户

【例9-8】承【例3-32】。

结转“本年利润”账户余额。

借：本年利润　　371 250

　贷：利润分配　　371 250

（五）进行利润分配

【例9-9】承【例3-32】。

进行利润分配。

借：利润分配　　111 375

　贷：盈余公积　　74 250

　　应付股利　　37 125

五、结账并编制调整后试算平衡表

1.结出各账户本期发生额及期末余额。

2.编制试算平衡表，见表9-3。

表9-3　调整后试算平衡表

2017年12月31日　单位：元

账户名称	借方余额	贷方余额
库存现金	47 250	
银行存款	9 782 080	
原材料	280 220	
应收账款	4 700 000	
库存商品	309 315	
固定资产	15 920 000	
无形资产	80 000	
累计折旧		490 000
短期借款		320 000

续表

账户名称	借方余额	贷方余额
应付账款		761 000
应交税费		381 415
应付职工薪酬		25 200
应付股利		37 125
长期借款		200 000
股本		24 000 000
盈余公积		4 074 250
利润分配		829 875
合　计	31 118 865	31 118 865

六、编制财务报表及提交财务报表

（一）资产负债表

资产负债表格式及编制方法见表9-4。

表9-4　　资产负债表

编制单位：浔庐股份有限公司　2017年12月31日　　单位：元

资产	期末余额	年初余额	负债和所有者权益（或股东权益）	期末余额	年初余额
流动资产：			流动负债：		
货币资金	9 829 330		短期借款	320 000	
应收账款	4 700 000		应付账款	761 000	
存货	589 535		应付职工薪酬	25 200	
流动资产合计	15 118 865		应付股利	37 125	
			应交税费	381 415	
非流动资产：			流动负债合计	1 524 740	
固定资产	15 430 000		非流动负债：		
无形资产	80 000		长期借款	200 000	
非流动资产合计	15 510 000		非流动负债合计	200 000	
			负债合计	1 724 740	
			所有者权益（或股东权益）：		
			实收资本（或股本）	24 000 000	
			盈余公积	4 074 250	
			未分配利润	829 875	
			股东权益合计	28 904 125	
资产总计	30 628 865		负债和所有者权益（或股东权益）总计	30 628 865	

（二）利润表

利润表格式和编制方法见表9-5。

表9-5 **利润表**

编制单位：浔庐股份有限公司　　2017年12月　　单位：元

项目	本期金额	上期金额
一、营业收入	920 000	
减：营业成本	361 335	
税金及附加	3 665	
销售费用	10 000	
管理费用	39 250	
财务费用	5 750	
二、营业利润	500 000	
加：营业外收入	5 000	
减：营业外支出	10 000	
三、利润总额	495 000	
减：所得税费用	123 750	
四、净利润	371 250	

（三）财务报表的其他内容（略）

本章小结

●在每一个会计期间，会计人员的工作程序总是有规律、重复地进行着。我们把这种在各个会计期间周而复始的工作过程称为会计核算工作循环。会计人员借助会计循环，可以将错综复杂的经济业务有条不紊地加以综合和汇总，从而形成系统的会计信息。会计循环一般有以下7个基本步骤：（1）接受并审核原始凭证，编制记账凭证；（2）登记账簿；（3）编制调整前试算平衡表；（4）期末处理有关业务，编制记账凭证；（5）根据期末编制的记账凭证登记账簿；（6）结账并编制调整后试算平衡表；（7）编制财务报表并提交财务报表。

习题

（一）单项选择题

1.以报告为目标的会计核算工作循环起点是（　　）。

A.接受和审核原始凭证　　B.记账凭证

C.会计账簿　　D.编制会计凭证

2.一般认为，会计循环有（　　）个步骤。

A.3　　B.5

C.6　　D.7

3.企业会计核算时，科目余额试算平衡是一个连续不断的过程，但是企业一般只会编制（　　）张正式的科目余额试算平衡表。

A.1　　B.2

C.7　　D.视情况，不能确定

（二）多项选择题

1.以下属于成本计算的会计分录有（　　）。

A.借：生产成本
　贷：制造费用　　B.借：库存商品
　贷：生产成本

C.借：主营业务成本
　贷：库存商品　　D.借：管理费用
　贷：累计折旧

2.以下属于结转各损益类账户的会计分录有（　　）。

A.借：本年利润
　贷：所得税费用　　B.借：主营业务收入
　贷：本年利润

C.借：本年利润
　贷：利润分配　　D.借：利润分配
　贷：应付利润

3.企业期末会计业务处理包括（　　）。

A.成本计算　　B.计算损益并结转各账户

C.利润分配核算　　D.编制调整分录

（三）判断题

1.会计循环的各个步骤顺序可以颠倒。（　　）

2.期末有关业务的处理并无严格的顺序，比如可以先计算损益，后计算成本。（　　）

3. 试算平衡包括发生额的试算平衡和余额的试算平衡。(　　)

（四）业务处理题

1. 阳光股份有限公司2017年3月相关情况如下：

（1）期初各有关总分类账户余额见表9-6。

表9-6　　**期初各有关总分类账户余额**　　单位：元

账户名称	借方余额	账户名称	贷方余额
库存现金	1 480	短期借款	436 000
银行存款	74 000	应付账款	5 100
应收账款	3 500	应付职工薪酬	1 950
原材料	256 200	应交税费	4 500
库存商品	128 400	其他应付款	9 000
其他应收款	4 800	股本	300 000
固定资产	636 000	盈余公积	32 830
累计折旧	321 600	本年利润	164 150
生产成本	137 920	利润分配	−32 830
合　计	920 700	合　计	920 700

（2）有关明细分类账账户余额如下：

①应收账款：泰和公司3 500元。

②原材料：甲材料30 740千克，153 700元；

乙材料29 280千克，102 500元。

③库存商品：A产品400台，77 100元；

B产品380台，51 300元。

④生产成本：A产品（材料成本）740台，82 700元；

B产品（材料成本）660台，55 220元。

⑤应付账款：大洋公司，2 800元；

大海公司，2 300元。

2. 阳光股份有限公司3月份发生下列经济业务：

（1）1日，销售A产品200台，单价240元，价值48 000元；销售B产品150台，单价180元，价值27 000元。增值税税率为16%。价税款已通过银行收款。

（2）2日，从顺达公司购入甲材料6 500千克，单价5元，计32 500元；购入乙材料7 000千克，单价350元，计24 500元。增值税税率为16%。外埠运杂费675元（按数量进行分配，没有取得增值税专用发票）。材料已验收入库，价税款与运费已通过银行付款。

（3）3日，从平和堂商厦购买办公用品250元，以转账支票付款。

（4）4日，以转账支票缴纳上月未缴纳的增值税4 500元。

（5）5日，通过银行收到泰和公司还来前欠货款3 500元。

（6）6日，李小平出差借款850元，付现金。

（7）7日，以转账支票支付前欠大洋公司采购材料款2 800元。

（8）8日，从银行提取现金78 000元，备发工资。

（9）8日，以现金支付职工工资78 000元。

（10）9日，王云报销职工培训费300元，付现金。

（11）10日，付车间设备修理费450元，开转账支票付款。

（12）11日，以转账支票2 500元支付职工教育经费。

（13）11日，李小平报销差旅费780元，余款交回现金。

（14）12日，销售A产品240台，单价240元，价值57 600元；销售B产品200台，单价180元，价值36 000元。增值税税率为16%，价税款已通银行收讫。

（15）13日，从银行提取现金2 500元，备零星支出。

（16）13日，王云借现金100元购买办公用品。

（17）14日，王云报销从平和堂商厦买办公用品400元，另支付现金300元。

（18）15日，从顺达公司购入甲材料7 800千克，单价5元，价值39 000元；购买乙材料8 000千克，单价3.50元，价值28 000元。增值税税率为16%。外埠运费948元（普通发票，按数量分配运杂费）。材料已验收入库，价税款和运费已通过银行付讫。

（19）16日，通过银行预付下半年财产保险费4 200元。

（20）17日，职工困难补助1 800元，付现金。

（21）18日，资江公司购买A产品10台，单价240元，价值2 400元，增值税税率为16%，未付款。

（22）19日，从五金公司购买工具850元，开转账支票付款，工具已由生产车间直接领用。

（23）20日，通过银行付大海公司前欠货款2 300元。

（24）20日，开具转账支票2 400元，支付前欠资江公司货款。

（25）21日，从银行提取现金2 000元，以备零星开支。

（26）22日，通过银行付电费3 000元。其中：A产品生产用电费1 200元，B产品生产用电费800元，管理部门用电费1 000元。

（27）23日，预提本月银行利息4 000元。

（28）23日，李小平出差借款500元，付现金。

（29）24日，从顺达公司购入甲材料9 000千克，单价5元，价值45 000元；购进乙材料9 500千克，单价3.5元，价值33 250元。增值税税率为16%。外埠运费1 295元（普通发票，按数量分配运杂费）。尚未付款，材料验收入库。

（30）25日，销售A产品300台，单价240元，价值72 000元；销售B产品310台，单价180元，价值55 800元。增值税税率为16%，价税款已通过银行收讫。

（31）26日，归还银行短期借款25 000元。

（32）26日，支付银行利息12 000元。

（33）27日，通过银行支付前欠顺达公司材料款和运费。

（34）28日，通过银行付水费460元。其中：A产品生产用水费180元，B产品生产用水费160元，管理部门用水费120元。

（35）29日，待摊费用摊入本期1 000元。其中：摊销保险费600元，其他400元。

（36）30日，企业对外捐赠支出2 500元。

（37）31日，提取本月折旧费3 180元。其中：车间折旧费1 910元，管理部门折旧费1 270元。

（38）31日，将本月工资78 000元分配计入产品成本，工资中生产人员工资62 400元，管理人员工资15 600元；生产人员工资按生产工时分配（甲产品工时9 600，乙产品工时6 400）；按工资总额78 000元的14%提取各项福利费用10 920元。详情见表9-7。

表 9-7 **工资和福利费分配表**

2017 年 3 月

项目	工时	应分配工资（元）	应分配福利费用（元）
生产人员	16 000	62 400	8 736.00
甲产品	9 600	37 440	5 241.60
乙产品	6 400	24 960	3 494.40
管理人员		15 600	2 184.00
合　计	16 000	78 000	10 920.00

工资分配率=62 400÷16 000=3.9

福利费用分配率=8 736÷16 000=0.546

（39）31 日，本月材料耗用情况见表 9-8。

表 9-8 **材料耗用汇总表**

2017 年 3 月

项目	甲材料		乙材料		合计（元）
	数量（件）	金额（元）	数量（件）	金额（元）	
A 产品	9 750	49 006.72	9 260	32 670.85	81 677.57
B 产品	6 330	31 816.67	6 010	21 204.30	53 020.97
修理设备	80	402.11	60	211.69	613.80
合　计	16 160	81 225.50	15 330	54 086.84	135 312.34

（40）31 日，将本月制造费用分配计入生产成本，见表 9-9。

表 9-9 **制造费用分配表**

2017 年 3 月

产品	工时	应分配制造费用（元）
甲产品	9 600	2 867.28
乙产品	6 400	1 911.52
合　计	16 000	4 778.80

（41）31 日，本月生产完工 A 产品 800 台，B 产品 700 台。期末在产品有：A 产品 662 台，材料成本 74 407.45 元；B 产品 594 台，材料成本 49 700.89 元。结转本月入库产品成本。

（42）31 日，按销售额的 5%（假定税率）计算应交消费税。

（43）31 日，结转产品销售成本。

（44）31日，销售收入结转“本年利润”账户。

（45）31日，主营业务成本、税金及附加、管理费用和财务费用结转至“本年利润”账户。

（46）31日，结转营业外支出。

（47）31日，企业利润按25%上缴所得税，其他为企业留利；在企业留利中，按10%提取法定公积金，其余待分配。（假设企业按季度进行所得税会计核算并进行相关利润分配，第一季度不存在纳税调整事项）

要求：

（1）根据以上经济业务编制记账凭证。

（2）根据记账凭证登记各明细分类账户。假设本公司本月会计凭证汇总后，只能装订成一册，请根据科目汇总表记录登记各总分类账户，并编制本月的科目余额试算平衡表。

（3）编制资产负债表和利润表。

第十章

会计核算形式

第一节 会计核算形式的意义和种类

一、会计核算形式的意义

会计核算形式，也称会计核算组织程序或账务处理程序，是指会计凭证、会计账簿、会计报表之间相结合的方式。它包括会计凭证和账簿的种类、格式、会计凭证与账簿之间的联系方法，由原始凭证到编制记账凭证、登记明细分类账和总分类账、编制会计报表的工作程序和方法等。

尽管每一个会计主体都有其业务特点，但均应该对单位采用什么样的会计核算形式作出明确的规定。科学、合理地选择适合本单位的会计核算形式对于有效地组织会计核算具有重要意义，具体表现如下：

1.有利于提高会计核算工作的质量和效率，确保会计信息的及时性和有用性。

2.有利于明确会计核算工作的分工协作，加强岗位责任制，促进会计机构和会计人员按照不同的责任分工，有条不紊地处理好各个环节的会计工作。

3.有利于适当地减少会计凭证、账簿的使用数量和周转时间，节约会计核算工作的费用开支。

4.有利于更充分地发挥会计核算工作的职能作用，促使企业加强对经济活动和财产物资的监督管理。

二、会计核算形式的基本内容

会计核算形式作为会计循环过程中凭证和账簿组织与记账程序的一种结合，直接关系到单位所提供的会计信息的完整性、及时性和可靠性。因此，作为一种会计核算形式，在一般情况下，必须包括以下基本内容：

1.所采用的记账凭证的格式和种类以及它们之间的关系；

2.所运用的账簿组织（包括各种序时账簿、明细分类账和总分类账）的种类和结构以及它们之间的关系；

3.登记总分类账簿的依据；

4.序时账簿、明细分类账和总分类账的有关信息和数据相互核对的方法；

5.编制会计报表的资料来源。

三、建立会计核算形式的基本原则

各个会计主体由于其业务的性质、经营规模、经营业务的繁简和经营管理的要求不尽相同，因此在会计循环过程中所采用的具体的会计核算形式也就有所差别。为了科学、合理地组织会计核算工作，顺利地完成会计循环，任何单位都必须根据自身的实际情况和具体条件制定适当的会计核算形式。一般来说，建立科学、合理、实用的会计核算形式应遵循以下基本原则：

1.贯彻会计核算与经济管理密切配合的原则。建立会计核算形式须全面、系统、及时、正确地提供反映本单位经济活动实际情况的会计核算资料，以满足本单位、单位主管部门和国家宏观管理部门等各方面会计信息使用者的需要，便于其作出正确的决策和预测。

2.贯彻统一规定与从实际出发相结合的原则。建立会计核算形式不仅要遵循国家的有关规定，而且要从本单位的实际情况和具体条件出发，充分考虑经济活动的性质、规模大小、业务复杂程度及会计机构和会计人员设置等因素的影响，使会计核算形式既符合国家统一规定，又适应单位会计核算工作的需要。

3.贯彻如实反映情况和合理减少工作量相结合的原则。建立会计核算形式须本着成本效益原则，在保证所提供的会计核算资料完整、正确和及时的前提下，尽可能地简化会计核算手续，提高会计工作效率，节约会计核算成本。

四、会计核算形式的种类

按照上述原则，在我国企业会计实务中，常用的会计核算形式主要有以下5种：

1.记账凭证核算形式；

2.科目汇总表核算形式；

3.汇总记账凭证核算形式；

4.多栏式日记账核算形式；

5.日记总账核算形式。

以上5种会计核算形式，都是在经济业务发生或完成以后，首先根据原始凭证（或原始凭证汇总表）填制记账凭证，然后再根据记账凭证登记各种日记账和明细分类账，最后都是根据账簿记录编制会计报表。它们的根本区别在于总分类账的登记依据和方法不同。5种会计核算形式的基本内容将分别在第二、三、四、五、六节介绍。

第二节　记账凭证核算形式

一、记账凭证核算形式的含义

记账凭证核算形式，是指经济业务发生后，根据所填制的记账凭证直接逐笔登记总分类账，并定期编制会计报表的一种会计核算形式。它是一种最基本的会计核算形式，包括会计核算形式的一般内容，其他会计核算形式基本上是在这种会计核算形式的基础上发展或改变而形成的。

这种会计核算形式的主要特点是根据记账凭证直接逐笔登记总分类账，记账凭证取代了日记账，起着记账依据的作用；库存现金日记账和银行存款日记账只是用来序时地登记各笔库存现金、银行存款的收支业务，并不作为总分类账的登记依据。

二、记账凭证核算形式的凭证和账簿设置

在记账凭证核算形式中，记账凭证可采用一种通用记账凭证的格式，也可以采用收款凭证、付款凭证和转账凭证三种并存的专用记账凭证的格式。设置的账簿一般包括库存现金日记账、银行存款日记账、总分类账和明细分类账。其中，库存现金日记账和银行存款日记账一般采用三栏式格式；总分类账一般按规定的会计科目开设账页，格式也采用三栏式；明细分类账则应根据企业管理的需要，格式上可采用三栏式、多栏式或数量金额式等。

三、记账凭证核算形式的账务处理程序

经济业务发生后，按照记账凭证核算形式对其进行账务处理的程序可大体分为以下6个步骤：

1.根据原始凭证或原始凭证汇总表填制各种记账凭证（收款凭证、付款凭证和转账凭证）。

2.根据收款凭证和付款凭证逐笔登记库存现金日记账和银行存款日记账。

3.根据记账凭证并结合原始凭证或原始凭证汇总表逐笔登记各种明细分类账。

4.根据各种记账凭证逐笔登记总分类账。

5.月末，将库存现金日记账、银行存款日记账的余额以及各种明细分类账的余额或余额合计数，分别与总分类账中有关账户的余额核对相符。

6.月末，根据核对无误的总分类账和各种明细分类账的记录编制会计报表。

记账凭证核算形式的账务处理程序如图10-1所示。

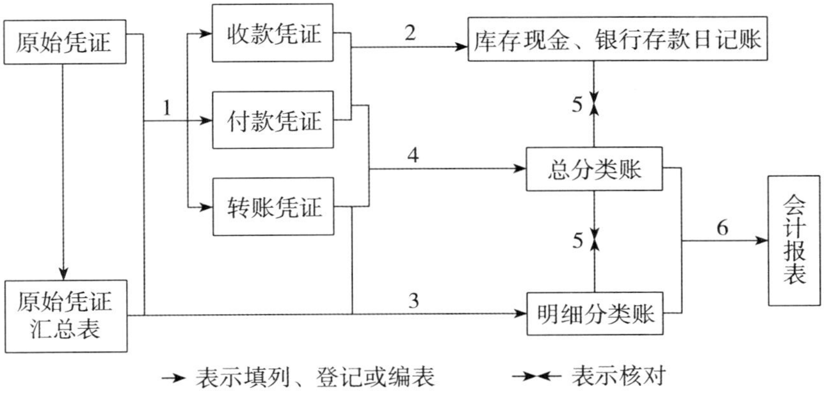

图 10-1　记账凭证核算形式的账务处理程序

四、记账凭证核算形式的优缺点

记账凭证核算形式的优点是简单明了，易于理解和掌握，账户之间的对应关系清晰，总分类账反映详细。而它的缺点则是登记总分类账的工作量较大，特别是与库存现金日记账、银行存款日记账明显地存在重复登记的现象，账页耗用多。

所以，这种会计核算形式一般适用于经营规模较小、经济业务比较简单、记账凭证数量不多的企事业单位。

第三节　科目汇总表核算形式

一、科目汇总表核算形式的含义

科目汇总表核算形式，又称记账凭证汇总表核算形式，是根据记账凭证定期编制科目汇总表，并据以登记总分类账的一种会计核算形式。

这种会计核算形式是在记账凭证核算形式的基础上，针对记账凭证数量多、登记总分类账工作量大、不宜采用记账凭证会计核算形式的情况而发展形成的。其主要特点是先定期（一般为每隔5日或每旬）或定量（与凭证的装订成册和档案保管相关）地将会计期间内全部的记账凭证汇总编制成科目汇总表，然后根据科目汇总表登记总分类账。为了便于进行科目汇总，在这种会计核算形式下，一般应于每次登记完总分类账后就结出各账户的借方或贷方余额。

二、科目汇总表核算形式的凭证和账户设置

科目汇总表核算形式与记账凭证核算形式基本相同，仍应设置收款、付款和转账等记账凭证。为方便相同科目的汇总，减少汇总差错，平时填制的记账凭证可采用单式记账凭证。为了定期根据记账凭证进行汇总，应另设科目汇总表。

此外，还应设置库存现金日记账、银行存款日记账、各种总分类账和明细分类账。库存现金日记账、银行存款日记账一般采用三栏式的账页。由于据以登记总分类账的科目汇总表只汇总填列各科目的借方发生额和贷方发生额，不反映它们的对应关系，所以在这种会计核算形式下，总分类账一般采用不设“对方科目”的三栏式的格式。各种明细分类账应根据所记录的经济业务内容和经营管理的要求，采用三栏式、数量金额式或多栏式的账页。

三、科目汇总表的编制方法

科目汇总表，又称记账凭证汇总表，是根据一定时期内的所有收款凭证、付款凭证和转账凭证，按照相同的会计科目进行归类，定期或定量汇总编制的一种表格。

科目汇总表的编制一般采用“两次归类汇总法”，即分别归类计算出全部记账凭证的会计科目的借方发生额合计数和贷方发生额合计数后，再分别填列在科目汇总表中相应会计科目栏的借方发生额和贷方发生额中。对于“库存现金”账户和“银行存款”账户，也可根据库存现金日记账和银行存款日记账的本期收支数填列。此外，由于借贷记账法的记账规则是“有借必有贷，借贷必相等”，所以在科目汇总表内，全部借方发生额合计数与贷方发生额合计数相等。登记总账时，只需要根据科目汇总表中各个会计科目的本期借方发生额和贷方发生额，分次或月末一次记入总分类账的相应账户的借方或贷方即可。

科目汇总表可以定期或定量汇总编制。按照汇总的时间不同，科目汇总表的格式有两种，见表10-1（A）和表10-1（B）。

四、科目汇总表核算形式的账务处理程序

经济业务发生后，采用科目汇总表会计核算形式对经济业务进行账

表 10-1（A）　　科目汇总表

汇　（共　册）凭证号自　号至　号　年　月　日至　日　　单位：元

会计科目	借方发生额	√	贷方发生额	√	总账页数
合　计					

表 10-1（B）　　科目汇总表

年　月　　单位：元

会计科目	1—10日		11—20日		21—30日		合　计		总账页数
	借方	贷方	借方	贷方	借方	贷方	借方	贷方	
合　计									

务处理的程序可大体分为以下7个步骤：

1.根据原始凭证或原始凭证汇总表填制收款、付款、转账等记账凭证。

2.根据收款、付款凭证逐笔登记库存现金日记账和银行存款日记账。

3.根据各种记账凭证及其所附的原始凭证或原始凭证汇总表登记各种明细分类账。

4.根据各种记账凭证定期或定量编制科目汇总表。

5.根据科目汇总表登记各种总分类账。

6.库存现金日记账、银行存款日记账的余额和各种明细分类账户余额或余额的合计数，应分别与对应的总分类账户的余额核对相符。

7.月末，根据核对无误的总分类账和各种明细分类账的记录编制会计报表。

科目汇总表核算形式的账务处理程序如图10-2所示。

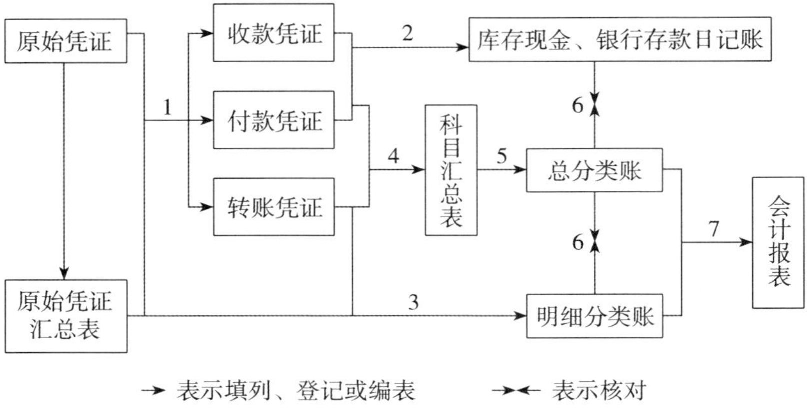

图10-2　科目汇总表核算形式的账务处理程序

五、科目汇总表核算形式的优缺点

采用科目汇总表核算形式，比起记账凭证核算形式登记总分类账的工作量大大地减少了，并且汇总的方法简便易行，还能起到试算平衡的作用。然而，在科目汇总表核算形式下不能反映账户之间的对应关系，所以不便于分析和检查经济业务的来龙去脉。

科目汇总表核算形式在实际工作中应用范围比较广泛，尤其适用于经营规模较大、经济业务较多的企事业单位。

第四节　汇总记账凭证核算形式

一、汇总记账凭证核算形式的含义

汇总记账凭证核算形式，是一种根据记账凭证定期编制汇总记账凭证，并据以登记总分类账的会计核算形式。

汇总记账凭证核算形式与科目汇总表核算形式的账务处理程序相似，它的主要特点是，先定期（一般为每5天或每旬）将全部的记账凭证汇总编制成各种汇总记账凭证，然后根据这些汇总记账凭证登记各有关总分类账。

二、汇总记账凭证核算形式的凭证和账户设置

采用汇总记账凭证核算形式时，需要设置的凭证除了一般意义上的收款、付款和转账凭证外，还应该包括汇总收款凭证、汇总付款凭证和汇总转账凭证三种汇总记账凭证。由于汇总记账凭证是根据各种记账凭证填制的，格式也应与记账凭证一样，采用专用格式的凭证，而不宜采用通用格式的凭证。对于专用汇总记账凭证，库存现金、银行存款的汇总收款凭证应分别以“库存现金”和“银行存款”账户的借方来设置；库存现金、银行存款的汇总付款凭证应分别以“库存现金”和“银行存款”账户的贷方来设置；汇总转账凭证则应按照有关账户的贷方设置。

汇总记账凭证核算形式所设置的账簿仍包括库存现金日记账、银行存款日记账、各种明细分类账和总分类账。库存现金日记账、银行存款日记账和总分类账的格式一般采用三栏式；明细分类账也应根据单位经营管理的需要来设置，可选用三栏式、多栏式或数量金额式的账页。

三、汇总记账凭证的编制方法

汇总记账凭证是根据日常会计核算工作中所填制的各专用记账凭证，按照其种类，采用一定的方法定期汇总编制而成的一种记账凭证，包括汇总收款凭证、汇总付款凭证和汇总转账凭证三种类型。其作用虽然与科目汇总表相似，都须依据各种记账凭证定期汇总编制，但它们的结构和填制的方法有所不同。

汇总收款凭证和汇总付款凭证应根据收款凭证、付款凭证按照“库存现金”“银行存款”账户分别定期汇总编制。库存现金、银行存款的汇总收款凭证应根据库存现金、银行存款的收款凭证，分别以“库存现金”“银行存款”账户的借方设置，然后再按照其对应的贷方账户归类汇总；库存现金、银行存款的汇总付款凭证则应根据库存现金、银行存款的付款凭证，分别以“库存现金”“银行存款”账户的贷方设置，并按其对应的借方账户归类汇总。为了避免遗漏汇总和重复汇总，汇总转账凭证一般应按照每一个账户的贷方分别设置，并根据转账凭证按其对应的借方账户进行归类，且定期汇总填制。为了便于填制汇总转账凭证，减少汇总工作量，企业平时在填制转账凭证时，应该尽量编制“一借一贷”“一贷多借”的会计分录，不要编制“一借多贷”的会计分录，以使账户的对应关系保持一个贷方账户同一个或几个借方账户相

对应。

汇总收款凭证、汇总付款凭证和汇总转账凭证的基本格式和内容见表10-2、表10-3和表10-4。

表10-2 **汇总收款凭证** 第1号

借方科目：银行存款 20×8年9月 单位：元

贷方科目	金额				总账页数	
	（1） 1—10日 收款凭证 第1～18号	（2） 11—20日 收款凭证 第19～28号	（3） 21—30日 收款凭证 第29～57号	合计	借方	贷方
主营业务收入	125 000			125 000	3	35
应收账款		80 000		80 000	3	12
其他应收款			5 000	5 000	3	16
合　计	125 000	80 000	5 000	210 000		

会计　　　记账　　　审核　　　填制

表10-3 **汇总付款凭证** 第1号

贷方科目：银行存款 20×8年9月 单位：元

借方科目	金额				总账页数	
	（1） 1—10日 付款凭证 第1～12号	（2） 11—20日 付款凭证 第13～25号	（3） 21—30日 付款凭证 第26～39号	合计	借方	贷方
原材料	85 000			85 000	9	3
应付账款		10 000		10 000	14	3
库存现金			5 000	5 000	2	3
合　计	85 000	10 000	5 000	100 000		

会计　　　记账　　　审核　　　填制

表 10-4 **汇总转账凭证** 第 1 号

贷方科目：原材料 20×8 年 9 月 单位：元

借方科目	金额				总账页数	
	(1) 1—10 日 转账凭证 第 1 ~ 23 号	(2) 11—20 日 转账凭证 第 24 ~ 45 号	(3) 21—30 日 转账凭证 第 46 ~ 69 号	合计	借方	贷方
制造费用	1 000			1 000	15	9
生产成本		14 000		14 000	17	9
管理费用			5 000	5 000	22	9
合　计	1 000	14 000	5 000	20 000		

会计 记账 审核 填制

四、汇总记账凭证核算形式的账务处理程序

经济业务发生之后，采用汇总记账凭证核算形式进行账务处理的程序一般包括以下内容：

1. 根据有关的原始凭证或原始凭证汇总表填制收款凭证、付款凭证和转账凭证。

2. 根据收款凭证、付款凭证逐日逐笔登记库存现金日记账和银行存款日记账。

3. 根据收款凭证、付款凭证和转账凭证以及所附的原始凭证或原始凭证汇总表登记各种明细分类账。

4. 根据收款凭证、付款凭证和转账凭证定期（一般每隔 5 天或每旬）汇总编制汇总收款凭证、汇总付款凭证和汇总转账凭证。

5. 根据定期编制的各种汇总记账凭证登记有关总分类账户。

6. 月末，将库存现金日记账、银行存款日记账的余额及各种明细分类账户的余额或余额的合计数，分别与总分类账中的有关账户余额核对相符。

7. 月末，根据核对无误的总分类账和各种明细分类账的资料编制会计报表。

汇总记账凭证核算形式的账务处理程序如图 10-3 所示。

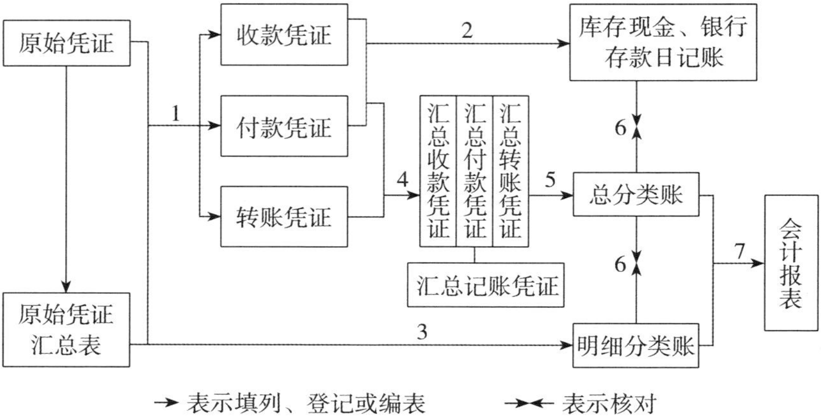

图 10-3　汇总记账凭证核算形式的账务处理程序

五、汇总记账凭证核算形式的优缺点

采用汇总记账凭证核算形式，大大简化了总分类账的登记手续，从而节约了会计核算工作中的人力和物力投入，使企业在信息的提供方面更加符合成本效益原则，尤其是在经济业务繁多的大中型企业，更加容易发挥它的分析和简化作用。此外，汇总记账凭证在进行账户归类汇总时能保持与原有会计账户之间的对应关系，以反映出各种经济业务的来龙去脉，便于企业对经济业务进行分析、检查和查找错账，所以，这种会计核算形式比较适合经营规模较大、经济业务较多的大中型企事业单位。当然，汇总记账凭证的编制在一定程度上加大了会计核算的工作量，并且在编制汇总记账凭证的过程中，常容易发生遗漏或重复。因而，在使用这种会计核算形式时应注意这一点。

第五节　多栏式日记账核算形式

一、多栏式日记账核算形式的含义

多栏式日记账核算形式，是指根据多栏式库存现金日记账、多栏式银行存款日记账和转账凭证登记总分类账的一种会计核算形式。其主要特点是，首先根据收款凭证、付款凭证逐日逐笔登记多栏式库存现金、银行存款日记账，然后据以登记总分类账。对于转账业务不多的单位，可以根据转账凭证逐笔登记总分类账；对于转账业务较多的单位，也可以根据转账凭证定期填制转账凭证科目汇总表登记总分类账。

二、多栏式日记账核算形式的凭证和账户设置

在多栏式日记账核算形式下，需设置的凭证也应包括收款凭证、付款凭证和转账凭证，格式一般也采用专用凭证格式，而其需设置的账簿有：多栏式库存现金日记账、多栏式银行存款日记账、各种明细分类账和总分类账。在库存现金日记账、银行存款日记账中，如需要设置专栏的对应账户较多，可以分别设置现金收入、现金支出、银行存款收入、银行存款支出等四本日记账。总分类账可以按全部账户开设账页，这种总分类账称为汇总式总账，其账页格式一般采用三栏式。明细分类账的设置与前几种会计核算形式一样，在此不再赘述。其中，多栏式日记账的具体格式和基本内容见表10-5（资料来源于表10-2、表10-3和表10-4）。

表10-5　　银行存款日记账　　单位：元

20×8年		凭证号	摘要	收入				支出				余额
月	日			主营业务收入	应收账款	其他应收款	合计	原材料	应付账款	库存现金	合计	
略	略	略	期初余额									250 000
			销售商品	125 000			125 000					375 000
			采购材料					85 000			85 000	290 000
			收回赊销款		80 000		80 000					370 000
			收到罚款收入			5 000	5 000					375 000
			支付前欠贷款						10 000		10 000	365 000
			提现							5 000	5 000	360 000
			本月合计	125 000	80 000	5 000	210 000	85 000	10 000	5 000	100 000	

三、多栏式日记账会计核算形式下账簿的登记方法

在多栏式日记账这种会计核算形式下，由于库存现金日记账和银行存款日记账按对应账户设置专栏后，都是根据收款凭证和付款凭证逐日

逐笔进行登记的，这就具备了一定的科目汇总作用，因此，月度终了，就可根据库存现金日记账、银行存款日记账的本月收付发生额和对应账户的发生额记录直接登记库存现金、银行存款的总分类账及其他有关总分类账。其具体登记方法是根据多栏式日记账收入合计栏的本月发生额，记入库存现金、银行存款总分类账户的借方，并根据收入栏下各专栏对应账户的本月发生额合计数，记入有关总分类账户的贷方；同时，根据多栏式日记账付出合计栏的本月发生额，记入库存现金、银行存款总分类账户的贷方，并根据其付出栏下的各专栏对应账户的本月发生额合计数，记入有关总分类账户的借方。对于库存现金和银行存款之间的相互划转数额，因已分别包括在有关日记账的收入栏和付出合计栏的本月发生额内，因此无须再根据有关对应账户专栏的合计数登记总分类账，以避免重复记账。

四、多栏式日记账核算形式的账务处理程序

经济业务发生之后，采用多栏式日记账核算形式进行账务处理的程序大体可以分为以下7个步骤：

1.根据原始凭证或原始凭证汇总表填制收款凭证、付款凭证和转账凭证。

2.根据收款凭证、付款凭证逐笔登记多栏式库存现金日记账和多栏式银行存款日记账。

3.根据各种专用记账凭证及其所附的原始凭证或原始凭证汇总表登记各种明细分类账。

4.根据转账凭证定期编制转账凭证汇总表。

5.根据多栏式库存现金日记账和多栏式银行存款日记账登记相关的总分类账户，同时根据转账凭证汇总表（或转账凭证）登记有关总分类账户。

6.月末，根据对账要求，将各种明细分类账的余额或余额合计数与总分类账户的余额记录进行核对。

7.月末，根据核对无误的总分类账和各种明细分类账的记录编制会计报表。

多栏式日记账核算形式的账务处理程序如图10-4所示。

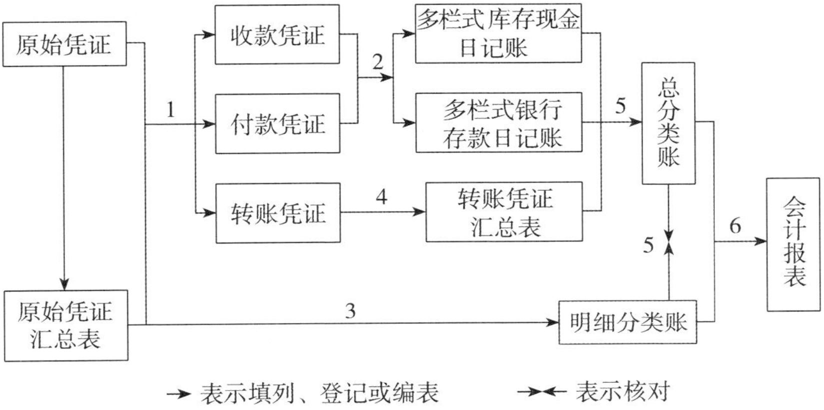

图 10-4　多栏式日记账核算形式的账务处理程序

五、多栏式日记账核算形式的优缺点

多栏式日记账核算形式的优点是，由于收款业务、付款业务都是通过多栏式日记账汇总后登记总分类账的，因此其在一定程度上提高了核算资料的清晰性，同时又简化了总账的登记工作量。其缺点是在业务较多、较复杂，会计账户设置较多的企业里，日记账的专栏栏次势必较多，账页过于庞大，不便于记账。所以，这种会计核算形式一般适用于经营规模较小、经济业务比较简单、使用会计科目不多的经济组织。

第六节　日记总账核算形式

一、日记总账核算形式的含义

日记总账核算形式，是一种以日记总账替代总分类账，根据经济业务发生后所填制的各种记账凭证直接逐笔登记日记总账，并据以编制会计报表的会计核算形式。

二、日记总账核算形式的凭证和账户设置

与其他会计核算形式相比，在日记总账核算形式下，仍应设置收款凭证、付款凭证和转账凭证三种专用格式的记账凭证或通用格式的记账凭证，以及库存现金日记账、银行存款日记账和各种明细分类账，以便

序时分类地反映单位所发生的全部经济业务。其中，库存现金日记账、银行存款日记账可采用三栏式账簿；明细分类账则根据单位实际情况可采用三栏式、多栏式或数量金额式的会计账簿。不同之处就在于，这种会计核算形式的总分类账采用的是日记总账的形式，其一般格式和内容见表10-6（资料来源于表10-2、表10-3和表10-4）。

表10-6　　　　　　　　　　日记总账　　　　　　　　　　单位：元

20×8年		记账凭证号数	摘要	发生额	库存现金		银行存款		原材料		生产成本		应收账款	
月	日				借方	贷方	借方	贷方	借方	贷方	借方	贷方	借方	贷方
略	略	略	期初余额		1 200		250 000		70 000		32 000		300 000	
			收回赊销款	80 000			80 000							80 000
			采购材料	85 000				85 000	85 000					
			生产领用材料	14 000						14 000	14 000			
			提取现金	5 000	5 000			5 000						
			本期发生额合计数	184 000	5 000		80 000	90 000	85 000	14 000	14 000			80 000
			期末余额		6 200		240 000		141 000		46 000		220 000	

三、日记总账的登记方法

在登记日记总账时，对于单位所发生的收款、付款和转账业务，除了摘要栏的内容外，其他栏目应分别根据收款凭证、付款凭证和转账凭证逐日逐笔地登记。对每笔经济业务所涉及的各个会计科目的借方发生额或贷方发生额，都应分别登记在日记总账中同一行的不同会计科目栏的借方或贷方栏内，并将借方或贷方发生额记在“发生额”栏内。月度终了，分别结算出各会计科目栏的借方栏或贷方栏的合计数，并计算出各会计科目的期末余额，进行账簿记录的核对工作。核对账簿记录时，主要是核对“发生额”栏内的本月合计数是否与全部会计科目的借方发生额或贷方发生额的合计数相符，各会计科目的借方余额合计数是否与其贷方余额合计数相符。

四、日记总账核算形式的账务处理程序

经济业务发生后，采用日记总账核算形式进行账务处理的程序一般

包括以下步骤：

1. 根据原始凭证或原始凭证汇总表填制各种记账凭证。

2. 根据收款凭证、付款凭证逐日逐笔登记库存现金日记账和银行存款日记账。

3. 根据各种记账凭证及其所附的原始凭证或原始凭证汇总表登记各种明细分类账。

4. 根据收款凭证、付款凭证和转账凭证逐日逐笔地登记日记总账。

5. 月末，将库存现金日记账、银行存款日记账的余额和各种明细分类账户的余额或余额合计数，分别与日记总账对应科目的余额进行核对。

6. 月末，根据核对无误的日记总账和各种明细分类账的记录编制会计报表。

日记总账会计核算形式的账务处理程序如图10-5所示。

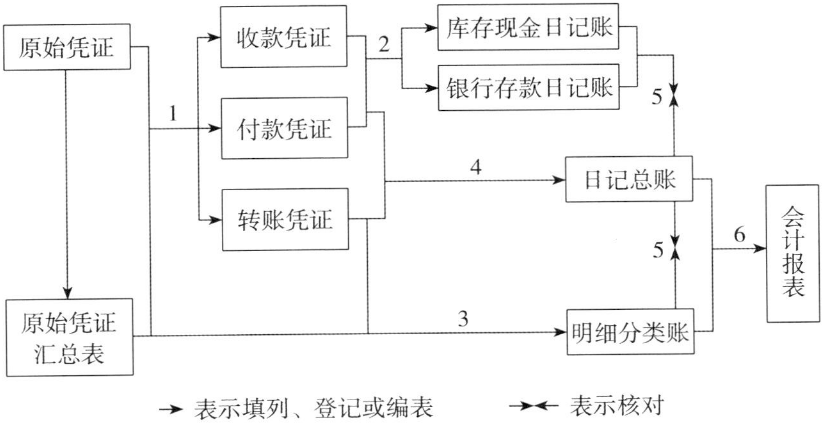

图10-5 日记总账会计核算形式的账务处理程序

五、日记总账核算形式的优缺点

日记总账核算形式的主要优点是，不需要汇总各记账凭证，会计凭证的处理比较简单；日记总账采用的是多栏式的账页格式，按经济业务所涉及的全部会计科目设置专栏，因而账面上可以反映出各个会计账户的对应关系，便于了解经济业务的来龙去脉。但是，由于这种会计核算形式在会计期间内的经济业务都依据各记账凭证逐日地登记在一张账页上，即会计科目全部集中在这一张账页上，因而不利于单位进行会计核算工作的分工和查阅。如果单位会计科目较多，日记总账的账页势必过大，不仅加大了会计核算的工作量，而且也不便于登账，容易登错行次。

综上所述，这种会计核算形式一般适合经济业务简单、使用会计科目较少的小型企事业单位采用。

【例 10-1】在手工账下，企业采用科目汇总表（定量法）核算形式，并编制期末余额试算平衡表。

假设：在大地股份有限公司 2018 年 2 月的账户余额试算平衡表中，相关会计科目期末余额见表 10-7（与 2018 年 2 月总账账户余额核对无误）。

表 10-7　　　　**会计科目余额**　　　　单位：元

会计科目	借方金额	会计科目	贷方金额
库存现金	6 480	短期借款	436 000
银行存款	128 800	应付账款	5 100
应收账款	8 500	应付职工薪酬	10 950
其他应收款	3 000	应交税费	4 500
原材料	253 200	股本	380 000
库存商品	128 400	盈余公积	12 830
固定资产	636 000	本年利润	164 150
累计折旧	-321 600	利润分配	-32 830
生产成本	137 920		
合　计	980 700	合　计	980 700

2018 年 3 月，大地股份有限公司在调账和转账前共发生了 25 项符合会计确认和计量的经济业务。经审核，会计凭证中的记录无误，其相关会计分录见表 10-8。

表 10-8 **本月发生的会计业务（调转账前）**

凭证号	借方科目和金额（元）	贷方科目和金额（元）
1	银行存款 87 000	主营业务收入——A 产品 48 000 ——B 产品 27 000 应交税费——应交增值税（销项税额）12 000
2	原材料——甲材料 32 825 ——乙材料 24 850 应交税费——应交增值税（进项税额）9 120	银行存款 66 795
3	管理费用 3 250	银行存款 3 250
4	应交税费——应交增值税（未交税金）5 500	银行存款 5 500
5	银行存款 7 500	应收账款——泰和公司 7 500
6	其他应收款——李小平 5 000	库存现金 5 000
7	应付账款——大洋公司 7 800	银行存款 7 800
8	库存现金 98 000	银行存款 98 000
9	应付职工薪酬 98 000	库存现金 98 000
10	应付职工薪酬 3 000	库存现金 3 000
11	制造费用 4 500	银行存款 4 500
12	管理费用 5 780	库存现金 780 其他应收款——李小平 5 000
13	银行存款 108 576	主营业务收入——A 产品 57 600 ——B 产品 36 000 应交税费——应交增值税（销项税额）14 976
14	库存现金 8 500	银行存款 8 500
15	管理费用 3 400	其他应收款——王云 3 000 库存现金 400
16	原材料——甲材料 39 468 ——乙材料 28 480 应交税费——应交增值税（进项税额）10 720	银行存款 78 668

续表

凭证号	借方科目和金额（元）	贷方科目和金额（元）
17	应收账款——资江公司 2 784	主营业务收入——A产品 2 400 应交税费——应交增值税（销项税额） 384
18	生产成本——A产品 1 200 ——B产品 800 管理费用 1 000	银行存款 3 000
19	财务费用 4 000	银行存款 4 000
20	原材料——甲材料 45 630 ——乙材料 33 915 应交税费——应交增值税（进项税额） 12 520	应付账款——顺达公司 92 065
21	银行存款 148 248	主营业务收入 127 800 应交税费——应交增值税（销项税额） 20 448
22	短期借款 25 000	银行存款 25 000
23	应付账款——顺达公司 92 065	银行存款 92 065
24	生产成本——A产品 1 180 ——B产品 1 160 管理费用 620	银行存款 2 960
25	营业外支出 2 500	银行存款 2 500

科目汇总表核算形式下账户余额试算平衡表的编制程序如下：

第一，假设企业根据档案管理要求和会计凭证装订的实际情况，决定采用定量汇总法编制科目汇总表，本月第一册会计凭证的起止凭证编号为1～15号，日期为1—17日。16号凭证的发生日为18日。

第二，根据1～15号凭证所记录的经济业务，设计科目汇总表工作底稿并登记和计算相关科目的本册发生额。科目汇总表工作底稿编制情况见表10-9。

表 10-9　　　　**科目汇总表工作底稿**

2018年3月1日至17日　　　　汇1凭证号：1～15号

会计科目	借方		贷方	
	金额	小计	金额	小计
库存现金	98 000 (8)；8 500 (14)	106 500	5 000 (6)；98 000 (9)；3 000 (10)；780 (12)；400 (15)	107 180
银行存款	87 750 (1)；7 500 (5)；108 576 (13)	203 826	66 795 (2)；3 250 (3)；5 500 (4)；7 800 (7)；98 000 (8)；4 500 (11)；8 500 (14)	194 345
原材料	32 825 (2)；24 850 (2)	57 675		
应收账款			7 500 (5)	7 500
其他应收款	5 000 (6)	5 000	5 000 (12)；3 000 (15)	8 000
应付账款	7 800 (7)	7 800		
应付职工薪酬	98 000 (9)；3 000 (10)	101 000		
应交税费	9 120 (2)；5 500 (4)	14 620	12 750 (1)；14 976 (13)	27 726
制造费用	4 500 (11)	4 500		
管理费用	3 250 (3)；5 780 (12)；3 400 (15)	12 430		
主营业务收入			48 000 (1)；27 000 (1)；57 600 (13)；36 000 (13)	168 600
合　计		513 351		513 351

注：上标（1）～（15）是该数据来源的记账凭证编号，如（8）表示98 000来源于第8号记账凭证。标注上标的目的仅是进一步解释余额试算平衡表的编制程序，在实务中可不进行此项标注。

第三，根据工作底稿编制正式的科目汇总表（见表10-10）。正式的科目汇总表编制方法其实就是将工作底稿中相关科目“小计”栏的金额登录到科目汇总表的过程。第一册会计凭证整理和装订顺序可依次为正式的科目汇总表、工作底稿和会计凭证1～15号。

表 10-10　　　　**科目汇总表**

2018年3月1日至17日　　　　汇1凭证号：1～15号

会计科目	借方金额	贷方金额
库存现金	106 500	107 180
银行存款	203 826	194 345
原材料	57 675	
应收账款		7 500
其他应收款	5 000	8 000
应付账款	7 800	
应付职工薪酬	101 000	
应交税费	14 620	27 726
制造费用	4 500	
管理费用	12 430	
主营业务收入		168 600
合　计	513 351	513 351

第四，编制期末余额试算平衡表。假设大地股份有限公司本月的业务较少，只有两册会计凭证，即第二册会计凭证也是该公司的最后一册会计凭证，调账和转账前的凭证起止编号为16～25号。

（1）编制本册，即本月最后一册会计凭证的科目汇总表工作底稿。调账和转账前的工作底稿见表10-11的“调转账前”下的“发生额”和“小计”栏。

表10-11　　科目汇总表工作底稿

2018年3月18日至31日　　汇2凭证号：16～25号

会计科目	借方金额					贷方金额				
	调转账前		调转账后		合计	调转账前		调转账后		合计
	发生额	小计	发生额	小计		发生额	小计	发生额	小计	
银行存款	148 248	148 248			148 248	78 668；3 000；4 000；25 000；92 065；2 960；2 500；	208 193		0	208 193
原材料	39 468；28 480；45 630；33 915	147 493			147 493			81 225.5；54 086.84	135 312.34	135 312.34
库存商品			136 899；89 866	226 765	226 765			129 434.37；86 268.61	215 702.98	215 702.98
应收账款	2 784	2 784			2 784					
累计折旧								4 770	4 770	4 770
短期借款	25 000	25 000			25 000					
应付账款	92 065	92 065			92 065	92 065	92 065			92 065
应付职工薪酬								98 000	98 000	98 000
应交税费	10 720；12 502	23 240			23 240	384；20448	20 832	14 940；50 642.01	65 582.01	86 414.01
制造费用			2 865；613.8	3 478.8	3 478.8			7 978.8	7 978.8	7 978.8
生产成本	1 200；800；1 180；1 160	4 340	47 440；43 276；81 677.57；53 020.97；5 200；2 778.8	233 393.34	237 733.34			136 899；89 866	226 765	226 765
管理费用	1 000；620	1 620	1 905；7 284	9 189	10 809			23 239	23 239	23 239
财务费用	4 000	4 000			4 000			4 000	4 000	4 000
主营业务收入			298 800	298 800	298 800	2 400；127 800	130 200			130 200
主营业务成本			215 702.98	215 702.98	215 702.98			215 702.98	215 702.98	215 702.98
税金及附加			14 940	14 940	14 940			14 940	14 940	14 940
营业外支出	2 500	2 500			2 500			2 500	2 500	2 500
所得税费用			50 642.01	50 642.01	50 642.01			50 642.01	50 642.01	50 642.01
本年利润			260 381.98；50 642.01；151 926.01	462 950	462 950			298 800	298 800	298 800
利润分配			15 192.6	15 192.6	15 192.6			151 926.01	151 926.01	151 926.01
盈余公积								15 192.6	15 192.6	15 192.6
合　计		451 290		1 531 053.73	1 982 343.73		451 290		1 531 053.73	1 982 343.73

（2）设计并编制调账和转账前的账户余额试算平衡表工作底稿（见表10-12）。

表10-12　　账户余额试算平衡表工作底稿（调转账前）

2018年3月

会计科目	期初余额		本期发生额				期末余额	
	借方	贷方	借方		贷方		借方	贷方
			汇1	汇2（调转账前）	汇1	汇2（调转账前）		
库存现金	6 480		106 500		107 180		5 800	
银行存款	128 800		203 826	148 248	194 345	208 193	78 336	
原材料	253 200		57 675	147 493			458 368	
库存商品	128 400						128 400	
应收账款	8 500			2 784	7 500		3 784	
其他应收款	3 000		5 000		8 000			
固定资产	636 000						636 000	
累计折旧		321 600						321 600
短期借款		436 000		25 000				411 000
应付账款		5 100	7 800	92 065		92 065		-2 700
应付职工薪酬		10 950	101 000					-90 050
应交税费		4 500	14 620	23 240	27 726	20 832		15 198
制造费用			4 500				4 500	
生产成本	137 920			4 340			142 260	
管理费用			12 430	1 620			14 050	
财务费用				4 000			4 000	
主营业务收入					168 600	130 200		298 800
营业外支出				2 500			2 500	
股本		380 000						380 000
本年利润		164 150						164 150
利润分配		-32 830						-32 830
盈余公积		12 830						12 830
合　计	1 302 300	1 302 300	513 351	451 290	513 351	451 290	1 477 998	1 477 998

由表10-12可知，调转账前的本期发生额和余额相等，且假设经账账核对无误。本期的调转账业务见表10-13。

表 10-13　　　　　**本月发生的会计业务（调转账业务）**

凭证号	借方科目和金额（元）		贷方科目和金额（元）	
26	制造费用	2 865	累计折旧	4 770
	管理费用	1 905		
27	生产成本——A 产品	47 440	应付职工薪酬	98 000
	——B 产品	43 276		
	管理费用	7 284		
28	生产成本——A 产品	81 677.57	原材料——甲材料	81 225.50
	——B 产品	53 020.97	——乙材料	54 086.84
	制造费用	613.80		
29	生产成本——A 产品	5 200	制造费用	7 978.80
	——B 产品	2 778.80		
30	库存商品——A 产品	136 899	生产成本——A 产品	136 899
	——B 产品	89 866	——B 产品	89 866
31	税金及附加	14 940	应交税费——应交消费税	14 940
32	主营业务成本	215 702.98	库存商品——A 产品	129 434.37
			——B 产品	86 268.61
33	主营业务收入	298 800	本年利润	298 800
34	本年利润	260 381.98	税金及附加	14 940
			主营业务成本	215 702.98
			管理费用	23 239
			财务费用	4 000
			营业外支出	2 500
35	所得税费用	50 642.01	应交税费——应交所得税	50 642.01
36	本年利润	50 642.01	所得税费用	50 642.01
37	本年利润	151 926.01	利润分配	151 926.01
38	利润分配	15 192.60	盈余公积	15 192.60

（3）根据表10-13的内容，继续编制本月最后一册会计凭证的科目汇总表工作底稿。编制过程见表10-11的“调转账后”的“发生额”和“小计”，以及“合计”等栏目。

（4）按照前文第一至第三步骤的相关原则和方法，编制第二册，即本月最后一册会计凭证的科目汇总表。因其编制原理与前文第三步相同，各科目金额也直接来源于表10-11的“合计”栏，为节约篇幅，略去该科目汇总表。

（5）根据各会计科目的期初余额和本期科目汇总表的发生额，编制本月的账户余额试算平衡表工作底稿（见表10–14），同时进行账账核对和账表核对，无误后，编制正式的账户余额试算平衡表（见表10–15）。

表10–14　　　　账户余额试算平衡表工作底稿

2018年3月

会计科目	期初余额		本期发生额		期末余额	
	借方	贷方	借方	贷方	借方	贷方
库存现金	6 480		106 500	107 180	5 800	
银行存款	128 800		203 826；148 248	194 345；208 193	78 336	
原材料	253 200		57 675；147 493	135 312.34	323 055.66	
库存商品	128 400		226 765	215 702.98	139 462.02	
应收账款	8 500		2 784	7 500	3 784	
其他应收款	3 000		5 000	8 000		
固定资产	636 000				636 000	
累计折旧		321 600		4 770		326 370
短期借款		436 000	25 000			411 000
应付账款		5 100	7 800；92 065	92 065		−2 700
应付职工薪酬		10 950	101 000	98 000		7 950
应交税费		4 500	14 620；23 240	27 726；86 414.01		80 780.01
制造费用			4 500；3 478.8	7 978.8		
生产成本	137 920		237 733.34	226 765	148 888.34	
管理费用			12 430；10 809	23 239		
财务费用			4 000	4 000		
主营业务收入			298 800	168 600；130 200		
主营业务成本			215 702.98	215 702.98		
税金及附加			14 940	14 940		
营业外支出			2 500	2 500		
所得税费用			50 642.01	50 642.01		
股本		380 000				380 000
本年利润		164 150	462 950	298 800		
利润分配		−32 830	15 192.60	151 926.01		103 903.41
盈余公积		12 830		15 192.60		28 022.60
合　计	1 302 300	1 302 300	2 495 694.73	2 495 694.73	1 335 326.02	1 335 326.02

表 10-15 账户余额试算平衡表

2018年3月

会计科目	期初余额		本期发生额		期末余额	
	借方	贷方	借方	贷方	借方	贷方
库存现金	6 480		106 500	107 180	5 800	
银行存款	128 800		352 074	402 538	78 336	
原材料	253 200		205 168	135 312.34	323 055.66	
库存商品	128 400		226 765	215 702.98	139 462.02	
应收账款	8 500		2 784	7 500	3 784	
其他应收款	3 000		5 000	8 000		
固定资产	636 000				636 000	
累计折旧		321 600		4 770		326 370
短期借款		436 000	25 000			411 000
应付账款		5 100	99 865	92 065		-2 700
应付职工薪酬		10 950	101 000	98 000		7 950
应交税费		4 500	37 860	114 140.01		80 780.01
制造费用			7 978.8	7 978.8		
生产成本	137 920		237 733.34	226 765	148 888.34	
管理费用			23 239	23 239		
财务费用			4 000	4 000		
主营业务收入			298 800	298 800		
主营业务成本			215 702.98	215 702.98		
税金及附加			14 940	14 940		
营业外支出			2 500	2 500		
所得税费用			50 642.01	50 642.01		
股本		380 000				380 000
本年利润		164 150	462 950	298 800		
利润分配		-32 830	15 192.60	151 926.01		103 903.41
盈余公积		12 830		15 192.60		28 022.60
合　计	1 302 300	1 302 300	2 495 694.73	2 495 694.73	1 335 326.02	1 335 326.02

在手工会计核算方式下，遵循借贷复式簿记理论，按照科目汇总表核算形式下的规范程序来编制账户余额试算平衡表，体现了账账相符、账表一致和表表一体的会计核算工作原理，同样也是借贷复式簿记自动平衡机制的体现。这除了能够减少会计核算过程中的抄写和计算错误，及时查错防弊、结清账户和提高会计工作效率外，更是企业强化内部会计控制、优化会计管理体制和有效履行会计受托责任的客观要求。

本章小结

●企业要合理地组织会计核算工作，除了要了解会计凭证的填制、账簿的设置和登记，以及会计报表的编制等内容外，还应懂得怎样按照一定的要求把会计凭证、会计账簿和会计报表结合起来，从而形成企业完整的账务处理程序，即会计核算形式。本章主要介绍会计核算形式。首先介绍了什么是会计核算形式、会计核算形式的基本模式和设置原则，以及会计核算形式的类别；然后分别阐述了会计实务工作中常见的5种会计核算形式的基本内容，包括记账凭证核算形式、科目汇总表核算形式、汇总记账凭证核算形式、多栏式日记账核算形式和日记总账核算形式下凭证和账簿的设置，账务处理程序及其优缺点和适用范围。其中，着重掌握最基本的会计核算形式（即记账凭证核算形式）的账务处理程序和适用范围最广的会计核算形式（即科目汇总表核算形式）的账务处理程序的基本内容。

习　题

（一）单项选择题

1.各种会计核算形式的主要区别是（　　）。

A.登记总账的依据和方法不同

B.登记明细账的依据和方法不同

C.填制记账凭证的依据和方法不同

D.编制会计报表的依据和方法不同

2.下列会计核算形式中，最基本的会计核算形式的是（　　）。

A.记账凭证核算形式　　B.科目汇总表核算形式

C.汇总记账凭证核算形式　　D.多栏式日记账核算形式

3.编制科目汇总表的直接依据是（　　）。

A.原始凭证　　B.记账凭证

C.原始凭证汇总表　　D.记账凭证汇总表

4.规模较小、经济业务较少的企业，一般可采用的会计核算形式是（　　）。

A.记账凭证核算形式　　B.科目汇总表核算形式

C.汇总记账凭证核算形式　　D.多栏式日记账核算形式

5.最能体现借贷复式记账原理和岗位职责分工要求、适用范围最广的会计核算形式是（　　）。

A.记账凭证核算形式　　B.科目汇总表核算形式

C.汇总记账凭证核算形式　　D.多栏式日记账核算形式

6.企业采用日记总账核算形式时，日记总账应根据（　　）直接登记。

A.原始凭证　　B.记账凭证

C.原始凭证汇总表　　D.记账凭证汇总表

7.在会计核算形式中，（　　）是核心部分。

A.记账凭证　　B.记账程序

C.记账方法　　D.凭证和账簿组织

8.在科目汇总表核算形式和汇总记账凭证核算形式中，总账的登记依据都是（　　）。

A.原始凭证　　B.记账凭证

C.汇总的记账凭证　　D.汇总的原始凭证

9.对于汇总记账凭证核算形式，下列说法正确的是（　　）。

A.可以进行试算平衡

B.适用于经营规模较小、业务较少的企业

C.能较清楚地反映各账户之间的对应关系

D.编制汇总记账凭证时易发生重复或遗漏

10.会计核算形式主要解决会计核算工作的（　　）。

A.信息质量问题　　B.职责分工问题

C.记账程序问题　　D.技术组织方式问题

（二）多项选择题

1.关于会计核算形式，下列说法正确的有（　　）。

A.科学、合理的会计核算形式有利于企业加强经营管理

B.科学、合理的会计核算形式有利于节约会计核算的成本
C.科学、合理的会计核算形式有利于会计核算工作的分工协作
D.科学、合理的会计核算形式有利于提高会计核算工作的质量和效率
2.在各种会计核算形式中，可作为总分类账户登记依据的有（　　）。
A.记账凭证　　B.记账凭证汇总表
C.科目汇总表　　D.汇总记账凭证
E.原始凭证汇总表
3.在各种会计核算形式下，登记明细分类账户的依据可能有（　　）。
A.原始凭证　　B.原始凭证汇总表
C.记账凭证　　D.记账凭证汇总表
E.汇总记账凭证
4.在各种会计核算形式的账务处理程序中，相同之处包括（　　）。
A.根据原始凭证编制原始凭证汇总表
B.根据原始凭证或原始凭证汇总表填制各种记账凭证
C.根据记账凭证及其所附的原始凭证登记总分类账户
D.根据记账凭证及其所附的原始凭证登记明细分类账户
E.根据审核无误的总账和明细分类账记录编制会计报表
5.总分类账户的登记工作量较大的会计核算形式有（　　）。
A.记账凭证核算形式　　B.日记总账核算形式
C.汇总记账凭证核算形式　　D.科目汇总表核算形式
6.在一般情况下，会计核算形式应包括的基本内容有（　　）。
A.总分类账户的登记依据
B.编制会计报表的资料来源
C.各账簿之间有关信息和数据相互核对的方法
D.所运用的账簿组织的种类、结构以及它们之间的关系
E.所采用的记账凭证的格式和种类以及它们之间的关系
7.科目汇总表核算形式的优点有（　　）。
A.简化了总账登记工作量
B.可反映经济业务的来龙去脉
C.可进行试算平衡
D.能反映各账户之间的对应关系

8.日记总账核算形式的优点在于（　　）。

A.会计凭证的处理较简单

B.便于了解经济业务的来龙去脉

C.便于分工记账

D.有利于减少总账的登记工作量

9.汇总记账凭证核算形式的缺点有（　　）。

A.总账登记工作量较大

B.不便于对经济业务进行分析和检查

C.不能进行试算平衡

D.容易发生汇总错误

10.在多栏式日记账核算形式下，总分类账的登记依据有（　　）。

A.记账凭证　　B.多栏式库存现金日记账

C.多栏式银行存款日记账　　D.转账凭证汇总表

E.原始凭证汇总表

（三）判断题

1.会计核算形式就是记账的程序和方法。（　　）

2.在记账凭证核算形式下，总分类账既可以直接依据记账凭证逐笔登记，也可以依据记账凭证定期汇总登记。（　　）

3.编制科目汇总表时，须根据记账凭证汇总有关会计科目的借、贷方发生额及余额。（　　）

4.汇总记账凭证不仅能反映会计账户之间的对应关系，而且能对全部会计账户进行试算平衡。（　　）

5.在多栏式日记账核算形式下，总分类账户应根据多栏式库存现金日记账、银行存款日记账予以登记。（　　）

6.各种会计核算形式的根本区别在于总账的登记依据不同。（　　）

7.一种会计核算形式适用于不同的企业单位，同一个企业单位可采用几种不同的会计核算形式。（　　）

8.科目汇总表，又称汇总记账凭证，包括汇总收款凭证、汇总付款凭证和汇总转账凭证。（　　）

9.科目汇总表核算形式适用于一切经济组织，是适用范围最广的一

种会计核算形式。 ( )

10. 在各种会计核算形式中，明细分类账户都应根据各种记账凭证及其所附的原始凭证或原始凭证汇总表予以登记。 ( )

（四）业务处理题

1. 宏盛公司2018年采用记账凭证核算形式进行经济业务的账务处理，3月份的有关资料见表10-16。

表10-16 **有关账户的月初余额** 单位：元

会计科目	借方余额	贷方余额	会计科目	借方余额	贷方余额
库存现金	3 500		短期借款		200 000
银行存款	750 000		应付账款		15 000
应收账款	120 000		应付职工薪酬		1 000
其他应收款	4 500		应交税费		5 500
			预计负债		3 500
原材料	500 000		应付股利		10 000
库存商品	200 000		实收资本		2 635 000
生产成本	650 000		资本公积		20 000
固定资产	800 000		盈余公积		35 000
累计折旧		10 000	利润分配		93 000

其中：①“原材料”账户余额500 000元，包括：甲材料2 500件，单价每件80元；乙材料3 000件，单价每件100元。

②“生产成本”和“库存商品”分别为A产品的在产品成本和完工产品成本（该公司只生产A产品）。

③“应收账款”账户包括：应收X公司款项50 000元，应收Y公司款项70 000元。

④“其他应收款”为职工李某借支的差旅费。

⑤“应付账款”为应付Z公司的款项。

该公司3月份发生经济业务如下：

（1）1日，开出转账支票支付上月所欠Z公司货款15 000元和上月应交税费5 500元。

（2）2日，从Z公司购进甲材料1 000件，买价80元/件；购进乙材料1 200件，买价100元/件。增值税税率为16%。共发生运杂费2 200元（按数量分配）。款项以转账支票支付，货尚未入库。

（3）5日，收到上述所购货物，验收入库。

（4）6日，收到X公司偿还的前欠50 000元，存入银行。

（5）6日，发出甲材料1 000件，金额合计81 000元；发出乙材料1 000件，金额合计101 000元。其中：生产A产品耗用材料合计152 000元，车间一般消耗20 000元，行政管理部门消耗10 000元。

（6）10日，李某报销差旅费1 200元，余额以现金退回。

（7）15日，从银行提取现金20 000元，用以发放工资。

（8）16日，实际发放工资20 000元。

（9）16日，分配本月工资费用。其中：支付生产工人工资12 000元，支付车间管理人员工资3 000元，支付行政管理人员工资5 000元。

（10）18日，用支票支付本期广告费1 000元。

（11）20日，从Z公司购入丙材料500件，买价20元/件，增值税税率为16%。货已入库，款项暂欠。

（12）25日，用银行存款支付应付股利10 000元。

（13）28日，销售A产品给X公司，数量2 000件，售价250元/件，增值税税率为16%，已办妥委托银行收款手续。

（14）31日，摊销本期应负担的报纸杂志费200元。

（15）31日，预提本月应负担的借款利息100元。

（16）31日，按本月应付职工薪酬的14%计提本月应付职工各项福利费用。

（17）31日，计提本月固定资产折旧1 800元，全部作为管理费用处理。

（18）31日，分配本月制造费用，全部计入A产品成本。

（19）31日，结转本月完工产品成本450 000元。

（20）31日，结转本月已销售产品的销售成本350 000元。

（21）31日，结转本月损益类账户，以计算确定本月利润总额。

（22）31日，按25%的税率计算本月应交所得税，计算确定本月净利润并进行相应的结转。

要求：（1）开设三栏式库存现金日记账、银行存款日记账、各总分类账户和有关明细分类账户，并填入月初余额；

（2）根据上述资料编制收款凭证、付款凭证和转账凭证（可用会计分录代替）；

（3）根据所填制的各记账凭证登记有关日记账、明细分类账和总分类账，并于月末结出各账户的本月发生额合计和月末余额；

（4）编制试算平衡表，对总账的发生额和余额进行试算平衡；

（5）编制资产负债表和利润表。

2.海华公司采用科目汇总表核算形式对经济业务进行账务处理。2018年3月份的有关账户期初余额及3月份发生的经济业务同习题1的资料。

要求：（1）开设日记账、总账和明细分类账，并填入期初余额；

（2）根据上述资料编制收款、付款和转账凭证（可用会计分录代替）；

（3）根据要求（2）编制科目汇总表；

（4）登记总账和明细分类账并结账；

（5）编制资产负债表和利润表。

3.海华公司2018年4月1—10日发生的经济业务的会计分录如下：

（1）借：原材料　　20 000

　　应交税费——应交增值税（进项税额）　　3 200

　贷：银行存款　　23 200

（2）借：生产成本　　8 000

　　制造费用　　2 000

　贷：原材料　　10 000

（3）借：银行存款　　5 000

　贷：应收账款　　5 000

（4）借：库存现金　　3 000

　贷：银行存款　　3 000

（5）借：管理费用　　1 200

　贷：库存现金　　1 200

（6）借：应收账款　　11 600

贷：主营业务收入　　　　　　　　　　　　　　　　　10 000

　　应交税费—应交增值税（销项税额）　　　　　　　　1 600

（7）借：管理费用　　　　　　　　　　　　　　　　　580

　　库存现金　　　　　　　　　　　　　　　　　　　20

　　贷：其他应收款　　　　　　　　　　　　　　　　600

要求：根据上述资料，判断应填制的记账凭证种类，并代海华公司分别编制科目汇总表和汇总转账凭证。

第十一章

会计工作规范

第一节　会计规范体系

一、会计规范的定义

规范是约定俗成或明文规定的标准，它是调节社会或个人行为的一种手段，指明人们应该怎样做，不应该怎样做。规范的意义在于调节人们的社会行为以达到和谐，协调人们的社会关系以达到均衡，使社会保持有序状态。会计规范是社会一般规范在会计实践中的应用。至于具体定义，我国学者对此有着不同的认识。

著名会计学家葛家澍教授认为，会计规范是一个广义的术语，它包括所有对会计的记录、确认、计量和报告具有制约和引导作用的法律、法规、原则、准则和制度等。

于玉林教授认为，会计作为对经济活动进行核算和监督的一种管理活动，无论是从事管理活动的主体，还是外部信息的使用者，都将选用一定的标准，对会计工作的运行及其结果进行分析和评价，这个标准就是会计规范。会计规范是进行和评价会计工作的标准，是会计法律、原则、惯例、制度和职业道德等规范的总称。

陈亚民认为，会计规范是在会计领域中起作用的一种社会意识形态，具有公认性、统一性、客观性和反复适用性。作为一种标准，它帮助会计人员解决如何工作的问题，为评价会计工作提供客观依据；作为一种机制，它是保障和促进会计活动达到预期目的的一种制约力量。

上述定义虽有一定的差别，但都指出了会计规范应当说明自己的性质、内容、功能和特征。这对我们理解和研究会计规范是十分重要的。

综合学者们的观点，我们认为：会计规范是为实现会计目标，使会计工作程序和方法得以科学化、标准化而建立的一系列会计法律、法规、准则、制度、条例、职业道德和会计惯例的总和。

二、会计规范的作用

会计规范作为一种标准，规定了会计工作应当做什么，不应当做什么，应当怎么做，不应当怎么做。它在会计系统运行过程中发挥着规范机制的作用，对评价会计工作业绩、完成会计任务、促进经济发展有着重要意义。会计规范的作用具体表现在以下几个方面：

（一）规范和评价会计行为

会计规范要求会计工作主体，即会计人员按照一定的标准进行会计核算、会计管理、会计行政事务管理，同时对会计人员的职业道德也提出了相应的要求。它告诉人们哪些行为是可取的，哪些行为是不可取的，为检查和揭示不当会计行为提供必要的理论依据。因此，会计规范是规范和评价会计行为的依据。

（二）保证会计信息质量，维护社会经济秩序

真实、有用的会计信息是资本市场有效运行的重要组成部分。各企业、事业单位只有按照会计规范组织会计工作，严格执行会计规范，才能保证会计工作质量，保证会计信息在资本市场上发挥应有的作用。所以，会计规范对于保证会计信息质量、保护利益相关集团的利益、维护国家正常的经济秩序具有积极的作用。

（三）促进会计理论的发展

从会计理论结构上来看，会计规范理论是会计理论体系的重要组成部分，它同会计基本理论和会计行为理论相互联系、相互制约，共同构

成一个完整的会计理论体系，对于促进会计目标理论、会计职能、会计行为科学等的完善与发展具有重要的现实意义。

三、会计规范的特征

（一）权威性

会计规范作为评价会计行为合理、合法的标准，其外在表现为公认性，即会计人员的自觉遵守和社会公众的认可。不管这些规范是成文的还是惯例的，只有按照会计规范进行会计工作，才能得到同行和社会公众的认可。

（二）统一性

会计规范的统一性，体现在时间和空间上的统一。在某一历史时期，会计规范对同一国家、同一地区的不同会计主体的会计行为具有共同的约束力。会计规范的统一体现在特定时空范围、特定会计主体和特定会计行为上的统一。

（三）相对稳定性

会计规范的内容是相对稳定的，任何国家的会计规范都体现为历史的继承性和演进性，以及在特定历史条件和社会环境下的稳定性。随着社会环境的变化，一些不再适宜或过时的会计规范会被修正甚至放弃，而一些新的会计规范则被建立和接受。

（四）科学性

会计是一门科学。会计规范的形成、完善和发展，一方面有会计基本理论的指导，另一方面体现为与会计所处客观环境的有机结合，体现了会计工作的内在规律和要求。从会计实践和会计理论两个方面看，会计规范具有科学、合理的内核。

四、会计规范体系

会计规范是一个体系，从不同的角度进行分类，可以形成不同的规范体系。从性质上看，会计规范可分为会计法律、会计行政法规、会计规章制度、会计职业道德和会计惯例；从适用范围上分类，会计规范可分为全国性会计规范、地方性会计规范、部门（或行业）会计规范和企业会计规范；从约束力的强弱上来看，会计规范可分为强制性和非强制性会计规范。

（一）我国会计规范体系的构成

从我国会计规范体系的形成和发展来看，人们一般是从会计规范的性质和内容两个方面来归纳我国会计规范体系的，即会计规范体系分为会计法律、会计行政法规、会计部门规章、会计规范性文件、地方性会计法规和单位内部会计制度等6个方面。

1.会计法律

会计法律是由国家立法机关制定、颁布、执行的会计行为规范。在我国，会计法律具体有两种形式：一种是专门规范会计行为的法律，如《会计法》《中华人民共和国注册会计师法》等；另一种是其他法律中与会计相关的法律条款规定，如《中华人民共和国合同法》《中华人民共和国公司法》等法律中的相关条款。

2.会计行政法规

会计行政法规是由国家最高行政机关——国务院制定、颁布和实施的会计行为规范，如《总会计师条例》等。会计行政法规在性质上是同会计法律保持一致的，在内容上是对会计法律某个方面的补充或具体化。

3.会计部门规章

会计部门规章是国家主管会计工作的行政部门——财政部及其他部委制定的以部长令形式公布的会计方面的规范。从现阶段财政部以部长令形式公布的会计规范来看，会计部门规章主要有《企业会计准则——基本准则》《企业财务通则》等。

4.会计规范性文件

会计规范性文件是国家主管会计工作的行政部门——财政部及其他部委制定的以部门文件形式印发的会计方面的规范，目前主要包括《企业会计准则第1号——存货》等42项具体准则和《会计基础工作规范》等。

5.地方性会计法规

地方性会计法规是各省、自治区、直辖市根据会计法律、行政法规和部门规章等的规定，结合本地区的实际情况制定的一些在本地区范围内实施的会计行为规范。

6.单位内部会计制度

单位内部会计制度是各单位根据上述5个层次的会计规范，结合单位类型和内部管理的需要而制定的适合本单位实际情况和经营发展需要的单位内部会计行为规范。

（二）《会计法》

《会计法》是会计工作的根本大法，是从事会计工作，办理会计事务的法律规范，是拟定其他各项会计法规、制度的基础和依据，是加强会计工作法制建设的纲领性文件。

《会计法》于1985年1月21日由第六届全国人民代表大会常务委员会第九次会议通过，于1985年5月1日起实施，在1993年12月29日第八届全国人民代表大会常务委员会第五次会议上进行了第一次修正。随着社会的发展和经济环境的变化，1999年10月31日召开的第九届全国人民代表大会常务委员会第十二次会议对《会计法》进行了修订并在当日以中华人民共和国主席第24号令公布，于2000年7月1日起实施。2017年11月4日第十二届全国人民代表大会常务委员会第三十次会议对《会计法》进行了第二次修正。

现行《会计法》共7章52条。

第一章“总则”共8条，主要规定了《会计法》的立法宗旨和适用范围；会计机构、会计人员的职责和任务；单位领导人的责任及对会计人员的法律保障和奖励；会计工作的管理体制等内容。

第二章“会计核算”共15条，主要规定了会计核算的依据；会计核算的内容；会计核算的年度；会计核算的记账本位币；会计核算的总原则；会计核算的程序与方法；财务报告的内容及呈报；会计档案管理等内容。

第三章“公司、企业会计核算的特别规定”共3条，主要规定了公司、企业会计要素的确认与计量；公司、企业会计核算行为规范等内容。

第四章“会计监督”共9条，主要规定了单位内部会计监督制度；会计监督的主体、对象；会计监督的内容、方法和程序；外部监督等内容。

第五章“会计机构和会计人员”共6条，主要规定了会计机构的设置和会计人员的配备；稽核制度的建立；会计人员应具备的专业能力；会计人员应遵循的职业道德；会计人员工作交接制度等内容。

第六章“法律责任”共8条，主要规定了违反《会计法》应承担的行政责任；违反《会计法》应承担的刑事责任；财政部门及其他行政部门的法律责任等内容。

第七章“附则”共3条，主要规定了《会计法》用语的定义、个体工商户会计管理办法、《会计法》的实施日期。

（三）会计准则

会计准则是会计核算工作必须遵循的标准和规范。我国会计准则包括企业会计准则和非企业会计准则。

1992年，财政部颁布了我国的第一个企业会计准则（即基本会计准则）并于1993年7月1日起开始实施。为规范上市公司会计信息披露，自1997年起，我国先后颁布了多项具体会计准则。为了适应国内经济发展和经济全球化需要，财政部修订了部分企业会计准则，制定了多项新的企业会计准则，并于2006年2月15日发布了《企业会计准则——基本准则》和38项具体准则；2006年11月财政部又印发了配套的应用指南，初步形成了具有中国特色的会计准则体系。现行企业会计准则自2007年1月1日起在上市公司范围内施行，鼓励其他企业执行。以后，企业会计准则进行了两次修行和新增，截至目前，包括1项基本准则和42项具体准则。

1.基本会计准则

基本会计准则的作用是“准则的准则”，对42项具体准则起着统驭和指导作用；具体会计准则应在基本会计准则规定的框架内，按照会计业务或事项的类别进行制定与执行。基本会计准则主要规范如下几方面的内容：

（1）规定整个会计准则体系的目的。基本会计准则将制定会计准则体系的目的归纳为规范企业会计确认、计量和报告行为，保证会计信息质量；向财务报告使用者提供与企业财务状况、经营成果和现金流量等有关的会计信息，反映企业管理层受托责任履行情况，有助于财务会计报告使用者作出经济决策。

（2）规范会计核算的基本前提和会计信息质量要求。现行企业会计准则对会计核算的基本前提（即会计的基本假设）没有作修改，仍然为会计主体、持续经营、会计分期和货币计量四个方面；将原来的会计核算一般原则修改为对会计信息质量提出要求。修改前的会计核算一般原则为12条，要求企业的会计核算要遵循客观性、相关性、可比性、一贯性、及时性、明晰性、历史成本计价、权责发生制、谨慎、配比、划分收益性支出和资本性支出、重要性原则。现行企业会计准则将原来的

12条会计核算一般原则分成了两部分：一部分改为对会计信息质量提出要求，这些要求包括真实性、相关性、明晰性、可比性、一贯性、实质重于形式、谨慎性、重要性、及时性等；另一部分是将原来的历史成本计价、权责发生制、配比原则作为对会计要素计量提出的要求处理。

（3）规范会计要素及其确认与计量、会计报告整体要求。现行基本会计准则仍然将企业会计要素规范为资产、负债、所有者权益、收入、费用和利润6个方面，未发生变动；原企业会计准则规定会计要素的计量属性只有历史成本一个，现行企业会计准则规定的计量属性有5个，即历史成本、重置成本、可变现净值、现值和公允价值，并规定企业在对会计要素进行计量时，一般应当采用历史成本；采用重置成本、可变现净值、现值、公允价值计量的，应当保证所确定的会计要素金额能够取得并可靠计量。现行企业会计准则在原财务会计报告的基础上进行了修改，对报告的内容规范为会计报表、附注和其他应当在财务会计报告中披露的相关信息和资料，即由披露的信息取代了原财务会计报告中的财务情况说明书。

2.具体会计准则

具体会计准则应根据基本会计准则的精神制定，用来指导企业各类经济业务的确认、计量、记录和报告。42项具体会计准则具体规范三类经济业务或会计事项的处理：

（1）一般业务处理准则。其主要规范各类企业普遍适用的一般经济业务的确认与计量，如存货核算、长期股权投资、固定资产、无形资产、投资性房地产、职工薪酬、收入、建造合同、所得税、股份支付、政府补助、外币折算、借款费用、资产减值、每股收益、企业合并、企业年金基金、财务报表列报、现金流量表、中期财务报告、分部报告、资产负债表日后事项、会计政策、会计估计变更和前期差错更正等。

（2）特殊行业会计准则。其主要规范特殊行业的会计业务或事项的处理，如生物资产、石油天然气开采等。

（3）特定业务准则。其主要规范特定业务的确认与计量，如债务重组、非货币性资产交换、租赁、或有事项、金融工具确认与计量、金融资产转移、金融工具列报、套期保值、原保险合同、再保险合同等。

3.企业会计准则应用指南

企业会计准则应用指南是根据基本会计准则和具体会计准则制定的

指导会计实务的操作细则。其主要解决在运用企业会计准则处理经济业务时所涉及的会计科目、账务处理、会计报表及其格式和编制问题，类似于以前的会计制度。由于金融企业的会计业务与其他企业的会计业务存在较大的差别，所以企业会计准则应用指南包括金融企业的会计科目、会计报表和非金融企业的会计科目、会计报表。现行企业会计准则的应用指南是企业会计准则体系的组成部分，有助于会计人员完整、准确地理解和掌握现行企业会计准则，确保现行企业会计准则的贯彻实施。

财政部起草的企业会计准则应用指南包括两大部分内容：一是企业会计准则解释部分，主要对各项准则的重点、难点和关键点进行具体解释和说明；二是会计科目和财务报表部分，主要根据企业会计准则规定应当设置的会计科目及主要账务处理、报表格式及编制要求等。企业会计准则应用指南的两个部分从不同角度对企业会计准则进行了细化，以解决实务操作问题。

非企业会计准则是企业之外的其他单位适用的会计准则，如《事业单位会计准则》（2012年12月6日发布，自2013年1月1日起施行）、《政府会计准则——基本准则》（2015年10月23日公布，自2017年1月1日起施行）等。

第二节　会计机构和会计人员

一、会计机构

会计机构是指各单位依据会计工作的需要设置的专门负责办理本单位会计业务事项、进行会计核算、实行会计监督的职能部门。它一般由会计机构负责人和会计人员组成。会计机构是单位会计工作的重要承担者，是保证单位会计信息真实、准确、完整、合法的决定因素。建立和健全会计机构，是加强会计工作、保证会计工作顺利进行的重要条件。

（一）会计机构的设置

《会计法》规定，各单位应当根据会计业务的需要，设置会计机构，或者在有关机构中设置会计人员并指定会计主管人员；不具备设置条件的，应当委托经批准设立从事会计代理记账业务的中介机构代理记账。《会计法》规定国务院财政部门管理全国的会计工作，县级以上地方各级人民政府的财政机关管理本地区的会计工作。中央和地方各级管理机关一般设置会计司、局、处、科等专门机构，依法管理本辖区范围内的会计工作。

各基层单位会计机构的设置，应根据其规模大小、会计业务繁简、收支数额大小等具体情况来确定。凡实行独立核算的大中型企业、事业等单位都应当单独设置会计机构并配备会计机构负责人，并且通常在会计部门下面分设几个职能组，配备相应的会计人员，分管有关会计工作。例如，在大中型工业企业中，会计科一般分设成本组、工资组、存货组、固定资产和无形资产组、综合组等，各个职能组的各个会计工作岗位的专项会计人员分别负责有关业务处理，明确岗位责任制。规模较小的单位也可单独设置会计机构；如不设置会计机构，则要配置专职会计人员，并在专职会计人员中指定会计主管人员负责领导和办理本单位的会计工作。

《会计法》规定国有的和国有资产占控股地位或者主导地位的大中型企业必须设置总会计师。总会计师的任职资格、任免程序、职责权限由国务院规定。

不具备设置专门会计人员条件的经济组织，如小型经济组织和个体工商户，也应当建立账簿（除经过批准不建账外），进行会计核算，并根据财政部（94）财会字第24号文件《代理记账管理暂行办法》的规定，委托会计师事务所、代理记账公司或其他会计咨询服务机构办理会计业务，受托代理机构必须持有县级以上人民政府财政部门颁发的代理记账许可证书。

（二）会计机构的职责

《会计法》要求会计机构遵守法律、法规，按照会计法规定办理会计事务，进行会计核算，实行会计监督，明确指出了会计机构的主要职责，现归纳如下：

（1）组织领导会计人员办理会计手续，进行会计核算，如款项的收、付，财物的收、发，债权、债务的结算，收入、成本、费用的计算等事项。

（2）对本单位实行会计监督，如对各种不合法、不合理的财物收支，依照法律和有关制度规定进行处理。

（3）拟定本单位办理会计事务的具体办法。

（4）参与拟订经济计划、业务计划，考核、分析预算和计划的执行情况。

（5）办理其他会计事务。

（三）会计工作的组织形式

企业会计工作的具体组织形式是指企业内部各级会计机构之间在会计反映和监督上的关系。企业会计工作的组织形式按照部门之间会计工作分工方式，分为集中核算和非集中核算两种；按企业与所属单位之间经济管理体制的不同，分为独立核算和非独立核算两种。

1.按会计工作分工方式分类

（1）集中核算。

集中核算是指把企业的会计核算工作主要集中到企业的会计机构进行。企业内部各部门一般不设会计机构，只设置专职或兼职的会计人员，只对所发生的经济业务作原始记录、汇总，定期将原始凭证和原始凭证汇总表报送企业会计部门，由企业会计部门登记账簿，并编制会计报表。

实行集中核算，可以减少核算层次，节省人力、物力，提高工作效率，并使财务部门掌握的资料比较完整和详细，便于集中审核，有利于全面了解企业的经济状况，会计技术处理也比较规范。

（2）非集中核算。

非集中核算又称分散核算，是指企业的会计核算工作分散到企业的各个车间、部门来进行。在非集中核算组织形式下，企业各车间、部门一般要设置会计机构，进行凭证整理，设置并登记账簿，单独计算盈亏，编制内部会计报表，汇总到厂部会计部门进行汇总核算，编制整个企业的会计报表。

非集中核算适用于日常管理需要会计资料的企业的内部单位，如内部设有分厂、车间、班组，并需要相互考核的企业。非集中核算在生产一线进行，使各车间、部门能够随时掌握和利用核算资料，掌握第一手情况，便于控制和监督，及时地解决经营过程中出现的问题。

一个企业单位或者企业单位内部的几个不同部门，实行集中核算还是非集中核算，主要应根据各个单位、部门的特点和管理要求，从有利于加强经济管理、经济核算的角度来确定。但是，无论采用哪一种组织形式，企业单位现金的收支、银行存款的往来、物资的购销、债权和债务的结算等对外经济往来，都必须由厂部会计机构集中办理，企业单位内部各车间、部门不能直接对外发生经济往来。

2.按企业与所属单位之间经济管理体制分类

（1）独立核算。

独立核算是指运用会计方法对本单位的经济活动进行全面、系统、完全的核算和监督的会计工作组织形式。实行独立核算的会计主体，被称为独立核算单位。独立核算单位的主要特征是：①拥有一定数量的资产，并可以支配生产经营过程中的资金；②在银行独立开设账户，对外办理结算；③独立编制生产经营计划；④独立计算盈亏；⑤具有完整的凭证、账簿和报表系统；⑥单独设置会计机构，配备专职会计人员。

（2）非独立核算。

非独立核算是独立核算的对称，包括半独立核算和报账制。在实行内部经济核算制的单位，下属各部门都有一定的经营管理权，负有完成各项任务的责任，并可按照工作成果获得一定的物质利益。这些部门为了反映和考核各自的经营成果，可以进行比较全面的核算，如对本部门业务发生的收入、费用、成本和经营成果等进行较完整的核算，但这些部门不能单独与外单位签订购销合同，不能在银行开设结算账户。同外单位发生的债权和债务的结算，要通过单位财会部门负责办理，这种核算形式被称为半独立核算。所谓报账制，是指独立核算单位下属的简易核算单位，虽具有独立的经营业务，但不进行完整的核算，没有完整的账簿记录，不需要编制会计报表，平时只进行原始凭证的整理、汇总，以及现金、实物保管明细账的登记，而后定期将各种原始凭证报送独立核算单位的财会部门进行集中核算。

（四）会计机构内部的稽核制度

为了保证会计资料的真实性、合法性、准确性，确保国有资产的保值和完整，《会计法》规定：“会计机构内部应当建立稽核制度。”

会计机构内部实行稽核制度和钱账分管制度，这对会计工作非常重要，主要从以下几个方面具体实施：

（1）会计机构负责人或主管人员指定的专职或兼职人员，对本单位的会计凭证、账簿、报表和其他会计资料进行审核。一方面，在经济业务登账前，以会计凭证为对象，依据会计准则、会计制度和有关规定，审核凭证所反映的经济业务的合法性、合理性、真实性和准确性；另一方面，从会计处理技术上审核会计记录是否有差错、篡改等现象。

（2）出纳人员不得兼管稽核和会计档案的保管，不得从事收入、支出、费用、债权和债务等分类账目的登记工作，形成“管账不管钱，管钱不管账”的账款分管的内部牵制。

（3）在会计处理业务过程中，健全内部稽核制度和内部牵制制度，如账证核对、账账核对、账表核对，做到岗位职责明确，严禁失职。

（4）会计机构内部稽核制度是企业内部控制制度的一种，它不同于单位内部的审计制度。前者是会计机构内部的一种工作制度，是会计人员对会计工作的自我检查；后者是单位在会计机构之外另行设置内部审计机构，配备审计人员对会计工作进行再检查的一种制度。

二、会计人员

有了专门的会计机构，还必须配备一定数量合格的、训练有素的会计人员。这是会计工作能否顺利进行、会计职能能否充分发挥、会计信息质量好坏的关键。会计人员是会计机构内部从事会计工作的全体成员，包括总会计师、会计主管人员、出纳及各专项会计人员等。

（一）会计人员应具备的基本条件

（1）《会计法》第三十八条规定，从事会计工作的人员，应当具备从事会计工作所需要的专业能力。

《会计法》第三十八条还规定，担任单位会计机构负责人（会计主管人员）的，应当具备会计师以上专业技术职务资格或从事会计工作3年以上经历。

（2）会计人员应当具备必要的专业知识和专业技能，熟悉国家有关法律、法规、规章和国家统一会计制度，遵守职业道德。

（二）会计人员的专业技术职称

会计人员的专业技术职称是明确会计人员职责、赋予会计人员业务权限、评价会计人员专业技术水平的重要依据。为了提高会计人员的专业技术水平，调动会计人员钻研业务和工作的积极性，确保会计资料的质量，提高会计工作效率，保证会计工作的顺利进行，充分发挥会计人员的创造性，我国对会计人员的专业技术职称作出了规定，会计专业技术职称分为高、中、初三级，对会计人员职称的评定工作及专业水平也制定了全国统一的程序和标准，会计人员的技术职称实行全国统一考试制度，按公平、客观的原则选拔人才，授予不同职称资格。企业、事业、行政单位的会计人员根据其从事财会工作的年限、业务水平和工作成绩，经本人申请、单位批准、参加会计专业技术职务资格考试合格后，可以确定其专业技术职称。

随着职称改革工作的正常化，为建立科学、合理的人才选拔机制，财政部与人事部于1992年联合制定了《会计专业技术资格考试暂行规定》，从1992年8月1日起，对中级以下会计专业技术资格实行考试制度，以考代评，鼓励会计人员自学成才，促使会计人员素质和会计工作水平不断提高。2017年《会计法》修订后，从事会计工作不再需要取得从业资格证书。

（三）会计人员的职责与权限

1.会计人员的职责

（1）按照国家财务制度的规定，认真编制并严格执行财务计划、预算，遵守各项收入制度、费用开支范围和开支标准，分清资金渠道，合理使用资金。

（2）按照《会计法》的规定，进行会计核算。按照国家会计制度的规定记账、算账和报账，做到手续完备，内容真实，数字准确，账目清楚，日清月结，按期报账。

（3）建立财产清查制度，保证账簿记录与实物、款项相符。

（4）按照国家颁发的《会计档案管理办法》的规定，建立会计档案，要妥善保管各种会计凭证、会计账簿、会计报表及其他会计资料。

（5）根据《会计法》的规定实行会计监督，概括地说，就是通过会计工作对各经济实体的财务收支和经济活动的合法性、合理性、有效性进行监督。

（6）根据《会计法》、会计准则和行业、部门会计制度，拟定本单位办理会计事务的具体办法，建立、健全各项财务会计制度。

（7）参与拟订经济计划和业务计划，按照经济核算原则，定期检查、分析财务计划和预算的执行情况，挖掘增收节支的潜力，考核资金使用效果，揭露经营管理中的问题，及时向领导提出建议。

（8）会计人员调动工作或离职，必须按规定向接管人员办理移交手续。

（9）遵守、宣传、维护国家财政、财务制度和财经纪律，同一切违法乱纪行为作斗争。

2.会计人员的权限

（1）有权要求本单位遵守国家有关财经纪律和财务会计制度。对不合规、不合法、不合理、不真实的经济业务，有权拒绝付款、拒绝报销和拒绝执行，并向单位领导或上级财政部门报告。

（2）有权参与本单位计划、定额的制定，参加签订经济合同及有关生产、经营管理会议。

（3）有权监督、检查本单位的财务收支、资产使用和财产保管、收发、计量等情况。

（4）对于违反法令、制度、规定的事项，有权拒绝办理。

（5）对于在执行职务中所发现的问题，有权向本单位领导或上级机关、财政部门报告，提请处理。

（四）会计人员任免和工作交接

1.会计人员的任免

国有企业、事业单位的会计机构负责人、会计主管人员的任免，应当经过主管单位同意，不得任意调动或撤换。会计人员应忠于职守，坚持原则。受到错误处理的，主管单位应当责成所在单位予以纠正；玩忽职守，丧失原则，不宜担任会计工作的，主管单位应当责成所在单位予以撤职或免职。

2.会计工作交接

会计人员调动工作或者离职，必须与接管人员办清交接手续。一般由会计机构负责人、会计主管人员监交；会计机构负责人、会计主管人员办理交接手续，由单位领导人监交，必要时可以由主管单位派人会同监交。

第三节　会计档案

一、会计档案的保管

会计档案是指单位在进行会计核算等过程中接收或形成的记录和反映单位经济业务事项的具有保存价值的文字、图表等各种形式的会计资料，包括通过计算机等电子设备形成、传输和存储的电子会计档案。它是反映经济业务的重要史料和证据。会计档案是国家档案的重要组成部分，也是各单位的主要档案之一。必须加强对会计档案的管理，建立、健全会计档案的立卷、归档、保管、调阅和销毁等管理制度，切实管好会计档案。

（一）会计档案的范围

单位的档案机构或者档案工作人员所属机构（以下统称单位档案管理机构）负责管理本单位的会计档案。单位也可以委托具备档案管理条件的机构代为管理会计档案。

（1）会计凭证，包括原始凭证、记账凭证；

（2）会计账簿，包括总账、明细账、日记账、固定资产卡片及其他辅助性账簿；

（3）财务会计报告，包括月度、季度、半年度、年度财务会计报告；

（4）其他会计资料，包括银行存款余额调节表、银行对账单、纳税申报表、会计档案移交清册、会计档案保管清册、会计档案销毁清册、会计档案鉴定意见书及其他具有保存价值的会计资料。

各种预算、计划、制度等文件材料，属于文书档案，不是会计档案，执行文书档案管理规定。

（二）会计档案的保管

根据财政部颁发的《会计人员工作规则》、2015年12月11日中华人民共和国财政部和国家档案局联合发布的《会计档案管理办法》（自2016年1月1日起施行），会计档案的保管包括以下内容：

（1）单位可以利用计算机、网络通信等信息技术手段管理会计档案。

（2）同时满足下列条件的，单位内部形成的属于归档范围的电子会计资料可仅以电子形式保存，形成电子会计档案：

①形成的电子会计资料来源真实有效，由计算机等电子设备形成和传输；

②使用的会计核算系统能够准确、完整、有效接收和读取电子会计资料，能够输出符合国家标准归档格式的会计凭证、会计账簿、财务会计报表等会计资料，设定了经办、审核、审批等必要的审签程序；

③使用的电子档案管理系统能够有效接收、管理、利用电子会计档案，符合电子档案的长期保管要求，并建立了电子会计档案与相关联的

其他纸质会计档案的检索关系；

④采取有效措施，防止电子会计档案被篡改；

⑤建立电子会计档案备份制度，能够有效防范自然灾害、意外事故和人为破坏的影响；

⑥形成的电子会计资料不属于具有永久保存价值或者其他重要保存价值的会计档案。

（3）满足上述规定条件，单位从外部接收的电子会计资料附有符合《中华人民共和国电子签名法》规定的电子签名的，可仅以电子形式归档保存，形成电子会计档案。

（4）单位的会计机构或会计人员所属机构（以下统称单位会计管理机构）按照归档范围和归档要求，负责定期将应当归档的会计资料整理立卷，编制会计档案保管清册。

当年形成的会计档案在会计年度终了后可由单位会计管理机构临时保管1年，到期后再移交单位档案管理机构保管。因工作需要确需推迟移交的，应当经单位档案管理机构同意。

（5）单位会计管理机构临时保管会计档案最长不超过3年。临时保管期间，会计档案的保管应当符合国家档案管理的有关规定，且出纳人员不得兼管会计档案。

（6）单位会计管理机构在办理会计档案移交时，应当编制会计档案移交清册，并按照国家档案管理的有关规定办理移交手续。

纸质会计档案移交时应当保持原卷的封装。电子会计档案移交时应当将电子会计档案及其元数据一并移交，且文件格式应当符合国家档案管理的有关规定。特殊格式的电子会计档案应当与其读取平台一并移交。

单位档案管理机构接收电子会计档案时，应当对电子会计档案的准确性、完整性、可用性、安全性进行检测，符合要求的才能接收。

（7）单位应当严格按照相关制度利用会计档案，在进行会计档案查阅、复制、借出时履行登记手续，严禁篡改和损坏。

单位保存的会计档案一般不得对外借出。确因工作需要且根据国家有关规定必须借出的，应当严格按照规定办理相关手续。

会计档案借用单位应当妥善保管和利用借入的会计档案，确保借入会计档案的安全完整，并在规定时间内归还。

（8）会计档案的保管期限分为永久、定期两类。定期保管期限一般分为10年和30年（见表11-1、表11-2）。

会计档案的保管期限从会计年度终了后的第一天算起。

表11-1　　　　企业和其他组织会计档案保管期限表

序号	档案名称	保管期限	备　注
一	会计凭证		
1	原始凭证	30年	
2	记账凭证	30年	
二	会计账簿		
3	总账	30年	
4	明细账	30年	
5	日记账	30年	
6	固定资产卡片		固定资产报废清理后保管5年
7	其他辅助性账簿	30年	
三	财务会计报告		
8	月度、季度、半年度财务会计报告	10年	
9	年度财务会计报告	永久	
四	其他会计资料		
10	银行存款余额调节表	10年	
11	银行对账单	10年	
12	纳税申报表	10年	
13	会计档案移交清册	30年	
14	会计档案保管清册	永久	
15	会计档案销毁清册	永久	
16	会计档案鉴定意见书	永久	

表11-2 财政总预算、行政单位、事业单位和税收会计档案保管期限表

序号	档案名称	保管期限			备注
		财政总预算	行政单位和事业单位	税收会计	
一	会计凭证				
1	国家金库编送的各种报表及缴库、退库凭证	10年		10年	
2	各收入机关编送的报表	10年			
3	行政单位和事业单位的各种会计凭证		30年		包括原始凭证、记账凭证和传票汇总表
4	财政总预算拨款凭证和其他会计凭证	30年			包括拨款凭证和其他会计凭证
二	会计账簿				
5	日记账		30年	30年	
6	总账	30年	30年	30年	
7	税收日记账（总账）			30年	
8	明细分类账、分户账或登记簿	30年	30年	30年	
9	行政单位和事业单位固定资产卡片				固定资产报废清理后保管5年
三	财务会计报告				
10	政府综合财务报告	永久			下级财政、本级部门和单位报送的保管2年
11	部门财务报告		永久		所属单位报送的保管2年
12	财政总决算	永久			下级财政、本级部门和单位报送的保管2年
13	部门决算		永久		所属单位报送的保管2年
14	税收年报（决算）			永久	
15	国家金库年报（决算）	10年			

续表

序号	档案名称	保管期限			备　注
		财政总预算	行政单位和事业单位	税收会计	
16	基本建设拨、贷款年报（决算）	10年			
17	行政单位和事业单位会计月、季度报表		10年		所属单位报送的保管2年
18	税收会计报表			10年	所属税务机关报送的保管2年
四	其他会计资料				
19	银行存款余额调节表	10年	10年		
20	银行对账单	10年	10年	10年	
21	会计档案移交清册	30年	30年	30年	
22	会计档案保管清册	永久	永久	永久	
23	会计档案销毁清册	永久	永久	永久	
24	会计档案鉴定意见书	永久	永久	永久	

注：税务机关的税务经费会计档案保管期限，按行政单位会计档案保管期限规定办理。

二、会计档案销毁和移交

（一）会计档案的销毁

（1）单位应当定期对已到保管期限的会计档案进行鉴定，并形成会计档案鉴定意见书。经鉴定，仍需继续保存的会计档案，应当重新划定保管期限；对保管期满、确无保存价值的会计档案，可以销毁。

（2）会计档案鉴定工作应当由单位档案管理机构发起，组织单位会计、审计、纪检监察等机构或人员共同进行。

（3）经鉴定可以销毁的会计档案，应当按照以下程序销毁：

①单位档案管理机构编制会计档案销毁清册，列明拟销毁会计档案

的名称、卷号、册数、起止年度、档案编号、应保管期限、已保管期限和销毁时间等内容。

②单位负责人、档案管理机构负责人、会计管理机构负责人、档案管理机构经办人、会计管理机构经办人在会计档案销毁清册上签署意见。

③单位档案管理机构负责组织会计档案销毁工作，并与会计管理机构共同派员监销。监销人在会计档案销毁前，应当按照会计档案销毁清册所列内容进行清点核对；在会计档案销毁后，应当在会计档案销毁清册上签名或盖章。

电子会计档案的销毁还应当符合国家有关电子档案的规定，并由单位档案管理机构、会计管理机构和信息系统管理机构共同派员监销。

（4）保管期满但未结清的债权和债务会计凭证和涉及其他未了事项的会计凭证不得销毁，纸质会计档案应当单独抽出立卷，电子会计档案单独转存，保管到未了事项完结时为止。

单独抽出立卷或转存的会计档案，应当在会计档案鉴定意见书、会计档案销毁清册和会计档案保管清册中列明。

（5）单位因撤销、解散、破产或其他原因而终止的，在终止或办理注销登记手续之前形成的会计档案，按照国家档案管理的有关规定处置。

（二）会计档案的移交

（1）单位分立后原单位存续的，其会计档案应当由分立后的存续方统一保管，其他方可以查阅、复制与其业务相关的会计档案。

单位分立后原单位解散的，其会计档案应当经各方协商后由其中一方代管或按照国家档案管理的有关规定处置，各方可以查阅、复制与其业务相关的会计档案。

单位分立中未结清的会计事项所涉及的会计凭证，应当单独抽出由业务相关方保存，并按照规定办理交接手续。

单位因业务移交其他单位办理所涉及的会计档案，应当由原单位保管，承接业务单位可以查阅、复制与其业务相关的会计档案。对其中未结清的会计事项所涉及的会计凭证，应当单独抽出由承接业务单位保存，并按照规定办理交接手续。

（2）单位合并后原各单位解散或者一方存续、其他方解散的，原各单位的会计档案应当由合并后的单位统一保管。单位合并后原各单位仍存续的，其会计档案仍应当由原各单位保管。

（3）建设单位在项目建设期间形成的会计档案，需要移交给建设项目接收单位的，应当在办理竣工财务决算后及时移交，并按照规定办理交接手续。

（4）单位之间交接会计档案时，交接双方应当办理会计档案交接手续。

移交会计档案的单位，应当编制会计档案移交清册，列明应当移交的会计档案名称、卷号、册数、起止年度、档案编号、应保管期限和已保管期限等内容。

交接会计档案时，交接双方应当按照会计档案移交清册所列内容逐项交接，并由交接双方的单位有关负责人负责监督。交接完毕后，交接双方经办人和监督人应当在会计档案移交清册上签名或盖章。

电子会计档案应当与其元数据一并移交，特殊格式的电子会计档案应当与其读取平台一并移交。档案接收单位应当对保存电子会计档案的载体及技术环境进行检验，确保所接收电子会计档案的准确性、完整性、可用性和安全性。

第四节　会计职业道德

一、会计职业道德的含义

道德是一定社会调节人际关系的行为、规范的总和。会计职业道德是在会计职业活动中应当遵循的、体现会计职业特征的、调整一定职业关系的职业行为准则。会计职业道德作为意识形态范畴，其影响因素是多方面的，如民族文化、传统习俗、价值标准等。因此，会计职业道德的作用也是其他会计规范所不能取代的。会计职业道德同其他职业道德一样，其基本要求是忠于职守。所有从事会计工作的人员在其会计岗位上，应当恪守职业道德，履行自身所承担的工作职责，完成会计任务。

会计职业道德是一种非强制性规范。与会计法律等强制性规范不同，它是依靠会计人员乃至全体国民的信念、习俗、传统、教育和素质的力量来维持的，依靠会计职业界自身以及社会舆论来实行监督。在会计运行过程中，会计职业道德规范和其他会计规范相互补充、相互联系，共同构成会计规范体系，规范会计工作。

二、会计职业道德的作用

会计职业道德的作用主要体现在以下几个方面：

（1）会计职业道德是对会计法律制度的重要补充。会计法律制度是会计职业道德的最低要求，会计职业道德是对会计法律规范的重要补充，其作用是其他会计法律制度所不能替代的。例如，会计法律只能对会计人员不得违法的行为作出规定，不宜对他们如何爱岗敬业、提高技能、强化服务等提出具体要求；但是，如果会计人员缺乏爱岗敬业的热情和态度，没有必要的职业技能和服务意识，则很难保证会计信息达到真实、完整的法定要求。很显然，会计职业道德可以对此起很重要的辅助和补充作用。

（2）会计职业道德是规范会计行为的基础。动机是行为的先导，有什么样的动机就有什么样的行为。会计行为是由内心信念来支配的，信念的善与恶将导致行为的是与非。会计职业道德对会计的行为动机提出了相应的要求，如诚实守信、客观公正等，引导、规劝、约束会计人员树立正确的职业观念，遵循职业道德要求，从而达到规范会计行为的目的。

（3）会计职业道德是实现会计目标的重要保证。从会计职业关系角度讲，会计目标就是为会计职业关系中的各个服务对象提供有用的会计信息。能否为这些服务对象及时提供相关的、可靠的会计信息，取决于会计从业者能否严格履行职业行为准则。如果会计从业者故意或非故意地提供了不充分、不可靠的会计信息，则会严重背离会计目标，造成会计信息严重失真，使服务对象的决策失误，甚至导致社会经济秩序混乱。因此，会计职业道德约束了会计人员的职业行为，是实现会计目标的重要保证。

（4）会计职业道德是会计人员提高素质的内在要求。社会的进步和发展对会计从业者的素质要求越来越高，会计职业道德是会计人员素质的重要体现。一个高素质的会计人员应当做到爱岗敬业、提高专业胜任能力，这不仅是会计职业道德的主要内容，也是会计从业者遵循会计职业道德的可靠保证。倡导会计职业道德，加强会计职业道德教育，并结合会计职业活动，引导会计从业者进一步加强自我修养，提高专业胜任能力，有利于促进会计从业者整体素质的不断提高。

三、会计职业道德的基本内容

会计职业道德的基本内容是对会计人员有关职业道德方向所提出的具体要求，它随着社会的发展而发展。我国财政部在1996年6月发布的《会计基础工作规范》中对会计职业道德规范作了具体的规定。在新的历史条件下，根据我国会计工作现状，结合国内和国际上对会计职业道德的一般要求，项怀诚在其主编的《会计职业道德》一书中将我国会计职业道德的基本内容归纳为以下8个方面：

（一）爱岗敬业

爱岗就是会计人员应热爱本职工作，安心本职岗位，并为做好本职工作尽心尽力、尽职尽责；敬业就是会计人员对所从事的会计职业或行业的正确认识和恭敬态度，并用这种严肃恭敬的态度认真地对待本职工作，将身心与本职工作融为一体。爱岗和敬业相互支持、相辅相成，爱岗是敬业的基础，敬业是爱岗的升华。爱岗敬业应做到“正确认识会计职业，树立爱岗敬业精神；热爱会计工作，敬重会计职业；安心会计工作，任劳任怨；严肃认真，一丝不苟；忠于职守，尽职尽责”。

（二）诚实守信

诚实是指言行与内心思想一致，不弄虚作假，不欺上瞒下，做老实人，说老实话，办老实事；守信就是遵守自己所作出的承诺，讲信用，重信用，信守诺言，保守秘密。诚实守信应做到“做老实人，说老实话，办老实事，不搞虚假；保守秘密，不为利益所诱惑；执业谨慎，信誉至上”。

（三）廉洁自律

廉洁就是不收受贿赂、不贪污钱财；自律就是自律主体按照一定的标准，自己约束自己、自己控制自己的言行和思想的过程，其核心是用道德观念自觉地抵制自己的不良欲望，包括会计人员自律和行业自律。廉洁自律应做到“树立正确的人生观和价值观；公私分明，不贪不占；遵纪守纪，尽职尽责”。

（四）客观公正

客观是指以客观事实为依据，真实地记录和反映实际经济业务事项，会计核算要准确，记录要可靠，凭证要合法。公正就是公平正直，一是国家统一的会计制度要公正；二是执行会计准则、制度的人，即公司、企业单位管理层和会计人员不仅应当具备诚实的品质，而且应公正地开展会计核算和会计监督工作。客观是公正的基础，公正是客观的反映。客观公正应做到“端正态度，依法办事，实事求是，不偏不倚”。

（五）坚持准则

坚持准则就是要求会计人员在处理日常业务的过程中，要严格按照会计法律制度办事，不为主观或他人意志所左右。这里的准则不仅包括会计准则，而且包括会计法律、国家统一的会计制度以及与会计工作相关的法律制度。坚持准则应做到“熟悉准则，遵循准则，坚持准则”。

（六）提高技能

提高技能就是要求会计人员提高职业技能和专业胜任能力，以适应工作的需要。这里的职业技能是指人们进行职业活动、承担职业责任的能力和手段。对于会计职业而言，包括会计理论水平、会计实务能力、职业判断能力、提供会计信息的能力、自动更新知识的能力、沟通交流的能力以及职业经验。提高技能应做到“具有不断提高会计专业技能的意识和愿望，具有勤学苦练的精神和科学的学习方法”。

（七）参与管理

参与管理就是间接参加管理活动，为管理者当参谋，为管理活动服务。会计的管理是以商品价值运动为管理对象，以货币计量为主要形式，以核算、监督为基本职能，通过收集、处理和利用经济信息，对经济运行过程进行组织、调节和指导工作，促使人们权衡利弊，比较得失，讲求经济效益。

（八）强化服务

强化服务就是要求会计人员应具有文明的服务态度、强烈的服务意识和优良的服务质量。强化服务应做到“强化服务意识，提高服务质量”。

本章小结

●会计规范是会计工作的标准，它具有权威性、统一性、相对稳定性和科学性。我国会计规范体系由会计法律、会计行政法规、会计部门规章、会计规范性文件、地方性会计法规和单位内部会计制度等6个部分组成。会计机构是单位会计工作的主要承担者，建立和健全会计机构是加强会计工作、保证会计工作顺利进行的重要条件。会计人员是单位会计事务的具体承担者，合格的会计人员是保证会计工作顺利进行、会计职能充分发挥和会计信息质量的关键。会计档案是国家档案的重要组成部分，也是各单位的主要档案之一。各单位应建立、健全会计档案管理制度。会计职业道德是会计人员在职业活动中所应遵循的、体现会计职业特征的、调整一定职业关系的职业行为准则。在会计运行过程中，会计职业道德规范和其他会计规范相互补充、相互联系，共同构成会计规范体系，规范会计工作。

习　题

（一）单项选择题

1.在下列法规中，属于我国会计核算法规体系中最高层次的规范是（　　）。

A.会计法	B.企业会计制度
C.会计准则	D.财务通则

2.《会计法》规定，对本单位会计工作和会计资料的真实性、完整性负责的是（　　）。

A.总会计师	B.单位负责人
C.会计人员	D.会计主管人员

3.在一些规模小、会计业务简单的单位，应（　　）。

A.不设专职人员

B.单独设置会计机构

C.在有关机构中配备专职人员

D.在单位领导机构中设置会计人员

4.不属于会计专业职称的是（　　）。

A.会计师　　B.总会计师

C.助理会计师　　D.高级会计师

5.会计档案不包括（　　）。

A.会计凭证　　B.会计法规

C.会计账簿　　D.会计报表

6.根据《会计法》的规定，从事会计工作的人员应当具备的基本任职资格是（　　）。

A.具有初级会计专业技术资格　　B.具有中级会计专业技术资格

C.具有中专以上会计专业学历　　D.取得注册会计师资格证书

7.实行（　　）方式的企业单位一般不设立独立的会计机构，只配备专职会计人员进行记账工作。

A.独立核算　　B.集中核算

C.非独立核算　　D.非集中核算

（二）多项选择题

1.从结构上看，我国企业会计准则包括（　　）。

A.会计制度　　B.财务通则

C.基本准则　　D.具体准则

E.应用指南

2.我国企业会计规范体系包括（　　）。

A.会计法律　　B.会计行政法规

C.会计规范性文件　　D.内部控制制度

E.内部会计制度

3.会计人员应具备的条件有（　　）。

A.具有初级会计专业技术资格　　B.熟悉有关法律、法规

C.遵守会计职业道德　　D.具备必要的专业技能

4.会计人员的职责有（　　）。

A.实行会计监督

B.拟定本单位办理会计事项的具体办法和制度

C.进行会计核算

D.编制各项财务预算，考核和分析其执行情况

5.根据《会计档案管理办法》的规定，在下列各项中，属于会计档

案的有（　　）。

A.信贷计划　　B.会计档案销毁清册

C.辅助账　　D.银行存款余额调节表

6.属于会计职业道德基本内容的有（　　）。

A.爱岗敬业　　B.廉洁自律

C.诚实守信　　D.客观公正

E.坚持准则

（三）判断题

1.各个企业和行政、事业单位都必须单独设置专职的会计机构。（　　）

2.会计制度是处理会计业务的标准和准绳。（　　）

3.会计机构负责人除了要达到会计人员的要求外，还必须具备会计师以上专业技术职称资格。（　　）

4.无论采取集中核算还是非集中核算，各单位对外的现金收支、银行存款的往来、债权和债务的结算，都应由会计部门集中办理。（　　）

5.企业会计基本准则与具体准则之间没有十分重要的关系。（　　）

6.会计人员对弄虚作假、严重违法的原始凭证，在不予受理的同时，应当予以扣留，并及时向单位领导报告。（　　）

7.会计职业道德是对会计法律规范的重要补充，是规范会计行为的基础，因此，它与会计法律一样是一种强制性规范。（　　）

第十二章

互联网+会计大数据化

第一节 互联网+会计的大数据基础

一、会计大数据

互联网+大数据化的企业会计工作过程实际上是对会计数据进行链接、采集、加工、储存、输出的一个系统加工过程。它可以从以下几个方面进行：编制记账凭证和记账是对数据进行加工处理后转换成会计信息并进行信息的传递和存储的过程；账簿和报表中存储的是各种有用的会计信息，其中，报表是输出信息的主要手段和形式。会计数据被传递、存储、加工后产生各种不同的信息可以为不同的信息使用者使用，也就是说会计信息是对经济活动全过程进行连续、系统、全面和综合的描述。

会计数据信息系统是一个专门用于企事业单位处理会计数据链接到互联网的一个大数据系统。它是链接、采集、存储、传输和加工各种会计数据到互联网，输出会计信息，并将其反馈给各有关部门，为企业的经营活动和决策提供帮助，为投资者、债权人、政府部门提供对决策有用的信息的大数据系统。随着互联网的广泛应用，越来越多的单位建立了基于计算机的会计数据信息系统。目前，人们把基于计算机的会计数据信息系统称为“互联网+会计”，旧称为“会计电算化”。

二、互联网+会计大数据化的意义

实现互联网+会计大数据化具有重要的现实意义和深远的历史意义。

（一）减轻财会人员工作强度，提高会计工作的效率

会计工作具有数据处理量大、准确性要求高、核算烦琐且枯燥、时间性强和劳动强度大等特点。实现互联网+会计大数据化后，大量的计算、分类、存储等工作均由计算机自动完成，可以把广大财会人员从繁重的记账、算账、报账中解脱出来，从而提高工作效率，使会计信息的提供更加及时。

（二）促进会计工作规范化，提高会计工作的质量

互联网+会计大数据化对会计数据来源、核算方法、数据保存等提出了一系列规范化的要求，在一定程度上解决了手工操作中的不规范、易出错、易疏漏等问题。因此，它在一定程度上能促使会计基础工作规范化程度不断提高，使会计信息的质量得到进一步保证。

（三）促使会计职能转变，提高会计人员的素质

采用计算机及互联网处理会计数据提高了工作效率，使财会人员可以有更多时间参与企业经营管理，从而促进了会计职能由单纯的反映向监督和控制方向转变。这一方面要求广大财会人员学习计算机知识，掌握计算机及互联网操作、会计软件的使用，以及对计算机提供的大量会计信息的分析和使用；另一方面也使得财会人员有了更多的时间和精力学习会计业务并外出交流，这必然会改变他们的知识结构与素质，提高管理水平，从而促进企业经济效益的提高。

（四）为整个管理工作现代化奠定了基础

据统计，会计信息约占企业管理信息的60%～70%，而且多是综合性的指标。实现互联网+会计大数据化后，大量的经济信息资源可以得到共享，通过计算机网络可使各级领导及时、全面地了解各种经济技术指标，提高经济信息的使用价值，这为企业管理现代化奠定了重要基

础，并带动与加速企业管理全面现代化。

（五）促进会计自身的不断发展

互联网+会计大数据化是会计核算工具与手段的变革，它必将对会计的核算方式、内容、方法、内部控制技术、会计核算资料的保存以及会计理论等产生极大影响，从而推动会计和会计改革的不断发展。

三、手工会计处理与互联网+会计大数据化处理的比较

会计数据处理方式从手工处理转变为互联网+大数据化处理后，使传统会计产生了一系列变化。

（一）手工会计处理与互联网+会计大数据化处理的相同点

1.目标一致

无论是手工会计处理还是互联网+会计大数据化处理，其最终目标都是全面、准确、及时地提供会计信息，加强经营管理，参与经营决策，提高经济效益。

2.都要遵循基本的会计理论和会计方法，遵守会计法规

会计理论是会计学科的结晶，会计方法是会计工作的总结。互联网+会计大数据化会引起会计理论和会计方法的变化，但这种变化是渐进型的，而不是突变型的。目前实行互联网+会计大数据化必须遵循基本的会计理论和会计方法。会计法规是进行会计工作的法律依据，是指导会计工作的规范。实行互联网+会计大数据化仍需严格遵守会计工作的相关法规。

3.有相同的基本工作要求

两者都有以下基本工作特点：

（1）采集会计数据，据以编制会计分录并记账；

（2）对会计数据进行加工处理，如排序、分类、计算和传递等；

（3）存储记录有关信息；

（4）制定各种程序，规定需要何种数据，在何时、何地取得该项数据，以及如何使用和传递数据等；

（5）编制输出报表，满足各报表使用人的需要。

4.都要运用复式借贷记账的原理

不管是手工会计处理还是互联网+会计大数据化处理，对发生的经济业务都要运用借贷平衡原理，编制会计分录，登记各类账簿，再进行

排序、分类、计算、记录、判断等加工处理，然后编制会计报表。

5.都必须保存会计档案

会计档案是会计的重要历史资料，必须按照规定妥善保管，以方便查阅和审计。

（二）手工会计处理与互联网+会计大数据化处理的区别

会计数据由手工处理变为互联网+会计大数据化处理，其处理过程发生了下列变化：

1.所用的计算工具不同

手工会计使用的计算工具是算盘、计算器等；互联网+会计大数据化所使用的计算工具是计算机。

2.记载会计信息的载体不同

手工会计的所有信息都是以纸张为载体；互联网+会计大数据化的存储方法由单一的纸介质书面形式转变为以虚拟空间存储的数据文件为主、以计算机输出的纸介质为辅的形式。

3.账簿形式和错误更正方法不同

手工会计中规定日记账、总分类账要用订本式账簿，明细账可以用活页账册；账簿记录的错误要用划线更正法或红字更正法更正。电算化会计打印输出的账页是卷带状的，平时只能是活页式，只有到一定时期，才装订成订本式账册，作为会计档案保管。在互联网+会计大数据化中，输入的数据要经过系统自动进行的严格的校验（如会计科目逻辑校验、借贷金额平衡校验），因此不需要用划线更正法来更改账簿记录。如果账簿记录有问题，那么一定是合法性问题，往往采用输入“更正凭证”的方法来加以更改，类似于红字冲销法和补充登记法，以便留下改动痕迹，为以后的审计留下线索。

4.账务处理程序不同

手工会计在进行会计数据处理时，根据会计业务的特点和管理上的需要，会选择一种较好的、适用的账务处理程序，但无论采取何种程序，都避免不了重复转抄的根本弱点，伴之而来的是会计人员和处理环节增多，如果不加强内部牵制和相互核对，免不了出现错误和舞弊。在互联网+会计大数据化账务处理中，整个处理过程分为链接、输入、处理、输出四个环节，其正确性控制的重点是在输入这个环节，从输入会计凭证到输出会计账表，一气呵成，一切中间过程都在计算机内操作，是肉眼看不见的，而需要的任何中间资料都可以通过查询或打印操作来实现，数据处理实现了一体化，避免了手工会计中的重复处理，有利于会计工作的标准化。

5.账户设置方法和账簿登记方法的不同

在手工会计中，要为会计六大要素分别设置资产、负债、所有者权益、收入、费用、利润等六大账户，并要设置总分类账、不同的明细分类账以及有关的日记账。而在互联网+会计大数据化下，把设置账户定义为“为了将来取得某种信息，预先设置好塑造何种信息的模型”。所有的账户都被赋予一个科目号，第一位的科目号标志这个会计科目的大类别，前四位标志总账的会计科目，这样就可以很方便地进行总分类账、明细分类账、日记账等的各种处理。互联网+会计大数据化完全打破了手工会计下各种账簿的不同处理方式和核对方法，实现了数出一门（都从凭证上来）、数据共享（同时产生日记账、特种日记账、总分类账、明细分类账、报表等）。

6.会计工作的组织体制不同

一般手工会计中划分如下专业组：材料组、成本组、工资组、资金组、综合组等，它们之间通过信息资料传递、交换，建立联系，相互稽查和牵制，使会计工作正常运行。在互联网+会计大数据化下，会计工作的组织体制以数据的不同形态作为主要依据。一般互联网+会计大数据化下划分如下专业组：数据（信息）收集组、凭证编码组、数据处理组、信息分析组、系统维护组等。很明显，这两种工作组织体制是截然不同的。互联网+会计大数据化将手工会计对数据分散处理、重复记录的操作方式，改变成集中收集、统一处理、数据共享的操作方式，使会计信息的提取、应用更适合现代化管理的要求。

7.会计人员专业知识结构不同

手工会计下的人员均是会计专业人员，其骨干是会计师；在互联网+会计大数据化下的人员由会计专业人员，计算机软件、硬件和操作人员组成，会计人员的专业知识结构发生了变化，会计人员不但要精通本专业，而且要熟悉计算机，成为复合型人才，其骨干应是懂得计算机的高级会计人员。

8.对账、结账和期末账项调整的方式、方法不同

在手工会计下，会计人员在填制记账凭证、记账或过账、清查财产物资等过程中，难免发生差错，在结账前都需进行对账，确保账证相符和账实相符。在互联网+会计大数据化下，同样需要对账，但对账的形式和方法都发生了变化。例如，输入的凭证都经过计算机的逻辑校对，多数的日记账、明细分类账、总分类账都出于同一数据源，不会发生账证、账账不符的情况。如果要确保输入凭证本身的正确性，控制重点应放在输入凭证的审核上。至于财产物资的盘盈和盘亏，只能依靠手工盘点，做成盘点表，输入计算机后和机内的账存数进行核对，以确定盘盈或盘亏。在应计制情况下，手工操作的期末结账通过一系列的账项调整把应归属本期的收入和费用完成登记入账，以计算确定本期的利润或亏损，把经营成果在账上揭示出来；还要分别结算出每个账户的本期发生额及期末余额，并将期末余额转为下期的期初余额。这一系列工作都要通过手工编制来进行。在互联网+会计大数据化下，这些工作都由计算机根据预先编好的程序来完成。只要给了结账的指令，计算机就自动完成这一系列工作，一旦结账完毕，计算机数据就不能再任意更改。

9.内部控制制度不同

在手工会计下，有一套行之有效的内部控制制度。内部控制是通过凭证传递程序，规定每个工作点应完成的任务，并在程序中选择控制点，使数据在日常处理业务工作中通过相互校验、核对来实现。此外，还通过对账，检查是否账证相符、账账相符、账实相符等控制方式来保证数据的正确性，堵塞漏洞。而在互联网+会计大数据化下，由于账务处理程序和会计工作组织体制的变化，除原始数据的收集、审核、编码仍由原会计人员操作外，其余的处理都由计算机自动完成。许多传统的内部控制方法将失去作用。很明显，原来的内部控制方式部分地被计算机所替代，由人工控制转为人机控制。后者的控制要求更为严密，范围更广，必须重新设计合理的内部控制制度。

10.会计系统的设计方法不同

在手工会计下，会计系统一般由会计师根据会计法规、会计准则、上级主管机构制定的统一的会计制度，并参考同行业的经验，针对企业

工作的需要，拟订撰写而成。在互联网+会计大数据化下，会计数据处理高度自动化，账册、报表都要根据打印的要求重新设计，不但要遵循手工会计下的会计准则和会计制度，还要遵循互联网+会计大数据化下的一些特定制度。区别更大的是，互联网+会计大数据化系统要通过一系列相当复杂的过程开发出来，预先要编制好指令（程序），然后才能指挥计算机按照指令，一步步完成会计工作的要求。这样一个过程被称为系统开发过程。系统开发就是在对原手工会计系统分析的基础上，进行系统设计、系统编程和调试，从而建立一个新的互联网+会计大数据化系统。

11.数据处理的单位成本不同

随着生产的发展与管理的加强，要处理的会计数据成倍增长，处理过程将越来越复杂。若采用手工会计处理，随着量的增加和难度的变大，处理费用的单位成本将呈上升趋势。如果用计算机处理，硬件和软件的投资基本上是一次性的，随着处理量的增加，费用的单位成本将下降。因此，从长远来看，后者效益更大。

四、我国互联网+会计大数据化发展过程回顾

1954年，美国通用电气公司率先使用计算机计算职工工资，开创了计算机进入会计数据处理领域的先河。我国的会计电算化工作起始于1979年，其代表项目是1979年财政部支持并直接参与的长春第一汽车制造厂进行的会计电算化试点工作；1981年在长春召开的“财务、会计、成本应用计算机问题研讨会”上总结了这一工作的经验和成果。迄今为止，从会计电算化到互联网+会计大数据化经历了四个发展阶段。

（一）电算化起步阶段（1983年以前）

我国主要的会计电算化工作始于20世纪70年代少数企业单项会计业务的电算化。当时中国经济改革刚刚起步，企业管理的重要性逐步得到认识，管理现代化的呼声日渐高涨，部分企业开始了会计电算化的试验工作。这个阶段的主要特点是：

（1）主要是单项会计业务的电算化工作，最为普遍的是工资核算的电算化；

（2）还处于试验探索阶段；

（3）后期对会计电算化重要性已有所认识。

（二）自发发展阶段（1983—1989年）

1983年国务院成立了电子振兴领导小组。在该机构的领导下，全国掀起了计算机应用热潮，会计电算化工作也不例外。这个阶段的主要特点是：

（1）采用工程化方法开展电算化工作和开发会计软件的较少，多是单位各自为政，自行组织开发会计软件，低水平重复开发现象严重；

（2）单位会计电算化工作的开展缺乏与之相配套的各种组织管理制度及其他控制措施；

（3）在宏观上，缺乏统一的规划指导与管理，没有相应的管理制度；

（4）开始了既懂会计又懂计算机人才的培训工作，自1984年起，上海财经大学、中国人民大学等单位开始招收会计电算化方向的研究生；

（5）开始了会计电算化实践经验的总结和理论研究工作。

（三）逐步走上有组织、有计划发展的阶段（1989—2015年）

随着会计电算化工作的逐步深入开展，要求加强组织、规划、管理的呼声越来越高，各地区、各部门也逐步开始了对会计电算化工作的组织和管理，特别是财政部和中国会计协会开始在全国范围内推广会计电算化和加强管理工作。这个阶段主要有以下特点：

（1）涌现了一批会计电算化的先进单位，开发了一些质量较高的专用会计软件，并在会计电算化后的组织管理上逐步积累经验；

（2）会计软件的开发向通用化、规范化、专业化、商业化方向发展，出现了一批开发和经营商品化会计软件的公司；

（3）主管部门组织开发、推广会计软件取得显著成效；

（4）各地财政部门、各主管部门加强了会计电算化的组织、指导和管理；

（5）一大批单位甩掉了手工会计处理，实现了会计核算业务的电算化处理；

（6）以财政部为中心的会计电算化宏观管理体系逐步形成；

（7）会计电算化的理论研究工作取得成效；

（8）初步培养和形成了一支实力雄厚的会计电算化队伍；

（9）与单位会计电算化工作的开展相配套的各种组织管理制度及其他控制措施逐步建立和成熟起来；

（10）商品化会计软件市场已经形成。

随着经济改革的不断深入，资源共享已经成为世界经济发展的必然，互联网+会计大数据化成为必然趋势。

（四）互联网+会计大数据化阶段（2015年至今）

2012年，于扬首次在公开场合提出“互联网+”的概念。2015年，马化腾再次提出“互联网+”，最终被国家认可并被纳入政府工作报告。2015年3月，李克强总理确定“互联网+”行动计划，“互联网+”的概念这才真正为众人熟知。“互联网+”是以互联网平台为基础，利用信息通信技术与各行业的跨界融合，推动产业转型升级，并不断创造出新产品、新业务与新模式，构建连接一切的新生态（包括移动互联网、云计算、大数据技术等）在经济、社会生活各部门的扩散应用过程。

当会计和企业财务管理全面融入互联网后，国际化的现代财务软件使得跨地区、跨国界的财务核算、审计、管理和贸易成为常态，促使会计进入互联网+大数据时代，形成以下九个特点：

1.会计功能扩大化

互联网的广泛应用将导致会计的内涵和外延发生革命性的变化：第一，互联网促使会计信息使用者发生变化。在互联网时代，会计信息使用者不仅是管理者、投资者、政府部门，还有与企业相关的外部人员，如会计信息系统技术提供方、网络运营服务商等。第二，在互联网时代，通过货币反映的价值信息已不足以作为管理者和投资者进行决策的主要依据，诸如创新能力、客户满意度、市场占有率、虚拟企业创建速度等表现企业竞争力方面的指标更能代表一个企业未来的获利能力。第三，互联网使会计核算及时提供在互联网+大数据时代企业管理经营和投资者需要的信息，对会计内涵和外延的影响将使会计的功能趋于扩大化。

2.会计数据处理和财务管理集中化

在网络方式下，财务信息系统不仅集中在财务部门收集原始凭证，而且分散在客户、供应商、政府部门、企业员工、企业内部其他部门、企业下属分支机构等直接采集原始数据，提高了原始数据集中的准确性、及时性，从原始凭证到记账凭证再到账簿、报表的生成工作可以集中在集团总部进行，不仅实现了数据处理的集中化，降低了会计数据处理成本，而且完全可以集中管理所有的资金资源，提高企业竞争力。

3.财务信息动态化、实时化

互联网+会计大数据化下各种财务信息的收集是动态的、实时的，无论是企业外部的数据（如发票、订单），还是企业内部的数据（如材料入库量、原材料消耗量），都能动态化及时地送到财务信息系统中处理，确保原始数据实时地变成记账凭证，记账是实时的，这就保证了财务信息可以动态地反映企业的经营状况和经营成果。日清月结已变成“随清随结”。财务信息收集处理的动态化、实时化，使得账簿和报表动态化、实时化，随时供管理决策部门使用。

4.财务信息无纸化

互联网+大数据促使财务信息不断地走向无纸化。会计数据输入的无纸化不仅降低了差错率，而且极大地节省成本，账表趋向网页方式和以网页为主体的多媒体方式，财务数据变成网页数据，财务数据具有信息超级链接特性的网络结构，不仅方便易用，而且可以随机查询。

5.结算支付电子化

结算支付的电子化，促使支票、现金、汇票等逐步退出资金流通领域，企业间的结算将进入高速度、高质量和低成本的电子支付时代。

6.财务、业务协同化

互联网+大数据使得财务信息和其他企业业务信息相互连接、彼此共享，从而实现财务信息和业务信息的高度协同。

7.决策支持全员化

互联网+大数据将使分布在全国甚至全球的各有关业务人员，通过互联网+大数据的动态化、实时化互动内容，同时就某一个问题进行决策分析和共享，促使企业决策扁平化，从而发挥“众人之智”。

8.财务工作网络化

财务工作将采用全新的网络化工作方式：在空间上，互联网+不仅关注企业内部，而且关注企业外部；在时间上，互联网+会计关注企业过去的经营成果和现在的财务状况，而且越来越多地关财务信息的时效性和对未来的预测；在效率上，互联网+会计不仅以提高财务工作效率为目标，而是以提高财务信息效用为目标。

9.财务工具Web化

互联网+会计财务工具Web化，发挥跨平台运行特性，给企业带来高效用、低成本的优势，促使会计职能在互联网+大数据时代焕发新的生机。

第二节　互联网+会计

一、互联网+会计信息系统的含义

会计电算化的出现使会计信息处理有了质的飞跃，互联网技术推动了会计信息系统从桌面走向网络，单机工作系统的不足日趋明显。为了适应环境，互联网+会计信息系统应运而生，弥补了会计电算化的不足，使会计工作从理论观念到工作方式、手段等方面都有重大的发展，成为会计发展的新领域。

互联网+会计信息系统是基于网络计算技术，以实现联网环境下财务管理模式、财会工作方式及其各项功能，从而实现管理信息化的系统。

二、互联网+会计对会计电算化的影响

在网络信息时代，单机工作的会计电算化出现了新的问题，如数据
间长、资源不能共享、信息交换不畅、信息使用者查看数据资料
。而互联网+会计弥补了这些不足，它具有以下优点：

共享

的计算机不仅可以使用本机资料，而且可以任意使用网络上
的资料。

后，网络上的计算机可共享服务器的各种硬件、软
设施，大大提高了资源使用效率和经济效益。

捷

息可利用网络上各部门的计算机进行快捷

通信。

4.分布式处理

一项复杂的工作可以划分为多个部分由网络上的不同计算机同时处理，从而提高了系统的整体性能。

但互联网+会计的出现并非完美无缺，在当前使用时还存在许多问题，如何保证网络系统的安全，如何保证信息传送的真实性、完整性等问题，都需要人们不断去解决。

本章小结

●会计信息系统是一个专门用于企事业单位处理会计业务，采集、存储、传输和加工各种会计数据，输出会计信息，并将其反馈给各部门，为企业的经营活动和决策活动提供帮助，为投资者、债权人和政府部门等提供对决策有用的信息的系统。随着互联网技术的发展，互联网+会计信息系统应运而生，使会计工作从理论观念到工作方式、手段等方面都有了重大发展，成为会计发展的新领域。

习　题

（一）单项选择题

1.互联网+会计打印输出的账页是卷带状的，其平时的账簿形式是（　　）。

A.订本式　　B.活页式

C.卡片式　　D.任何形式

2.在互联网+会计账务处理中，整个处理过程分为输入、处理、输出三个环节，其正确性控制的重点在于（　　）环节。

A.输入　　B.处理

C.输出　　D.不确定

3.在互联网+会计中，（　　）情形仍然可能存在。

A.账证不符　　B.账账不符

C.账实不符　　D.记账和过账上的差错

4.在（　　）方面，电算化会计和手工会计无明显区别。

A.使用的计算工具

B.记载会计数据和信息的载体

C.数据处理的单位成本

D.运用借贷平衡原理，编制会计分录

（二）多项选择题

1.实现互联网+会计大数据化后，广大会计人员将从繁重的（　　）中解脱出来。

A.记账　　B.算账　　C.报账　　D.对账

2.与手工账务处理流程相比，互联网+会计的账务处理流程具有（　　）的特点。

A.无账账核对的必要　　B.记账含义不尽相同

C.输入正确极其重要　　D.大大避免重复处理

3.在下列各项中，（　　）属于会计核算互联网+会计大数据化的内容。

A.设置会计科目互联网+会计大数据化

B.填制会计凭证互联网+会计大数据化

C.登记会计账簿互联网+会计大数据化

D.编制会计报表互联网+会计大数据化

4.根据有关规定，采用计算机代替手工记账，应具备的基本条件有（　　）。

A.建立了严格的内部控制制度

B.配备了相应的互联网+会计大数据化工作人员

C.配备了适用的会计软件和相应的计算机硬件设备

D.用计算机进行会计核算与手工会计核算同时运行2个月以上

5.在以下（　　）方面，互联网+会计和手工会计存在明显区别。

A.遵循基本的会计法规和会计准则

B.会计核算程序

C.账户设置方法和账簿登记方法

D.对账和结账的方式

（三）判断题

1.会计工作数据量大，核算烦琐，实现互联网+会计大数据化后，广大会计人员将从繁重的记账、算账、报账中解脱出来。（　　）

2. 不管是手工会计还是互联网+会计，对发生的经济业务都要运用借贷平衡原理编制会计分录，登记各类账簿，再进行排序、分类、计算、记录、判断等加工处理，然后编制会计报表，二者的会计核算方法和程序是相同的。（　　）

3. 互联网+会计将带来会计理论和会计方法的深刻变化，以至于互联网+会计大数据化不一定要严格遵守基本的会计法规和会计准则。

（　　）

4. 在互联网+会计账务处理中，整个处理过程分为输入、处理、输出三个环节，其正确性控制的重点在处理这三个环节。（　　）

5. 在互联网+会计中，输入的凭证都经过计算机逻辑校对，多数的日记账、明细账和总账都出于同一数据源，不会发生账证、账账不符的情况。（　　）

6. 在手工会计中，有一套行之有效的内部控制制度；实现会计电算化以后，原来的内部控制方式将完全为计算机所替代。（　　）

7. 在互联网+会计中，输入的数据要经过系统自动进行严格的校验，因此，用不着用划线更正法来更改账簿记录。（　　）

8. 互联网+会计档案管理是重要的会计基础工作，要严格按照财政部有关规定对会计档案进行管理，由专人负责。（　　）

参考文献

[1] 财政部. 中华人民共和国会计法 [M]. 北京：中国法制出版社，2017.

[2] 魏明海，龚凯颂. 会计理论 [M]. 大连：东北财经大学出版社，2014.

[3] 乐长征. 账户余额试算平衡表的编制——科目汇总法 [J]. 商业经济，2014（9）.

[4] 唐洋，邱奇彦，董峰. 借贷试算平衡方法机理形成源流初考 [J]. 财会通讯，2014（7）.

[5] 郭道扬. 中国原始计量记录时代与夏代会计传演对接研究 [J]. 会计研究，2014（5）.

[6] 郭道扬. 会计制度全球性变革研究 [J]. 中国社会科学，2013（6）.

[7] 中国注册会计师协会. 财务成本管理 [M]. 北京：中国财政经济出版社，2018.

[8] 陈国辉. 基础会计 [M]. 大连：东北财经大学出版社，2018.

[9] 徐泓. 基础会计学 [M]. 北京：机械工业出版社，2014.

[10] 唐国平. 会计学原理 [M]. 北京：中国财政经济出版社，2016.

[11] 刘永泽，陈立军. 中级财务会计 [M]. 大连：东北财经大学

出版社，2018.
［12］刘永泽，傅荣. 高级财务会计［M］. 大连：东北财经大学出版社，2018.
［13］刘永泽. 会计学［M］. 大连：东北财经大学出版社，2018.
［14］石本仁. 高级财务会计［M］. 北京：中国人民大学出版社，2015.
［15］王华，石本仁. 中级财务会计［M］. 北京：中国人民大学出版社，2015.
［16］林刚. 中级财务会计［M］. 北京：中国人民大学出版社，2015.
［17］夏冬林. 会计学［M］. 北京：清华大学出版社，2014.
［18］赵建勇. 中级财务会计［M］. 北京：中国人民大学出版社，2015.